KARL-HEINZ BÖCKSTIEGEL

Die allgemeinen Grundsätze des Völkerrechts über Eigentumsentziehung

NEUE KÖLNER RECHTSWISSENSCHAFTLICHE ABHANDLUNGEN

HERAUSGEGEBEN VON
DER RECHTSWISSENSCHAFTLICHEN FAKULTÄT
DER UNIVERSITÄT ZU KÖLN

HEFT 27

Berlin 1963

WALTER DE GRUYTER & CO.

vormals G. J. Göschen'sche Verlagshandlung · J. Guttentag, Verlagsbuchhandlung
Georg Reimer · Karl J. Trübner · Veit & Comp.

Die allgemeinen Grundsätze des Völkerrechts über Eigentumsentziehung

Eine Untersuchung zu Art. 1 des Zusatzprotokolls zur Europäischen Menschenrechtskonvention

Von

Dr. Karl-Heinz Böckstiegel

Düsseldorf

Berlin 1963

WALTER DE GRUYTER & CO.

vormals G. J. Göschen'sche Verlagshandlung · J. Guttentag, Verlagsbuchhandlung
Georg Reimer · Karl J. Trübner · Veit & Comp.

Archiv-Nr. 2 708 63 4
Satz und Druck: Max Schönherr, Berlin 65

MEINEN ELTERN

VORWORT

An dieser Stelle sei Herrn Professor Dr. Guradze (Köln), Herrn Dr. Veith (Köln) und Herrn Dr. Golsong (Straßburg) für die Hinweise und Hilfe bei der Beschaffung von teilweise äußerst schwer erreichbarem Material mein herzlicher Dank ausgesprochen, ebenso den Damen und Herren von den Bibliotheken des Internationalen Gerichtshofs im Haag, der Vereinten Nationen in Genf und des Europarats in Straßburg.

Das Manuskript zu dieser Studie wurde bereits 1961 abgeschlossen. Wegen der Verzögerung bis zur Veröffentlichung konnten jedoch spätere Entwicklungen zum Teil noch berücksichtigt werden.

Düsseldorf, im Juni 1963

K. H. Böckstiegel

INHALTSÜBERSICHT

Teil II

DIE MATERIELLEN VÖLKERRECHTSSÄTZE

Seite

LITERATURVERZEICHNIS

I. Veröffentlichungen in Buchform

(Diese werden in den Anmerkungen nur mit Verfassernamen zitiert, es sei denn, vom selben Verfasser werden mehrere Werke benutzt.)

Abs	Proposal for Improving the Protection of Private Foreign Investments, Rotterdam, 1958.
Adriaanse	Confiscation in Private International Law, Den Haag, 1956.
Akademie	der Wissenschaften der UdSSR, Rechtsinstitut ..., Völkerrecht, Koschewnikow, Korowin, u. a., deutsch von Lothar Schultz, Hamburg, 1960.
Anzilotti	Corso Di Diritto Internazionale, 4. Aufl., Padua, 1955.
Berber	Lehrbuch des Völkerrechts, Bd. I, München, Berlin, 1960.
Beuck	Interzonales Privatrecht, Köln, 1951.
Bindschedler	Verstaatlichungsmaßnahmen und Entschädigungspflicht nach Völkerrecht, Zürich, 1950.
Birke	Die Konfiskation ausländischen Privatvermögens im Hoheitsbereich des konfiszierenden Staates nach Friedensvölkerrecht, D-Köln, 1958.
Borchard	The diplomatic protection of citizens abroad, or: The law of international claims, New York, 1922.
Brierly	Grundlagen des Völkerrechts (The Law of Nations), Berlin, 1948.
Britsch	Der Fremde unter dem Schutz des Völkerrechts, Karlsruhe, 1932.
Brunner	Deutsche Rechtsgeschichte, 2. Aufl., Leipzig, 1898.
Calvo	Le droit international, 5. Aufl., Paris, 1885.
Cheng	General Principals of Law, London, 1953.
Cybichowski	Das antike Völkerrecht, Breslau, 1907.
Dahm	Völkerrecht, Bd. I, Stuttgart, 1958, Bd. II. u. III. Stuttgart, 1961.
Daniel	Private Investment, The Key to International Industrial Development, New York, Toronto, London, 1958.
Dickinson	The Equality of States in International Law, Cambridge, Mass., 1920.

Donath	Der Schutz des Privateigentums im Friedensvölkerrecht, Wien, 1930.
Drost	Human Rights as Legal Rights, Leiden, 1951.
Dunn	The Protection of Nationals, Baltimore, 1932.
Eagleton	The Responsibility of States in International Law, New York, 1928.
Europarat	Yearbook of the European Convention on Human Rights, 1958—1959, Straßburg, 1960.
	Yearbook, European Commission of Human Rights, Documents and Decisions, 1955—1956—1957, Straßburg, 1959.
Feilchenfeld	Public Debts and State Succession, New York, 1931.
Fenwick	International Law, 3. Aufl., New York, 1948.
Foighel	Nationalization, Kopenhagen, 1957.
Forsthoff	Lehrbuch des Verwaltungsrechts, 7. Aufl., München, Berlin, 1958.
Freeman	The International Responsibility of States for Denial of Justice, London, New York, Toronto, 1938.
Friedman	L'Expropriation en droit international public, Kairo, 1950.
	Expropriation in International Law, Paris, 1953.
Friedmann-Pugh	Legal Aspects of Foreign Investment, Boston, Toronto, 1959.
Frisch	Das Fremdenrecht, Berlin, 1910.
Fuld	Die Stellung des Fremden im Völkerrecht, Waldmohr, 1932.
Gathings	International Law and American Treatment of Alien Enemy Property, Washington, 1940.
Gesellschaft	zur Förderung des Schutzes von Auslandsinvestitionen, Internationale Konvention zum gegenseitigen Schutz privater Vermögensrechte im Ausland (Heft 2), Köln, 1958.
	Konvention über Vermögen im Ausland, mit Kommentaren, Reden, neuem Schrifttum (Heft 3), Köln, 1960.
Golsong	Das Rechtsschutzsystem der Europäischen Menschenrechtskonvention, Karlsruhe, 1958.
Grotius	De iure belli ac pacis, Libri Tres, Amsterdam, 1625, Ausgabe von 1646.
Guggenheim	Lehrbuch des Völkerrechts, Basel, 1948.
	Traité de Droit international public, Genf, 1953.
Guradze	Der Stand der Menschenrechte im Völkerrecht, Göttingen, 1956.
Hackworth	Digest of International Law, Washington, 1940—1942.

Hamann	Kommentar zum Grundgesetz, 2. Aufl., Stuttgart, 1961.
Heiz	Das fremde öffentliche Recht im internationalen Kollisionsrecht, Zürich, 1959.
Heller	Die Souveränität, Berlin. Leipzig, 1927.
Hoijer	La Responsabilité Internationale des Etats, Paris, 1930.
Isay	Das deutsche Fremdenrecht, Berlin, 1932.
Jaenicke	Der Begriff der Diskriminierung im modernen Völkerrecht, Berlin, 1940.
Jessup	Transnational Law, New Haven, 1956.
	A modern Law of Nations, New York, 1948.
Kegel	Internationales Privatrecht, München, Berlin, 1960.
Kelsen	General Theory of Law and State, Cambridge, Mass., 1945.
	The Law of the United Nations, London, 1950.
Korowicz	Introduction to International Law, Den Haag, 1959.
Lafontaine	Pasicrisie internationale, Histoire documentaire des arbitrages internationaux, Bern, 1902.
Lais	Die Rechtsfolgen völkerrechtlicher Delikte, München, 1932.
Lauterpacht	International Law and Human Rights, London, 1950.
Law	The Local Remedies Rule in International Law, D-Genf, 1961.
de Louter	Le droit international public positif, Oxford, 1920.
Mahajan	International Law, 2. Aufl., Delhi, 1958.
Makarow-Festgabe	Zeitschrift für ausländisches öffentliches Recht und Völkerrecht, 1958, S. 1—605.
v. Mangoldt-Klein	Das Grundgesetz, Kommentar, Bd. I, 2. Aufl., 1957.
Marburg	Der rumänisch-ungarische Optantenstreit vor dem Gemischten Schiedsgericht und dem Völkerbund, zugleich ein Beitrag zur Lehre von der Enteignung im Völkerrecht, Leipzig, 1928.
v. Martens	Par la justice vers la paix, Paris, 1900.
Maunz	Deutsches Staatsrecht, 6. Aufl., München, Berlin, 1957.
Mc Nair	International Law Opinions, Bd. I—III, Cambridge, 1956.
Mommsen	Römisches Staatsrecht, Bd. I u. II, 3. Aufl., Bd. III, 1. Aufl., Leipzig, 1887/88.
Moore	A Digest of International Law, Washington, 1906.
Mosler	Wirtschaftskonzessionen bei Änderungen der Staatshoheit, Stuttgart, 1948.
Nielsen	American-Turkish Claims Settlements, Kopenhagen, 1937.

Oppenheim-Lauterpacht	International Law, 8. Aufl., London, New York, Toronto, 1955.
Oppikofer	Der Schutz der schweizerischen Auslandsinvestitionen, Zürich, 1958.
Piquet	The Havana Charter for an International Trade Organization, Washington, 1950.
Pufendorf	De Officio Hominis Et Civis Juxta Legem Naturalem Libri Duo (Fotomechanische Wiedergabe der Originalausgabe, Carnegie Stiftung), 1682.
Reinhardt-Scheuner	Verfassungsschutz des Eigentums, Tübingen, 1954.
Roos	Zur Konfiskation deutscher Auslandsvermögen, Stuttgart, 1956.
Ross	A Textbook of International Law, London, New York, Toronto, 1947.
Roth	The Minimum Standard of International Law Applied to Aliens, Den Haag, 1949.
Rousseau, Charles	Principes Généraux du Droit International Public, Paris, 1944.
Rousseau, Jean-Jacques	Du Contrat Social, ou Principes Du Droit Politique, 1762 (Modern Language Texts, Manchester, 1918).
Sauer	Grundlehre des Völkerrechts, 3. Aufl., Köln, Berlin, 1955.
Schindler	Gleichberechtigung von Individuen als Problem des Völkerrechts, Zürıcn, 1957.
Schmitt, C.	Verfassungslehre, München, 1928.
Schwarzenberger	International Law, 3. Aufl., London, 1957.
Scott	The International Conferences of American States, I. 1889—1929, New York, 1931. II. First Supplement, 1933—1940 (Herausgegeben von Carnegiestiftung), Washington, 1940.
Seeliger	Das ausländische Privateigentum in der Schweiz. München, 1949.
Seidl-Hohenveldern	Internationales Konfiskations- und Enteignungsrecht, Berlin, Tübingen, 1952.
Ders. mit Ipsen	Entschädigungspflicht der Bundesrepublik für reparationsentzogenes Auslandsvermögen, Heidelberg, 1962.
Sorensen	Les Sources du Droit International, Kopenhagen, 1946.
Steinbach	Untersuchungen zum Internationalen Fremdenrecht, Bonn, 1931.
Strupp	Urkunden zur Geschichte des Völkerrechts, Gotha, 1911.
Strupp-Schlochauer	Wörterbuch des Völkerrechts, 2. Aufl., Bd. I, Berlin, 1960.
Vannod	Fragen des Internationalen Enteignungs- und Konfiskationsrechts, Zürich, 1959.

de Vattel	Le Droit Des Gens, Ou Principes De La Loi Naturelle (Fotomechanische Wiedergabe der Originalausgabe, Carnegie Stiftung), 1758.
Veith-Böckstiegel	Der Schutz von ausländischem Vermögen im Völkerrecht, Baden-Baden, 1962.
Verdross	Völkerrecht, 4. Aufl., Wien, 1959.
Wäsche	Die innerstaatliche Bindung des deutschen Gesetzgebers an die Europäische Konvention zum Schutze der Menschenrechte und Grundfreiheiten, Diss. Köln, 1961.
Whiteman	Damages in International Law, Washington, 1937.
Wortley	Expropriation in Public International Law, Cambridge, 1959.

II. Veröffentlichungen in Zeitschriften und Sammelbänden

(Diese werden in den Anmerkungen nur mit Fundstellenangaben ohne Titel zitiert.)

Abs	Internationale Probleme und Fragen der Investitionsfinanzierung, Rede vor der International Industrial Development Conference, San Francisco, Inv. Ges., Heft 3, 7 ff.
Accioly	Principes Généraux de la Responsabilité Internationale d'après la Doctrine et la Jurisprudence, Recueil Cours 1959, I, 349 ff.
Adam	Le Droit de Propriété dans la Convention Européenne des Droits de l'Homme et des Libertés fondamentales, Revue DPSP 1953, 317 ff.
Albrecht	The Taxation of Aliens under International Law, British Yearbook 1952, 145 ff.
von Amerongen	Notwendigkeit einer Internationalen Konvention, Vortrag vor dem Kongreß der Internationalen Handelskammer, April 1959, Inv. Ges., Heft 3, 44 ff.
Baumann	Neuere Tendenzen in der Investitionsgesetzgebung der Entwicklungsländer, Außenwirtschaftsdienst 1959,, 237 ff.
Becker	Gerechte Entschädigung bei Enteignungsfällen, Niedergang und teilweiser Aufstieg, Ansprache vor der 53. Jahresversammlung der American Society of International Law, Inv. Ges., Heft 3, 76 ff.
Bowett	The use of Force in the Protection of Nationals, Transactions 1957, 111 ff.
Brand	Wirkungslosigkeit der von der Tschechoslowakischen Republik über Privatvermögen eines deutschen Staatsangehörigen in der Schweiz angeforderten Nationalverwaltung, MDR 1950, 86 ff.

Brandon — Nationalization before the United Nations, International Bar Association, 5th Conference Report, Monte Carlo, 1954, 40 ff.

Legal Deterrents and Incentives to Private Foreign Investments, Transactions 1957, 39 ff.

The Record in the United Nations of Member States on Nationalization, vorgelegt der Konferenz der International Law Association 1958.

An International Investment Code = Current Plans, Business Law 1959, 7 ff.

Recent Measures to Improve the International Investment Climate, JPL 1960, 125 ff.

Brierly — The Theory of Implied State Complicity in International Claims, British Yearbook 1928, 42 ff.

Brügel — Das Zusatzprotokoll zur Straßburger Konvention über die Menschenrechte, Europa-Archiv 1952, 137 ff.

Carlston — Concession Agreements and Nationalization, American Journal 1958, 260 ff.

Cassin — L'homme, sujet de droit international et la protection de droits de l'homme, in: La Technique et les Principes du Droit Public, Etudes en l'Honneur de George Scelle, 1950, 67 ff.

Cavaglieri — La Notion des Droits aquis et son Application en Droit international public, Revue Sibert 1931, 293 ff.

Delson — Nationalization of the Suez Canal Company: Issues of Public and Private International Law, Columbia Law Review 1957, 755 ff.

De Nova — Völkerrechtliche Betrachtungen über Konfiskation und Enteignung, Friedenswarte 1954, 116 ff.

Doman — Compensation for Nationalized Property in Post War Europe, Int. Law Qu., 1950, 323 ff.

Domke — Indonesion Nationalisation Measures Before Foreign Courts, American Journal 1960, 305 ff.

Foreign Nationalizations, Some Aspects of Contemporary International Law, American Journal 1961, 585 ff.

Eagleton — International Organisation and the Law of Responsibility, Recueil des Cours 1950, I, 319 ff.

Fachiri — Expropriation in International Law, British Yearbook 1925, 159 ff.

International Law and the Property of Aliens, British Yearbook 1929, 32 ff.

Fatouros — Legal Security for International Investment, in: Friedmann-Pugh, Legal Aspects of Foreign Investment, 1959, 699 ff.

Fawcett	Some Foreign Effects of Nationalization of Property, British Yearbook 1950, 355 ff.
Fischer-Williams	International Law and the Property of Aliens, British Yearbook 1928, 1 ff.
Garcia Amador	State Responsibility in the light of the new trends of international law, American Journal 1955, 339 ff.
Gardner	International Measures for the Promotion and Protection of Foreign Investment, JPL 1960, 176 ff.
Griziotti	L'Imposition Fiscale des Etrangers, Recueil des Cours 1926, III, 1 ff.
Guggenheim	Les Principes de Droit International Public Recueil des Cours 1952, I, 1 ff.
	Der völkerrechtliche Schutz von Investitionen im Ausland, Schweizerisches Jahrbuch 1956, 57 ff.
Guradze	Kann die Verfassungsbeschwerde auf eine Verletzung der Konvention zum Schutze der Menschenrechte gestützt werden? DÖV 1960, 286 ff.
	Anmerkung zur Entscheidung des BVerfG 10, 271, in NJW 1960, 1243.
	Verfassungsbeschwerde und Verletzung der Menschenrechtskonvention, Antwort zur Erwiderung Herzog, DÖV 1961, 12 f.
Habicht	The Application of Soviet Laws and the Exception of Public Order, American Journal 1927, 238 ff.
	Le Pouvoir du Juge international de statuer „ex aequo et bono", Recueil des Cours 1934, III, 277 ff.
Herz	Expropriation of Foreign Property, American Journal 1941, 243 ff.
Hitzig	Altgriechische Staatsverträge über Rechtshilfe, in: Festgabe für Regelsberger, Zürich, 1907.
Huang	Some International and Legal Aspects of the Suez Canal Question, American Journal 1957, 277 ff.
Hyde	Permanent Sovereignty over Natural Wealth and Resources, American Journal 1956, 854 ff.
Jahrreiß	Vom umstrittenen Völkerrecht unserer Zeit, in: Recht-Staat-Wirtschaft, Bd. III, 1951, 184 ff.
Jessup	Responsibility of States for Injuries to Individuals, Columbia Law Review 1946, 903 ff.
	Enemy Property (Editorial Comment), American Journal 1955, 57 ff.
Kaeckenbeeck	La Protection international des droits acquis, Recueil des Cours 1937, I, 317 ff.
	The Protection of Vested Rights in International Law, British Yearbook 1936, 1 ff.
Katzatov	La Propriété Privé et le Droit International Public, Journal Clunet 1957, 6 ff.

Kaufmann, Erich	Gesammelte Schriften, Bd. II, Der Staat in der Rechtsgemeinschaft der Völker, 1960.
Kelsen	Théorie Générale du Droit International Public, Recueil des Cours 1932, IV, 117 ff.
Krüger	Sozialisierung, in: Bettermann-Niperdey-Scheuner, die Grundrechte, III, 1, 267 ff.
Kunz	The Meaning and the Range of the Norm „Pacta sunt servanda", American Journal 1945, 180 ff.
Langen	Einige Überlegungen zu Hermann J. Abs' Schrift „Der Schutz wohlerworbener Rechte im internationalen Verkehr als europäische Aufgabe", Recht der Internationalen Wirtschaft 1957, 66 ff.
La Pradelle	Gutachten betr. die Agrarreform der ungarischen Staatsangehörigen vor dem rumänisch-ungarischen Gemischten Schiedsgericht, Ostrecht 1925, 1264 ff.
Larson	Recipients' Rights under an International Investment Code, JPL 1960, 172 ff.
Laun	Le Régime International des Ports, Recueil des Cours 1926, V, 1 ff.
Loewenfeld	Der Schutz wohlerworbener Rechte von Ausländern im Völkerrecht und in den Friedensverträgen, Ostrecht 1927, 1347 ff.
Makarov	Die Nationalisierungsmaßnahmen und die Entschädigungen der durch sie betroffenen Ausländer in der internationalen Praxis der letzten Jahre, in: Festgabe für Erich Kaufmann, Um Recht und Gerecntigkeit, 1950, 249 ff.
Mc Nair	The General Principles of Law Recognized by Civilized Nations, British Yearbook 1957, 1 ff.
	The Seizure of Property and Enterprises in Indonesia, Nederlands Tijdschrift 1959, 217 ff.
Metzger	Multilateral Conventions for the Protection of Private Foreign Investment, JPL 1960, 133 ff.
Miller	Protection of Private Foreign Investment by Multilateral Convention, American Journal 1959, 371 ff.
Modinus	La Convention Européenne des Droits de l'Homme, Annuaire Européen, Vol. I, 1955, 141 ff.
Mühlenhöver	Die Europäische Konvention zum Schutze der Menschenrechte und Grundfreiheiten, Bulletin des Presse- und Informationsamtes der Bundesregierung 1952, 1002 ff.
Münch	Les Effets d'une Nationalisation à l'étranger, Recueil des Cours 1959, III, 411 ff.
Niederer	Der völkerrechtliche Schutz des Privateigentums, in: Festschrift für H. Lewald, 1953, 547 ff.
Proehl	Private Investments Abroad, JPL 1960, 362 ff.

Rhyne	Weltrecht zum Schutz der Weltinvestitionen, Inv. Ges., Heft 3, 67 ff.
Robertson	The European Convention for the Protection of Human Rrights, British Yearbook 1950, 145 ff.
Rolin	Avis sur la validité des mesures de nationalisations decrétés par le gouvernement indonésien, Nederlands Tijdschrift 1959, 260 ff.
Röpke	Economic Order and International Law, Recueil des Cours 1954, II, 203 ff.
Schaumann	Ausländische Konfiskationen, Devisenkontrolle und Public Policy, Schweizerisches Jahrbuch 1953, 131 ff.
Schindler	Besitzen konfiskatorische Gesetze außerterritoriale Wirkung? Schweizerisches Jahrbuch 1947, 462 ff.
Schlesinger	Research on the General Principles of Law Recognized by Civilized Nations, American Journal 1957, 734.
Schwarzenberger	The Protection of British Property Abroad, Current Legal Problems 1952, 295 ff.
	The Abs-Shawcross Draft Convention on Investments Abroad: A Critical Commentary, JPL 1960, 147 ff.
Seidl-Hohenveldern	Völkerrechtswidrige staatliche Eigentumseingriffe und deren Folgen, Friedenswarte 1956, 1 ff.
	Bemerkungen zu kommunistischen Theorien über das internationale Konfiskations- und Enteignungsrecht, Int. R. u. Dipl. 1957, 327 ff.
	Der Schutz des Privateigentums im internationalen Recht, Int. R. u. Dipl. 1958, 205 ff.
	General Principles of Law as Applied by the Conciliation Commissions Established under the Peace Treaty, with Italy of 1947, American Journal 1959, 853 ff.
	Eigentumsschutz durch Resolutionen internationaler Organisationen, in: Festschrift für Hermann Janssen, Der Schutz des privaten Eigentums, 1959.
	Ausländische Nationalisierungsmaßnahmen und ihre Beurteilung durch deutsche Gerichte — Zum Urteil des Hanseatischen Oberlandesgerichts Bremen im Bremer Tabakstreit, Außenwirtschaftsdienst 1959, 272 ff.
Shawcross	Some Problems of Nationalisation in International Law, International Bar Association, 5th Conference, Monaco, 1954.
	Die Förderung internationaler Investitionen, Inv. Ges., Heft 3, 49 ff.
	L'encouragement aux Investissements Internationaux, Nouvelles de l'OTAN 1960, 18 ff.

	The problem of foreign investment, Vorlesung an der Academie de Droit International de la Have 1961, demnächst veröffentlicht in Recueil des Cours.
Strupp	Le droit du juge international de statuer selon l'équité, Recueil des Cours 1930, III, 357 ff.
	Les Règles Générales du Droit de la Paix, Recueil des Cours 1934, I, 259 ff.
Verdross	Les Règles internationales concernant le traitement des étrangers, Recueil des Cours 1931, III, 322 ff.
	Die Sicherung von ausländischen Privatrechten aus Abkommen zur wirtschaftlichen Entwicklung mit Schiedsklauseln, ZöRVR 1958, 635 ff.
	Die Nationalisierung niederländischer Unternehmungen in Indonesien im Lichte des Völkerrechts, Nederlands Tijdschrift 1959, 278 ff.
Verzijl	The Relevance of Public and Private International Law Respectively for the Solution of Problems Arising from Nationalization of Enterprises, in: Makarov-Festgabe, ZöRVR 1958, 531 ff.
de Vries	The International Responsibility of the United States for Vested German Assets, American Journal 1957, 18 ff.
Weber	Eigentum und Enteignung, in: Neumann-Nipperdey-Scheuner, Die Grundrechte, Bd. II, 1954, 331 ff.
Wilson	Property-Protection Provisions in United States Commercial Treaties, American Journal 1951, 83 ff.

ABKÜRZUNGSVERZEICHNIS

AG	Amtsgericht
All E. R.	All England Law Reports
American Journal	American Journal of International Law
Annuaire	Annuaire de l'Institut de Droit International
Außenwirtschaftsdienst	Außenwirtschaftsdienst des Betriebsberaters
BGBl	Bundesgesetzblatt
BGHZ	Entscheidungen des Bundesgerichtshofs in Zivilsachen (Amtliche Sammlung)
British Yearbook	British Yearbook of International Law
Business Law	The Journal of Business Law
BVerfGE	Entscheidungen des Bundesverfassungsgerichts (Amtliche Sammlung)
Comptes rendus des débats	Comptes rendus des débats de l'Assemblée Consultative, Europarat
DÖV	Die Öffentliche Verwaltung
DVBl	Deutsches Verwaltungsblatt
ECOSOC	Economic and Social Council, Vereinte Nationen
Eur. Doc.	Offizielles Dokument des Europarates
GG	Grundgesetz der Bundesrepublik Deutschland
Harvard Draft	Harvard Law School, Draft Convention on the International Responsibility of States for Iujuries to Aliens: 11. Fassung: 1960, unveröffentlicht, teilweise abgedruckt in Proceedings, American Society of International Law April 1960, S. 102 ff. 12. Fassung: 1961, abgedruckt in American Journal 1961, 548 ff.
IBA	International Bar Association
ILA	International Law Association
ILC	International Law Commission der Vereinten Nationen
Int. Comp. L. Qu.	International and Comparative Law Quarterly

Int. Law Qu.	The International Law Quarterly
Int. R. u. Dipl.	Internationales Recht und Diplomatie
Inv. Ges.	Gesellschaft zur Förderung des Schutzes von Auslandsinvestitionen, Hefte der Gesellschaft
Journal Clunet	Journal du Droit International (Clunet)
JPL	Journal of Public Law
JW	Juristische Wochenschrift
JZ	Juristenzeitung
Lafontaine	Lafontaine, Pasicrisie internationale, Histoire documentaire des arbitrages internationaux
LG	Landgericht
LKO	Haager Landkriegsordnung
LNTS	League of Nations Treaty Series
LoN	League of Nations
LoN Doc.	Offizielles Dokument des Völkerbundes
MDR	Monatsschrift für Deutsches Recht
MK	Europäische Menschenrechtskonvention
Nederlands Tijdschrift	Nederlands Tijdschrift voor Internationaal Recht
NJW	Neue Juristische Wochenschrift
OLG	Oberlandesgericht
Ostrecht	Zeitschrift für Ostrecht
OVG	Oberverwaltungsgericht
PCIJ	Permanent Court of International Justice
RabelsZ	Zeitschrift für ausländisches und internationales Privatrecht
Recueil des Cours	Academie de Droit International de La Haye, Recueil des Cours
Recueil TAM	Recueil des Tribunaux Arbitraux Mixtes, eingesetzt nach den Pariser Vorortsverträgen
Résumé mensuel SdN	Résumé mensuel des travaux de la Société des Nations
Revue DPSP	Revue de Droit Public et de la Science Politique en France et à l'Etranger
Revue IDComparé	Revue International de Droit Comparé
Revue Sibert	Revue Générale de Droit International Public (Sibert)
Revue Sottile	Revue de droit international, de sciences diplomatiques et politiques (Sottile)

Schweizerisches Jahrbuch	Schweizerisches Jahrbuch für Internationales Recht
Transactions	Transactions of the Grotius Society
UN	United Nations
UN Doc.	Offizielles Dokument der Vereinten Nationen
UNRIAA	United Nations Reports on International Arbitraral Awards
UNTS	United Nations Treaty Series
US Dept. o. St. Publ.	Publications of the Department of State, United States
Yearbook HR	Yearbook of the European Convention on Human Rights
ZöR	(frühere) Zeitschrift für öffentliches Recht
ZöRVR	Zeitschrift für ausländisches öffentliches Recht und Völkerrecht
ZPMK	Zusatzprotokoll zur Europäischen Menschenrechtskonvention

TEXT DES ART. 1 ZPMK

Französische Fassung

Toute personne physique ou morale a droit au respect de ses biens. Nul ne peut être privé de sa propriété que pour cause d'utilité publique et dans les conditions prévues par la loi et les principes généraux du droit international.

Les dispositions précédentes ne portent pas atteinte au droit que possèdent les Etats de mettre en vigueur les lois qu'ils jugent nécessaires pour réglementer l'usage des biens conformément à l'intérêt général ou pour assurer le paiement des impôts ou d'autres contributions ou des amendes.

Englische Fassung

Every natural or legal person is entitled to the peaceful enjoyment of his possessions. No one shall be deprived of his possessiones except in the public interest and subject to the conditions provided for by law and by the general principles of international law.

The preceding provisions shall not, however, in any way impair the right of a State to enforce such laws as it deems necessary to control the use of property in accordance with the general interest or to secure the payment of taxes or other contributions or penalties.

Amtliche deutsche Übersetzung

Jede natürliche oder juristische Person hat ein Recht auf Achtung ihres Eigentums. Niemandem darf sein Eigentum entzogen werden, es sei denn, daß das öffentliche Interesse es verlangt, und nur unter dem durch Gesetz und durch die allgemeinen Grundsätze des Völkerrechts vorgesehenen Bedingungen.

Die vorstehenden Bestimmungen beeinträchtigen jedoch in keiner Weise das Recht des Staates, diejenigen Gesetze anzuwenden, die er für die Regelung der Benutzung des Eigentums im Einklang mit dem Allgemeininteresse oder zur Sicherung der Zahlung der Steuern oder sonstigen Abgaben oder von Geldstrafen für erforderlich hält.

EINLEITUNG

I. Bedeutung des Themas

Die Untersuchung der allgemeinen Völkerrechtsgrundsätze zur staatlichen Entziehung von Eigentum erscheint aus zwei Gründen reizvoll. Die Europäische Menschenrechtskonvention und das ihr angefügte Zusatzprotokoll stellen im Gegensatz zur Allgemeinen Erklärung der Menschenrechte die erste unzweifelhafte Eingliederung des Menschenrechtsschutzes in das positive Völkerrecht dar. Ihre Formulierung des Eigentumsrechts in Art. 1 des Zusatzprotokolls ist aus einem Kompromiß hervorgegangen und wirft viele Fragen auf, vor allem durch den Hinweis auf die allgemeinen Grundsätze des Völkerrechts über Eigentumsentziehung. Bevor der Inhalt dieser Verweisung nicht festgestellt ist, kann daher der von der Menschenrechtskonvention ausgehende Eigentumsschutz nur in beschränktem Maße zur Geltung kommen. Darüber hinaus gibt eine solche Untersuchung Gelegenheit, einen Beitrag zur Klärung des allgemeinen Enteignungsvölkerrechts zu leisten, eines Gebietes, dessen Bedeutung in den letzten Jahren im Zusammenhang mit dem persischen Ölkonflikt, der Suezkrise, den Nationalisierungsmaßnahmen in Indonesien und weitgehenden wirtschaftlichen Umgestaltungen in Kuba mehr als deutlich geworden ist.

Das moderne Enteignungsvölkerrecht ist durch seine Dynamik charakterisiert. Vieles wird in Frage gestellt, was vor wenigen Jahrzehnten noch unerschütterliches Dogma schien. Die Bewegung, in welche dieses Gebiet geraten ist, führt teils zu einer Vergrößerung des Eigentumsschutzes, teilweise strebt sie aber auch nach größeren Eingriffsmöglichkeiten des Staates. Die Tendenz zu mehr Schutz betrifft vor allem die vertraglichen Rechte der Ausländer; diejenige zu weniger Schutz kommt insbesondere in den Bemühungen zum Ausdruck, bei Nationalisierungen die Entschädigungspflicht einzuschränken.

Außerhalb des juristischen Bereichs ergibt sich die Bedeutung der Frage nach dem völkerrechtlichen Schutz des Privateigentums vor allem aus ihrer Stellung zum Problem des wirtschaftlichen Fortschritts der sog. Entwicklungsländer. Private Investitionen aus dem Ausland haben in diesen Ländern den Vorteil politischer Unverdächtigkeit, und so bemüht man sich allgemein, den internationalen Fluß privaten Kapitals zu fördern. Dieser Fluß hängt in seinem Umfang stark davon ab, inwieweit und unter welchen Voraussetzungen der ausländische Investor Entziehungen seines Eigentums in dem fremden Staat zu befürchten hat. Eine

Klärung des diesbezüglichen Völkerrechts könnte viele Zweifel beseitigen und so durch eine Verbesserung des Investitionsklimas zur schnellen wirtschaftlichen Entwicklung dieser Länder beitragen.

Die Kehrseite dieser über den rechtlichen Bereich hinausgehenden Bedeutung ist allerdings eine weitgehende Politisierung dieses Gebiets, die oft in die Argumentation zu konkreten Rechtsfragen eintritt. Sie wird noch verstärkt dadurch, daß die Stellung des Privateigentums auch eine der Fragen ist, bei welchen sich die große ideologische Spaltung zwischen West und Ost zeigt. Das Erkennen dieser Gefahr der Politisierung und Ideologisierung des hier zu untersuchenden rechtlichen Themas bedeutet noch nicht die Möglichkeit ihres völligen Ausschlusses. Das Völkerrecht kennt keinen erhabenen Gesetzgeber; es wird von den Staaten selbst gestaltet. Seine Abtrennung von politischen und wirtschaftlichen Realitäten ist nicht möglich, insbesondere nicht, wenn diese so aktuell sind wie hier.

Das Enteignungsvölkerrecht besitzt somit sowohl aus juristischer als auch aus wirtschaftlicher und politischer Sicht eine Aktualität, die ihm eine gewisse Sonderstellung im modernen Völkerrecht verleiht. Es ist daher nicht verwunderlich, daß sich in den letzten Jahren alle prominenten Institutionen der internationalen Jurisprudenz damit beschäftigt haben, so vor allem das Institut de Droit International, die International Law Association, die International Bar Association und auch die International Law Commission der Vereinten Nationen.

Wie die Arbeiten dieser Institutionen wird auch diese Studie den Eigentumsschutz in Kriegszeiten nicht behandeln. Das diesbezügliche Kriegsvölkerrecht enthält in der Haager Landkriegsordnung[1]), dem Seekriegsrecht[2]) und in dem Abkommenssystem der Siegermächte des Zweiten Weltkrieges[3]) derart viele Besonderheiten, daß seine Behandlung im Rahmen dieser Untersuchung nicht angebracht erscheint. Darüberhinaus ist die Schutzwirkung des Art. 1 ZPMK in Kriegszeiten nur von sehr begrenzter praktischer Bedeutung, da er gemäß Art. 15 MK in Verbindung mit Art. 5 ZPMK dann von jedem der Unterzeichnerstaaten einseitig außer Kraft gesetzt werden kann.

---

[1]) Insbesondere in den Art. 23 g, 46 und 52 LKO. Vgl. näher bei Mc Nair, Vol. III, 4 ff.; Oppenheim-Lauterpacht, Vol. II, 326 ff u. 397 ff.; Schwarzenberger, Vol. I, 257 ff. u. 337 ff.; jeweils mit weiteren Hinweisen.

[2]) Das Seekriegsvölkerrecht hat noch weitgehend das mittelalterliche Beuterecht bewahrt. Vgl. näher bei Guggenheim, Lehrbuch, Bd. II, 871; Oppenheim-Lauterpacht, Vol. II, 458 ff. u. 474 ff.; Schwarzenberger, Vol. I, 299 ff.; jeweils mit weiteren Hinweisen.

[3]) Siehe dazu ausführlich: Roos, *Zur Konfiskation deutscher Auslandsvermögen*, 1956.

II. Historische Entwicklung des Enteignungsvölkerrechts

Wenn man die historische Entwicklung kurz aufzeigen will, die zu den heute geltenden Völkerrechtsgrundsätzen über Eigentumsentziehung führte, so kann man sich nicht auf das Völkerrecht selbst beschränken. Wirkliche völkerrechtliche Regeln – soweit es solche überhaupt gab – betrafen staatliche Vermögenseingriffe nur sehr selten und dann ausschließlich in Form von Vertragsrecht. Die Entstehung von Normen des allgemeinen Völkerrechts hierzu ist das Ergebnis der jüngsten Neuzeit: im Altertum und Mittelalter kann davon keine Rede sein. So muß sich eine Betrachtung der diesbezüglichen geschichtlichen Entwicklung größtenteils mit der Staatenpraxis (ohne daß diese Gewohnheitsvölkerrecht wäre) und dem Staatsvertragsrecht befassen. Es handelt sich mehr um einen Weg z u Völkerrechtsgrundsätzen als um den Weg solcher Grundsätze selbst. Da sich bis in die Gegenwart das Völkerrecht mit der Stellung des Inländers nicht befaßt – erst die sich mehr und mehr durchsetzende internationale Anerkennung von Menschenrechten hat dieses Prinzip in Frage gestellt –, soll demnach im folgenden kurz dargestellt werden, inwieweit im Laufe der Geschichte Völkervertrags- und Landesrecht das Eigentum von Ausländern Entziehungsmaßnahmen des Aufenthaltsstaates ausgesetzt haben.

Im Altertum hatte in allen Ländern der Innehaber der Staatsgewalt zunächst die unbeschränkte Befugnis, das Vermögen von Ausländern in seinem Machtbereich ganz oder teilweise und in jeder beliebigen Form einzuziehen. Der Fremde war rechtlos und sein Vermögen ohne jeglichen Schutz, so daß meist auch inländische Privatpersonen ihn ungestraft seiner Vermögensstücke berauben konnten[4]). Die Staatsgebilde standen sich ursprünglich im allgemeinen feindlich gegenüber; Mißtrauen und Abkapselung charakterisierten ihr Verhältnis zueinander, und die Rechtsordnung gab dieser Lage Ausdruck, wenn sie jede Konfiskation gegenüber Fremden gestattete. Dazu kam, daß die Auffassung von der Personalität des Rechts allgemein vorherrschte, eine Betrachtungsweise, die notwendig den Ausländer nach einheimischem Recht als rechtlos erscheinen ließ. Sie dominierte bis in das Mittelalter hinein die Rechtslage des Fremden, zwang aber nicht unbedingt zum Festhalten an seiner absoluten Schutzlosigkeit, wenn man immerhin den Fremden als Träger seines Heimatrechts anerkannte, wie es z. B. die Römer mit der Einsetzung des „praetor peregrinus" taten[5]). Auch im Alten Testament wurde dem Fremden gegenüber dem Inländer schon ein gewisser Schutz gewährt[6]).

Allerdings war dieses Heimatrecht niemals stark genug – selbst wenn es anerkannt wurde –, um von sich aus ohne weiteres die Befugnisse der einheimischen Staatsgewalt zur Konfiskation gegen Ausländer zu be-

---

[4]) Vgl. Fuld, 7 f.

[5]) Fenwick, 9. Mommsen, Bd. II, 1. Teil, 196 f.

[6]) Vgl. z. B.: 2 Mose 22:21; 23:9. 3 Mose 19:33, 34. 5 Mose 10:18, 19.

schneiden. Die ersten Einschränkungen der staatlichen Freiheit zur Entziehung von Ausländereigentum ergaben sich daher ausschließlich aus freiwilligen Verzichtserklärungen der einheimischen Staatsgewalt in Form von Verträgen, die man nach heutigem Sprachgebrauch teils als völkerrechtliche, teils als quasi-völkerrechtliche bezeichnen würde. So garantierten z. B. die ägyptischen Könige durch Privilegienverträge, welche sie zur Förderung des Handels abschlossen, den Hellenen in der ägyptischen Hafenstadt Naukratis Schutz vor Zugriffen auf ihr Eigentum[7]). Überhaupt scheint das Interesse an einem über die Staatsgrenzen gehenden Handel das Hauptmotiv für die ersten Verzichtserklärungen von Inhabern der Staatsgewalt auf ihr Konfiskationsrecht gewesen zu sein. So versprachen z. B. auch die Phönizier den mit ihnen Handel treibenden Nachbarstaaten, deren Städte und Häfen sie selbst besuchen durften, daß deren Staatsangehörige mit ihren Waren phönizisches Territorium betreten dürften, ohne der Gefahr der Konfiskation ausgesetzt zu sein[8]).

Bedeutungsvoll sind in diesem Zusammenhang die Verträge, welche die griechischen Staaten untereinander schlossen, vor allem die Asylieverträge und später im dritten Jahrhundert v. Chr. die Isopolitieverträge, die schon stark modernen Niederlassungsverträgen gleichen. In diesen Verträgen verpflichten sich die Staaten jeweils, keine Zugriffe auf Person und Vermögen der Angehörigen des Vertragspartners vorzunehmen, diesen vielmehr Schutz zu gewähren. Dabei kommen derartige Zusicherungen auch in Abmachungen mit privaten Ausländern vor, denen die Asylie oder die Isopolitie in Form eines Priviligiums verliehen wird – eine gewisse Parallele zu den modernen quasi-völkerrechtlichen Verträgen zwischen Staaten und ausländischen Investoren.

Ähnlichkeit mit den griechischen Asylie- und Isopolitieverträgen haben im römischen Recht die Verträge, welche zwischen Gemeinden und Staaten zum sog. „hospitium publice" führten. Dieses Institut, das sich aus dem innerstaatlichen nur die Staatsbürger, nicht aber den Staat selbst verpflichtenden privaten „hospitium" der Gastfreundschaft entwickelte, versprach dem Fremden eine gewisse Besserstellung im Vergleich zu der vorher herrschenden absoluten Rechtlosigkeit seiner Person und seines Vermögens. Es schützte ihn – wie vor allem auch das später aufkommende „commercium", die Gleichstellung des Fremden mit Römern in vermögensrechtlicher Beziehung – insbesondere weitgehend vor Konfiskationen seines Eigentums[9]).

Wie schon erwähnt, ging auch das frühe Mittelalter durchweg noch von der Personalität des Rechts und damit von der grundsätzlichen Rechtlosigkeit des Fremden aus. Jedoch wurde bald in mehr und mehr Staaten der Ausländer – insbesondere durch die Ausbildlung des sog. Königsschutzes – besser gestellt. Trotzdem enthielten sich die wenigsten

---

[7]) von Holtzendorff, *Handbuch des Völkerrechts,* I, 170. Fuld, 8.

[8]) Fuld, 8.

[9]) Mommsen, III, 1, 591. Fuld, 11 ff. Frisch, 17 ff.

Staaten des Zugriffs auf sein Vermögen; ganz im Gegenteil wurde die Gegenwart von meist reichen Fremden oft als willkommene Gelegenheit zur Bereicherung der Staatskasse angesehen. So verfiel in manchen Ländern im Todesfalle das Eigentum eines Fremden ganz oder zu großen Teilen dem Staat, und besonders in Frankreich waren noch lange den Ausländern besondere Abgaben auferlegt, deren Sätze von manchen Feudalherren in beträchtliche Höhen getrieben wurden und eine mittelbare Konfiskation bedeuteten[10]). In England wurde dagegen in Anbetracht der Bedeutung des Handels mit dem Kontinent den ausländischen Kaufleuten schon seit dem 8. Jahrhundert vor Zugriffen auf ihr Vermögen von seiten des Königs ein gewisser Schutz gewährt, dessen Ausmaß unter dem Einfluß des die ausländische Konkurrenz fürchtenden einheimischen Kaufmannstums im Laufe der Jahrhunderte schwankte. Die Magna Charta Libertatum geht 1215 in ihrem Art. 41 auf die Stellung ausländischer Kaufleute im Falle eines Kriegsausbruchs mit deren Heimatstaat ein. Nach Maßgabe des Gegenseitigkeitsprinzips mit dem anderen Staat wird dabei den Ausländern Schutz vor Beschlagnahme ihres Vermögens in England zugesichert. Das „Statute of Staples" von 1353 bestimmte darüberhinaus, daß der englische König erst 40 Tage nach Kriegsausbruch zur Konfiskation ausländischen Eigentums schreiten könne, daß bis zu diesem Tage aber die freie Ausfuhr aus dem Lande gestattet sei. Eine ähnliche Regelung mit einer Frist von einem Jahr finden wir in dem Vertrag, den Louis XI. für Frankreich 1483 mit der Hanse abschloß[11]).

Seit Beginn des 17. Jahrhunderts mehren sich dann die Staatsverträge, in denen allen oder bestimmten Angehörigen, meist den Kaufleuten, des Vertragspartners Schutz vor Konfiskation oder auch anderer Eigentumsentziehung gewährt wird. Sie beziehen sich meist nur auf den Fall eines Kriegsaubruchs und scheinen insofern davon auszugehen, daß zu Friedenszeiten der andere Staat das ausländische Vermögen sowieso nicht antasten dürfe[12]). Den selben Schluß läßt auch eine Bestimmung zu, die Art. 19 des Utrechter Friedens vom 11. 4. 1713 zwischen England und Frankreich enthält und die ausdrücklich jede, auch eine Teilkonfiskation verbietet[13]).

---

[10]) Frisch, 22 ff. (insbes. 30 f.).

[11]) Vgl. Roos, 90 f.

[12]) So schloß England 1606 mit Spanien, 1642 mit Portugal und 1697 mit Holland Verträge ab, die Bestimmungen ähnlich der im *Statute of Staples* enthielten. Ähnlich auch die Verträge Karls IV. mit Holland, England, Frankreich und Spanien von 1725 und der 1659 abgeschlossene Staatsvertrag zwischen Frankreich und Spanien (vgl. Gathings, 5, und Seeliger, 20 f.).

[13]) In dem Art. 19 heißt es diesbezüglich: «Et s'il arrivait aussi (ce qu'à Dieu ne plaise) que les mésintelligeances et inimitiez éteintes par cette Paix, se renouvellassent entre leurs dites Majestez et qu'ils en vinssent à une guerre ouverte, tous les vaisseaux, Marchandises, et tous les effets mobiliaires des Sujets de l'une

Wie bei anderen Völkerrechtssätzen ist es auch hier der Schweizer Emeric Vattel, der aus diesem Vertragsrecht die Konsequenz zieht und den Schritt zur Formulierung einer allgemeinen Regel tut. In seinem 1758 erschienenen „Le Droit des Gens" stellt er fest, daß das Recht dem Inhaber der Staatsgewalt nicht die Befugnis zur Einziehung von ausländischem Eigentum in seinem Machtbereich gibt[14]). Davon macht Vattel aber eine Ausnahme, die sich aus seiner Auffassung des Privatvermögens als Teil eines gesamten Nationalvermögens des Heimatstaates ergibt: Hat der Aufenthaltsstaat einen Anspruch gegen den Heimatstaat des Ausländers, so darf er zur Befriedigung dieses Anspruchs dessen Privateigentum auf seinem Gebiet konfiszieren[15]). Während diese letztere Auffassung sich in der weiteren Völkerrechtsentwicklung nicht gehalten hat (obwohl die Praxis der Mehrzahl der Siegerstaaten nach dem zweiten Weltkrieg hinsichtlich des deutschen Auslandsvermögens diesen Schritt zurück in die Vergangenheit getan hat[16]), muß Vattels Formulierung eines grundsätzlichen Konfiskationsverbots als Grundstein der Rechtsentwicklung zu den modernen Völkerrechtsregeln über Eigentumsentziehung angesehen werden[17]). Auch Jean Jacques Rousseau scheint in seinem „Contract Social" davon auszugehen, daß selbst in Kriegszeiten ein Staat ausländisches Vermögen nicht konfiszieren kann[18]).

Die Realität der Staatenpraxis sah aber auch damals zum Teil anders aus, denn sowohl die amerikanischen Unionsstaaten als auch Frankreich konfiszierten in ihren Kriegen gegen England das englische Privatvermögen in ihrem Machtbereich. Im Amerikanischen Unabhängigkeitskrieg erkannten die amerikanischen unteren Gerichte die Rechtmäßigkeit der Konfiskationen nach innerstaatlichem Recht allgemein an, und der Su-

---

des deux Parties qui se trouveront engagées dans les Ports et Lieux de la Domination de l'autre, n'y seront point confisqués ni en aucune facon endommagés...» Es folgt dann die Festsetzung einer Sechsmonatsfrist zur Geschäftsabwicklung und ungehinderten Ausfuhr nach Kriegsausbruch (Zitiert nach Strupp, Urkunden, I, 35).

[14]) «Les prétensions que le Seigneur du territoire voudroit former sur les biens d'un étranger, seroint donc également contraires aux droits du Propriétaire & à ceux de la Nation dont il est membre.» (Liv. II, Chap. VIII, § 109).

[15]) Nach Aufzeichnung des obengenannten Prinzips vom Privatvermögen als Teil eines gesamten Nationalvermögens erklärt Vattel: «Par une conséquence immediate de ce principe, si une Nation a droit à quelque partie des biens d'une autre, elle a droit indifférement aux biens des Citoyens de celle-ci, jusqu'à concurrence de la dette.» (Liv. II, Chap. VII, § 82).

[16]) Vgl. dazu die ausführlichen Darstellungen bei Roos, *Zur Konfiskation deutscher Auslandsvermögen.*

[17]) Verdross, Nederlands Tijdschrift 1959, 280.

[18]) In Livre I, Chap. IV, 245 sagt er: «Même en pleine guerre, un prince juste s'empare bien, en pays enemi, de tout ce qui appartient au public; mais il respecte la personne et les biens des particuliers; il respecte des droits sur lesquels sont fondés les siens.»

preme Court hielt sie auch für mit dem Völkerrecht vereinbar[19]). Dagegen versagten die englischen Gerichte unter Hinweis auf die Verletzung des Völkerrechts den Maßnahmen ihre Anerkennung[20]). Allerdings empfahl der Kongreß im Friedensvertrag von 1783 die Rückerstattung des eingezogenen Privatvermögens (Art. 5) und die Unterlassung zukünftiger Konfiskationen (Art. 6) und wies in einer diesbezüglichen Resolution ausdrücklich auf die internationalen Verpflichtungen hin. So scheint man diese Maßnahmen doch auch auf amerikanischer Seite als mit dem damaligen Völkerrecht nicht vereinbar angesehen zu haben[21]). Dafür spricht auch die Entscheidung eines New Yorker Gerichts, welche die Konfiskation des britischen Schoners „The Lord Nelson" auf dem Ontariosee für illegal erklärte[22]). Ähnlich war es in dem englisch-französischen Krieg von 1793, in dem zunächst Frankreich und dann als Vergeltungsmaßnahme auch England zur Einziehung des feindlichen Privateigentums schritten. In dem Friedensvertrag von 1814 wurde die Rückerstattung an die betroffenen Ausländer vereinbart[23]).

Zwei international bekannte Fälle von staatlicher Einziehung ausländischen Vermögens geben über den Völkerrechtsstand im 19. Jahrhundert Aufschluß. Der griechische König enteignete 1836 ein dem Engländer Finlay gehöriges Grundstück für den Bau des neuen Königspalastes. Die britische Regierung wurde im Interesse ihres Staatsbürgers vorstellig, und der griechische Außenminister erkannte daraufhin ohne Widerstand an, daß eine rechtliche Verpflichtung zur Zahlung einer Entschädigung bestehe[24]). – Berühmt und viel zitiert ist der Savage-Fall von 1852, denn hier entschied erstmals ein internationales Schiedsgericht zu einer derartigen Frage. Dem Nordamerikaner Henry Savage war in

---

[19]) Justice Chase erklärt in *Ware vs. Hylton* (3 Dallas 199, 226, 1 L. Ed. 568) von 1796: "It appears to me that every nation at war with another is justified by the general and strict law of nations, to seize and confiscate all movable property of its enemy (of any kind or nature whatsoever) wherever found, whether within its territory or not."

[20]) So z. B.: *Kempe vs. Anill,* 2 Bro. C. C. 11, 29 Reprint 6 (1785). *Wrights vs. Nutt,* 3 Broc. C. C. 11, 326, i. Hen. Black 136, 29 Reprint 562 (1791). *Wrights vs. Simpson,* 6. Ves. Jun. 714, 31 Reprint 1272 (1802).

[21]) Roos, 97 f.

[22]) Northern District Court, New York, Whiteman, II, 929 f. — Im gleichen Sinne spricht sich der berühmte Cief Justice des Supreme Court, Marshall, in der Entscheidung *United States vs. Perchemann* aus (Supreme Court, Series B, No. 6, 36—38). 7 Peters 51, 86—87 (1833). Dazu Moore 7, 310.

[23]) Gathings, 9. Dieser schließt daraus, daß die beiden Parteien sich über die Völkerrechtswidrigkeit der Liquidationen einig waren. Siehe auch Roos, 95.

[24]) "Mr. Finlay ayant été privé de ces terrains pour cause d'utilité publique il s'en suit évidement qu'il a droit à une indemnité", erklärt der griechische Minister Coletti unzweideutig (British State Papers, Vol. 39, 422). Allerdings zögerte sich die Auszahlung der Entschädigung wegen Meinungsverschiedenheiten über deren Höhe noch Jahre hinaus.

San Salvador ein Lager mit Schießpulver durch Konfiskation entzogen worden. Auf Übereinkommen der Regierungen der USA und Salvadors wurde ein internationales Schiedsgericht zur Entscheidung über die Rechtmäßigkeit dieser Maßnahme eingesetzt. Dessen Entscheidung, die allerdings selbst niemals veröffentlicht worden ist, erklärte die entschädigungslose Einziehung für rechtswidrig und sprach Savage eine Entschädigung zu, die dann auch anstandslos von San Salvador gezahlt wurde[25]).

Eine Reihe von im 19. Jahrhundert abgeschlossenen Staatsverträgen geht auf den Schutz ausländischen Eigentums vor Konfiskationen und ähnlichen Maßnahmen ein. Es handelt sich meist um Handelsverträge und demgemäß ist darin vor allem die Stellung von Kaufleuten aus den anderen Staaten geregelt. Alle diese Verträge haben gemeinsam, daß sie expressis verbis nur die Konfiskation nach Kriegsaubruch für eine bestimmte Zeit verbieten[26]). Jedoch läßt diese auffallende Gemeinsamkeit keinen anderen Schluß zu, als daß die vertragsschließenden Staaten ausnahmslos davon ausgingen, in Friedenszeiten sei eine entschädigungslose Einziehung des Privateigentums von Ausländern völkerrechtlich sowieso nicht gestattet. Teilweise gewähren die Verträge keinen absoluten Schutz gegen Beschlagnahmen und andere Entziehungsmaßnahmen, sondern sichern nur zu, daß gegen Ausländer keine weitergehenden Maßnahmen getroffen werden sollen als gegen Inländer. Das gilt insbesondere, soweit die Stellung der Staatsangehörigen des Vertragspartners geregelt ist, die nicht Kaufleute sind[27]). Derartige relative Schutzbestimmungen hatten

---

[25]) Moore, *Digest to International Arbitration,* Vol. II, 1855 ff.

[26]) So z. B. im Vertrag zwischen Preußen und Dänemark vom 17. Juni 1818 in Art. 28: «Si malgré les sentiments sincères et les efforts mutuels des hautes parties contractantes, de maintenir la paix entre Elles, il survenvit malheureusement (ce qu'à Dieu ne plaise) quelques rupture ou même une guerre ouverte entre Elles, leurs Sujets respectifs, qui se trouveront reciproquement dans les Etats de l'une ou de l'autre Puissance, n'en seront pas moins sûrs dans leurs personnes et leurs propriétés. Ils auront une année de temps pour liquider leurs affaires et pour retirer leurs biens et effets, en quoi ils jouiront d'une entière liberté et l'année étant écoulée, on leur fournira les passeports nécessaires pour s'en retourner sûrement et librement en leur partie avec leur famille, leurs biens et effets, marchandises et vaisseaux.» (Martens, *Nouveau Recueil des Traités,* IV, 535).

[27]) So heißt es z. B. im Staatsvertrag zwischen Frankreich und Honduras vom 22. Februar 1856: «Tous les autres citoyens ayant un établissement fixe et permanent dans les Etats respectifs, pour l'exercice de quelque profession ou occupation particulière, pourront conserver leur profession sans être inquiétés en aucune manière, et ceux-ci, aussi bien que les negociants, conserveront leur pleine possession de leur liberté, tant qu'ils ne commetront aucune offense contre les lois du pays. Enfin, leurs propriétées ou biens, de quelque nature ils puissent être, comme aussi les derniers dus par des particuliers ou par l'Etat, et les actions de banques ou de compagnies ne seront assujettis à d'autres embargos, séquestres, ni à aucune réclamation, que ceux qui pourraient avoir lieu à l'égard des mêmes effets ou propriétés appartenant à des nationaux.» (Martens, *Nouveau Recueil Général des Traités,* 1re serie, XVI, 2, 150).

vor allem in der Vertragspraxis des Deutschen Reiches ihren festen Platz[28]). – Das Völkervertragsrecht nach der Jahrhundertwende folgt bis heute dieser Linie. Jedoch gehen die Verträge zum Teil seither in ihrem Schutz gegen Konfiskationen weiter oder sind doch immerhin präziser, vor allem hinsichtlich der Entschädigung bei an sich zulässigen Vermögensentziehungen[29]).

In der ersten Hälfte unseres Jahrhunderts haben sich auch eine Reihe von Entscheidungen internationaler Gerichte mit Eigentumsentziehungen und den sie berührenden Regeln des Völkerrechts befaßt. Zur Charakterisierung des Völkerrechtsstandes können hier nur die wichtigsten erwähnt werden. Der Fall des Kongregationsvermögens in Portugal von 1910 ist nur von dem Ergebnis her verwertbar, denn die nur wenige Zeilen umfassende Begründung des Ständigen Haager Schiedsgerichtshofs ist eine Kompromißklausel aus Billigkeitserwägungen. Immerhin bringt das Urteil[30]) zum Ausdruck, daß Portugal für die Einziehung von Ordensvermögen nach Völkerrecht soweit zur Entschädigung verpflichtet sei, als davon ausländische Ordensmitglieder betroffen werden. – Dagegen machte derselbe Ständige Internationale Gerichtshof in seiner Entscheidung über norwegische Schiffsbauverträge in den USA[31]) ausführliche Rechtsausführungen hierzu. In ihnen wird insbesondere erklärt, daß die Völkerrechtsregeln über Eigentumsentziehung auch für obligatorische (hier: vertragliche) Rechte gelten, daß solche nur im öffentlichen Interesse und unter Leistung einer Entschädigung gestattet sind, die auf völlige Wiederherstellung des status quo ante zielt. Dieser vom Haager Gerichtshof eingeschlagenen Richtung folgte die weitere internationale Judikatur zu Vermögensentziehungen. Dabei ist jedoch die Auslegung eines der berühmtesten Fälle jener Zeit, nämlich des der Chorzow Fabrik

---

[28]) Z. B. Vertrag mit Argentinien vom 19. September 1857 (Art. 9), mit Chile vom 1. Februar 1862 (Art. 10), mit Persien vom 11. Juni 1873 (Art. 6), mit Mexiko vom 5. Dezember 1882 (Art. 15), mit der Südafrikanischen Republik vom 22. Januar 1885 (Art. 4), mit der Schweiz vom 31. Mai 1890 (Art. 1) und mit Nikaragua vom 4. Februar 1896 (Art. 11).

[29]) Der Freundschafts-, Handels- und Konsularrechtsvertrag zwischen Polen und den USA vom 15. 6. 1931 bestimmt z. B. in Art. I,4 über die Angehörigen der Vertragspartner: "... Their property shall not be taken without due process of law and without payment of just compensation." (American Journal, 1934, Supplement, 108). Das ausdrückliche Verbot der entschädigungslosen Enteignung enthalten aus jener Zeit auch noch der Lausanner Niederlassungsvertrag der Großmächte mit der Türkei vom 24. 7. 1923 (Art. 6, II), der deutsch-amerikanische Handelsvertrag vom 8. 12. 1923 (Art. 6 u. 10), der Niederlassungsvertrag zwischen Rußland und dem Deutschen Reich vom 12. 10. 1925 (Art. 8) und der albanisch-italienische Niederlassungsvertrag vom 31. 1. 1926 (Art. 1).

[30]) Scott, *The Hague Court Reports*, 2nd Series, 2 ff.

[31]) Scott, *The Hague Court Reports*, 2nd Series, 39 ff.

in Obeschlesien[32]), umstritten bezüglich der Entschädigungsfrage[33]). Die anderen Entscheidungen folgen aber durchweg den beiden obenerwähnten Haager Urteilen, so etwa im rumänisch-ungarischen Optantenstreit[34]) von 1927, im Goldenberg Fall[35]) von 1928, welcher eine militärische Requisition in Kriegszeiten betrifft, im de Sabla Fall von 1933[36]), der eine Art indirekte Vermögensentziehung in Panama zum Gegenstand hat, und im Raissis Fall[37]) von 1937, in dem die Effektivität der Entschädigung vor allem behandelt wird.

So zeichnet sich in groben Zügen die Entwicklung von der völligen Ungeschützheit des Ausländers gegenüber staatlichen oder gar privaten Zugriffen auf sein Eigentum bis zum modernen Völkerrecht und seinen allgemeinen Grundsätzen zur Eigentumsentziehung ab. Sie ist gekennzeichnet durch einen langsam größer werdenden Schutz des Privateigentums. – Zweierlei ist jedoch hervorzuheben: Bei einem derartigen kurzen Überblick muß man sich auf die Entwicklung im Bereich der abendländischen Kultur und der dazugehörigen Staaten beschränken; die Stellung des weißen Ausländers und der Schutz seines Eigentums, wie sie früher in den Kolonialgebieten galten, hat einen völlig anderen Ausgangspunkt und entwickelt sich eher von der Privilegierung des Fremden zur Gleichstellung. Sie war aber niemals Gegenstand des allgemeinen Völkerrechts. Außerdem ist selbst in dem beschriebenen Entwicklungsbereich des modernen Völkerrechts in den letzten Jahrzehnten eine gewisse Gegenbewegung zu dem bisherigen Trend festzustellen, denn zumindest die Staatenpraxis strebte zum Teil seit der Russischen

---

[32]) Dies ist das Urteil (1926) in der Hauptsache, welches unter der Bezeichnung "*Case concerning certain German interests in Polish Upper Silesia*" in PCIJ, Series A, No. 7, offiziell veröffentlicht ist. Series C, No. 11, enthält die Schriftsätze, das Beweismaterial und die Plädoyers zu dem Fall. Auch folgende Urteile hängen mit dem Chorzow Fall zusammen: Series A, No. 6. — Series A, No. 8. — Series A, No. 17.

[33]) Es ist streitig in der internationalen Literatur, ob das Gericht die Möglichkeit offenließ, daß es nach allgemeinem Völkerrecht unter Umständen zulässig sei, aus öffentlichem Interesse entschädigungslos zu enteignen. Das Urteil verstehen als die Frage bejahend: Fischer-Williams, British Yearbook 1928, 8. u. 10. Marburg, 85. Steinbach, Zentralblatt für Handelsrecht 1931, 92. Strupp, Revue Sottile 1928, 20. — Verneinend: Anzilotti, I, 366. Fachiri, Opinons, II, 126 u. 155. Simons, Revue de droit international, 1927, 1110. Kunz, Ostrecht 1926, 1144. Schmid, JW 1929, 3465. Wittenberg, Journal du droit international 1928, 571. Danckelmann, Ostrecht 1927, 445.

[34]) *Kulin a. o. v. Roumanian State,* Annual Digest, 1927/28, case No. 59.

[35]) *Goldenberg et Fils c. Etat Allemand,* Originaltext abgedruckt in ZöRVR 1929, I, 87 ff.

[36]) *Marguerita de Joly de Sabla (USA) v. Rep. of Panama,* US-Panama General Claims Commission, American Journal 1934, 602 ff.

[37]) USA-Türkei, Schiedsgericht, Nielsen, *American-Turkish Claims Settlement,* 1937, 342 ff.

Revolution und dem Zweiten Weltkrieg nach größeren Zugriffsmöglichkeiten auf das Privateigentum. Die vor allem nach 1945 stärker werdende Anerkennung der Menschenrechte überhaupt und des Eigentums als eines Menschenrechts im besonderen scheint jedoch im Enteignungsvölkerrecht diese Rückwärtsbewegung der diesbezüglichen Entwicklung wieder auszugleichen.

III. Entstehung des Art. 1 ZPMK

Die Entwicklung, die zur Entstehung des Art. 1 ZPMK – der ersten internationalen rechtlich bindenden Anerkennung des Eigentums als eines Menschenrechts – geführt hat, ist gekennzeichnet durch Schwierigkeiten der verschiedensten Art. Es zeigte sich, daß selbst unter den Staaten Westeuropas, die ja nur dem Europarat angehören, über den Schutz des Privateigentums grundlegende Meinungsverschiedenheiten herrschten. Das gilt sowohl für die Regierungen der Länder – was im Ministerrat zum Ausdruck kam – als auch für die Parlamentarier der Beratenden Versammlung. Außer dem Trennenden, das bei Betrachtung des Eigentums zwischen den einzelnen Ländern zum Ausdruck kam, charakterisiert die langwierige Behandlung des Eigentumsrechtes bis zur endgültigen Fassung des Art. 1 ZPMK auch noch eine Schwierigkeit, die in der Struktur des Europarates liegt: das Verhältnis zwischen Ministerrat einerseits und Beratender Versammlung andererseits. In dieser Beziehung ergaben sich viele Reibungen, für welche die Materie des Eigentums nur der Anlaß, nicht aber der Grund war. Diese grundlegenden Fragen – so wichtig sie auch sein mögen – liegen außerhalb des Rahmens dieser Studie. Im folgenden sei nun abrißartig aufgezeichnet, welche Arbeiten im Europarat vorausgingen, bis das Zusatzprotokoll mit seinem Art. 1 unterzeichnet wurde, denn für das Verständnis des nunmehr geltenden Textes erscheint die Kenntnis dieser Umstände unerläßlich.

1. Die Entwicklung bis zur Unterzeichnung der Menschenrechtskonvention

Die erste Initiative zur Ausarbeitung einer Europäischen Menschenrechtskonvention ging vom *Movement Européen* aus, das im Juni 1949 dem Ministerrat des Europarates ein Konventionsprojekt übermittelte, das einen Menschenrechtsschutz durch eine internationale Gerichtsbarkeit und außerdem unter den aufgezählten zu schützenden Menschenrechten „la protection contre la confiscation arbitraire de sa propriété“[38]) enthielt.

Unter dem Einfluß dieses Projekts befaßte sich die Beratende Versammlung im August und September 1949 erstmalig mit dieser Frage. Ihr Rechtsausschuß arbeitete einen Empfehlungsentwurf aus, in dem er

---

[38]) Eur. Doc. INF /5/F/R, 7 f.

den nach der Meinung der Mehrheit seiner Mitglieder notwendigen Inhalt einer solchen Menschenrechtskonvention zum Ausdruck brachte. In diesem Entwurf war das Eigentum mit folgender Formulierung eingeschlossen[39]):

„Article 2. Dans la Convention, les Etats membres s'engageront à assurer à toute personne résidant sur leur territoire:

... § 12. Le droit de propriété, conformément à l'article 17 de la Déclaration des Nations Unies."

Jedoch war die Aufnahme des Eigentumsrechts nur mit knapper Mehrheit beschlossen worden[40]), und der Bericht des Rechtsausschusses weist ausdrücklich darauf hin, daß ein Teil seiner Mitglieder überhaupt oder in der gegebenen Form gegen einen Schutz des Privateigentums in der zukünftigen Konvention gewesen sei[41]).

Diese Meinungsverschiedenheiten kamen wieder zum Vorschein, als sich die Beratende Versammlung selbst mit dem Empfehlungsentwurf ihres Rechtsausschusses befaßte. Die sich mehrfach in den Diskussionsbeiträgen der Abgeordneten wiederholenden Argumente gegen die Einbeziehung des § 12 in die Konvention lassen sich folgendermaßen zusammenfassen:

1. Verhältnismäßig oft[42]) wird darauf hingewiesen, man könne nicht einerseits das Eigentum schützen, die anderen wirtschaftlichen oder sozialen Menschenrechte aber aus der Konvention herauslassen. Man

---

[39]) Eur. Doc. A. 290, 13; Eur. Doc. No. 77, 204 ff. Der Art. 17 der Allgemeinen Erklärung der Menschenrechte, auf den hier verwiesen wird, hat folgenden Wortlaut: „(1) Jeder Mensch hat allein oder in Gemeinschaft mit anderen Recht auf Eigentum. (2) Niemand darf willkürlich seines Eigentums beraubt werden."

[40]) Mit 10 gegen 8 Stimmen bei einer Enthaltung (Eur. Doc. A. 199, 2).

[41]) In dem Bericht heißt es diesbezüglich (Eur. Doc. A. 290, 2 f.; Eur. Doc. No. 77, 199 f.): «... 10. L'extension de la garantie au droit de propriété a également été critiquée.
Certains membres de la Commission estimaient qu'il n'y avait pas lieu de distinguer le droit de propriété des autres droits economiques ou sociaux; qu'il convenait donc de l'exclure de la garantie puisqu'en principe elle n'était étendue aux droits de cette nature.
Selon d'autres membres de la Commission, il ne serait pas actuellement possible de confier à un organisme international la protection du droit de propriété parce qu'il ne serait pas possible de charger un tel organisme d'apprécier la légitimité des charges ou des restrictions de formes diverses qui, selon les conditions économiques ou sociales d'un pays, peuvent être imposées à la propriété privée en raison de sa fonction sociale et de l'utilité générale. La majorité de la Commission a cependant estimé qu'étant donné l'importance que présente le droit de propriété pour l'indépendance de la personne et de la famille, il importait de le comprendre dans la liste des droits garantis.»

[42]) Siehe: Eur. Doc. No. 95, 240; Comptes rendus des débats 1949, IV, 1185, 1187, 1189; 1191, 1193; 1201, 1203.

laufe sonst Gefahr, daß das Gleichgewicht der Konvention verschoben und eine falsche Auslegung geradezu herausgefordert werde. Ein Recht auf Privateigentum sei zwar gesichert, nichts aber ausgesagt über ein Recht auf Arbeit, auf einen ausreichenden Lebensstandard, auf kostenlose Schulbildung, auf Freizeit, etc. Die Allgemeine Erklärung der Menschenrechte nenne auch solche Rechte, und deshalb stehe das in Art. 17 gesicherte Eigentum in der rechten Relation. Aber allein das Eigentum von diesen Rechten in der europäischen Konvention zu schützen, gebe ein falsches Bild[43]).

2. Bedenken grundsätzlicher Art werden geäußert dazu, daß mit der Aufnahme des Eigentumsrechtes die innerstaatliche Gesetzgebung (selbst soweit sie nur Inländer betreffe) zu Fragen der Nationalisierung, der Steuern, der Regelung des Mietrechts, etc. einer internationalen Gerichtsbarkeit unterworfen würde. Mit der Regelung des Eigentums seien so viele verschiedene nationale Besonderheiten politischer, sozialer und wirtschaftlicher Art zu berücksichtigen, daß man sie nicht einer internationalen Kontrolle unterwerfen könne[44]).
3. Außerdem wird geltend gemacht, das Eigentumsrecht und seine Stellung sei ein politisch besonders heikles Thema, und der Europa-

---

[43]) Lord Layton führt z. B. aus (Comptes rendus des débats 1949, IV. 1188): "... Finally property. Several Amendments have been put down in regard to this and I will say all I want to say about them now. Of course we believe that men should not be arbitrarily deprived of their property, especially if we were limited in the way suggested by the Ammendment put down by M. André Philip (Begrenzung auf «Le droit de propriété des biens d'usage personnel»). But again, is it suitable for our present limited purpose? The arguments that I have allready given apply here, but in this case there is an added argument, and it is this. If we are to speak about the right to own property we are getting very close to such rights included in this declaration as, not merely the right to work and so on — the whole series of what have been described as the social rights.
I think that if we include the right to own property, without including such social rights, the whole of our declaration would be liable to be grossly distorted and misrepresented in a way which I believe would be extremely damaging to the work we have done ..."
In ähnlicher Weise der Abgeordnete Elmgren (Schweden) (ibidem 1202): "... What are we going to do when you retain this right to own property as the only economic right, solemnly described in our list of Human Rights, is to create difficulties and to cause trouble in several countries for our work in the future, and for the development of the Council of Europe. Ordinary men and women in our countries will refuse to work at this problem from any philosophical point of view. They will only say: 'for me the right to work, and the right to a standard of living adequate for the health and well-being of myself and my family, are quite as fundamental and essential as the right to own property." They will further say: "you have taken the United Nations' list of Human Rights, but you have displaced the balance between the economic and social rights in that list' ..."

[44]) Vgl. z. B. ibidem, 1229 ff.

rat tue besser daran, sich in einer solchen Frage nicht verbindlich auf eine Seite zu stellen. Er mische sich damit in besonders umstrittene Teile der Innenpolitik der Mitgliedstaaten ein. Eine Einbeziehung des § 12 werde als reaktionär angesehen werden, und nichts könne die Arbeit des Europarats mehr kompromittieren als ein derartiger Vorwurf[45]).

4. Schließlich glaubt der britische sozialistische Abgeordnete Nally, mit der Einbeziehung der Eigentumsbestimmung tue man Westeuropa in seinem ideologischen Kampf gegen die totalitären Systeme des Sowjetblocks Schaden. Dieses Ringen sei die vordringlichste Aufgabe des Europarates, und der Europarat schade sich selbst, wenn er dem Europäer von heute den Eindruck gebe, er versuche die momentane Verteilung des Eigentums zu verewigen[46]).

Obwohl nur eine Minorität sich gegen eine Bestimmung über das Eigentum aussprach, zeigte der Verlauf der Diskussion in der Beratenden Versammlung doch, daß noch viele Unklarheiten auch hinsichtlich der Formulierung bestanden, und daß der vorgeschlagene Verweis auf Art. 17 der Allgemeinen Erklärung der Menschenrechte selbst unter den Abgeordneten, die für eine Eingliederung des Eigentums in die Konvention waren, keineswegs allgemein als glücklich angesehen wurde. Die Beratende Versammlung verwies daher unter anderem den § 12 zur weiteren Beratung an ihren Rechtsausschuß zurück[47]). Den nicht zurückverwiesenen Teil des Empfehlungsentwurfes, der die Grundlage für die spätere Menschenrechtskonvention bildete und in dem somit das Eigentum fehlt, nahm die Versammlung fast einstimmig an[48]).

Im Februar 1950 befaßte sich der vom Ministerrat eingesetzte Expertenausschuß für Menschenrechte mit dem Projekt einer Europäischen Menschenrechtskonvention. Der Ausschuß ging in seiner Arbeit von der Empfehlung der Beratenden Versammlung aus. Jedoch brachte er in seinem Bericht an den Ministerrat zum Ausdruck, daß sich die Mehrheit der Experten für eine Aufnahme des Eigentums ausgesprochen habe[49]).

Im Juni 1950 nahm der Rechtsausschuß der Beratenden Versammlung die Behandlung der an ihn zurückverwiesenen Teile des Empfehlungsentwurfs auf. In seinen Debatten zeigten sich wieder die schon früher aufgetauchten Meinungsverschiedenheiten. Schließlich wurde ein Unterausschuß eingesetzt, welcher sich unter Beachtung der bisherigen Diskussionen mit der Redaktion eines neuen Textes für eine Eigentums-

---

[45]) Eur. Doc. No. 95, 240. — Comptes rendus des débats, op. cit. 1191 ff.

[46]) Ibidem, 1201 ff.

[47]) Ibidem, 1233 ff.

[48]) Empfehlung No. 38 vom 8. September 1949 (Eur. Doc. No. 108). Angenommen mit 64 gegen 1 Stimme bei 21 Enthaltungen.

[49]) Eur. Doc. CM/WP I (50) 15, 12.

schutzbestimmung befassen sollte[50]). Unter leichter Abänderung eines von dem belgischen Völkerrechtler Rolin unterbreiteten Textes einigte sich der Unterausschuß auf einen neuen Text[51]). Dieser Vorschlag wurde von dem Rechtsausschuß in der Sache angenommen und nur im Wortlaut verändert in folgender Form der Beratenden Versammlung zugeleitet[52]):

„Pour toute personne, physique ou morale, le droit au respect de ses biens.

Ces biens ne peuvent être soumis à confiscation arbitraire. Les présentes dispositions ne sauraient, toutefois, être considerées comme portant atteinte, de quelque manière que ce soit, au droit que possèdent les Etats de promulger les lois nécessaires pour assurer l'utilisation de ces biens, conformément à l'interêt général."

Inzwischen hatte der Ministerrat den Konventionsentwurf (ohne Eigentum), der im Anschluß an die Empfehlung der Beratenden Versammlung ausgearbeitet worden war, der letzteren wieder zugeleitet. Nach neuerlicher Zwischenschaltung ihres Rechtsauschusses äußerte sich die Beratende Versammlung in ihrer Empfehlung Nr. 24 vom 25. August 1950 dazu. Sie gab dem Konventionsentwurf grundsätzlich ihre volle Unterstützung. Da der Entwurf aber das Eigentum nicht erwähnte, bat sie den Ministerrat mit aller Entschiedenheit, in den Entwurf die oben zitierte vom Rechtsausschuß ausgearbeitete Bestimmung aufzunehmen[53]), und nicht die Konvention ohne vorherige Aufnahme des Eigentums zu unterzeichnen.

Trotzdem kam der Ministerrat der Empfehlung der Beratenden Versammlung nicht nach, sondern unterzeichnete am 4. November 1950 in Rom die Europäische Menschenrechtskonvention ohne eine Bestimmung über den Schutz des Eigentums. Das geschah, obwohl feststeht, daß der Mehrheit der beteiligten Regierungen sehr an einer Aufnahme des Eigentums gelegen war. Die Gründe lassen sich im einzelnen nicht genau feststellen, denn der Ministerrat tagte hinter verschlossenen Türen.

---

[50]) In den Unterausschuß wurden die Abgeordneten Bastid, Rolin, Schmal und Pernot gewählt (Eur. Doc. AS/JA (50) PV 3, 2 ff).

[51]) Eur. Doc. AS/JA/WP 1 (2) 2. Der Text lautet: «Tout individu, toute collectivité a droit au respect de sa propriété. Cette propriété ne peut faire l'objet de confiscations arbitraires, sous réserve des mesures législatives adoptées dans chaques Etat pour garantir sa destination sociale.»

[52])Eur. Doc. AS (2) 30, 744.

[53]) In der Empfehlung No. 24 heißt es diesbezüglich: «. . .; elle (l'Assemblée Consultative) demande toutefois avec insistance au Comité des Ministres d'en compléter ou de modifier le texte de la manière suivante:

. . . Article 11 (2). Toute personne, physique ou morale, a droit au respect de ses biens. Ses biens ne peuvent être . . .» (Die Umgestaltung des ersten Teiles des Artikels in einen Satz war notwendig wegen der Fassung des Konventionsentwurfs, die sich von der Empfehlung der Beratenden Versammlung im Aufbau unterschied.)

Jedoch geben der Bericht, den der italienische Außenminister Graf Sforza der Beratenden Versammlung am 18. November 1950 gab, und die weitere Diskussion in diesem Zusammenhang einigen Aufschluß. Vor allem war das Bestreben entscheidend, so schnell wie möglich zur Unterzeichnung der Konvention zu kommen und so der europäischen öffentlichen Meinung in eindrucksvoller Weise zu zeigen, daß erstens der Europarat zu wichtigen konkreten Ergebnissen kommen könne und daß zweitens ein Gegengewicht zur Unterdrückung der Menschenrechte in den totalitären Staaten Osteuropas bestehe[54]). Andererseits konnte innerhalb des Ministerrats keine Einstimmigkeit über die Eingliederung des Eigentums erzielt werden. Von welcher Seite der Widerstand gegen die Aufnahme dieses Rechts kam, ist in Anbetracht der Geheimhaltung der Ministerratssitzungen nie offiziell bekannt geworden. Jedoch spricht vieles dafür, daß das Veto einer einzigen Regierung entscheidend war[55]).

Die Tatsache, daß der Ministerrat keine der von der Beratenden Versammlung mit Entschiedenheit unterbreiteten Empfehlungen berücksichtigt und insbesondere die Menschenrechtskonvention ohne Aufnahme einer Bestimmung über den Schutz des Eigentums unterzeichnet hatte, löste in der Beratenden Versammlung von vielen Seiten scharfe Kritik aus. Diese Kritik betraf nicht nur den konkreten Fall der Konvention, sondern nahm diesen Anlaß wahr, zur grundsätzlichen Zusammenarbeit zwischen der Versammlung und dem Ministerrat Stellung zu nehmen. Im Rahmen dieser Studie kann jedoch auf diese Reibungen nicht weiter eingegangen werden[56]).

---

[54]) Graf Sforza erklärte hierzu in seinem Bericht vor der Beratenden Versammlung (Comptes rendus des débats, 1950, V, 1283): «Nous avons signé à Rome la Convention des Droits de l'Homme. Le Comité des Ministres a cru necessaire de le faire sans retard. A un moment ou, malheureusement, dans plusieurs pays d'Europe, les droits humains les plus élémentaires sont niés ou constamment violés, il semblait urgent d'affirmer solennellement ces droits humains et de les entourer d'une protection juridique que nos signatures de Rome ont rendue effective pour la première fois dans l'histoire. Qui peut nier qu'il était d'une extrême importance de marquer sans retard, par la signature de cette Convention, la différence profonde qui existe entre un monde libre et un monde d'esclaves, qui'l s'agisse d'esclaves qui connaissent leur sort ou d'esclaves qui l'ignorent?»

[55]) Die einzige Regierung, von der in den anschließenden Diskussionen der Beratenden Versammlung offen behauptet wurde, daß sie dieses Veto gegen die Einbeziehung des Eigentums eingelegt habe, ist die britische. (Siehe die Ausführungen des Abgeordneten Teitgen, Comptes rendus des débats, op. cit. 1293 ff.). Jedoch gibt es für die Wahrheit dieser Behauptung keinen verwertbaren Beweis.

[56]) Vgl. dazu etwa den Bericht, in dem die Ständige Kommission der Beratenden Versammlung ausdrücklich ihr Bedauern darüber ausdrückt, daß der Ministerrat die Empfehlungen der Versammlung ohne Erklärung zurückverwiesen habe (Eur. Doc. AS (2) 137, 1126 ff). — Außerdem auch die Beiträge in der Diskussion der Beratenden Versammlung in diesem Zusammenhang (Comptes

2. Die Ausarbeitung des Zusatzprotokolls

Gleichzeitig mit seiner Entscheidung, die Menschenrechtskonvention ohne das Eigentum zu unterzeichnen, hatte der Ministerrat im November 1950 beschlossen, die von der Beratenden Versammlung vorgeschlagenen Ergänzungen, zu denen auch die Bestimmung über den Eigentumsschutz gehörte, an einen Expertenausschuß zur erneuten Überprüfung weiterzuleiten[57]). Nachdem eine Einigung erzielt sei, könnten dann die drei betroffenen Rechte in Form eines Zusatzprotokolls zur Konvention doch noch zu einer Anerkennung kommen, als ob sie in der Konvention selbst stünden.

Die Zusammenkunft der Experten wurde durch Korrespondenzwechsel zwischen dem Generalsekretär des Europarates und den beteiligten Regierungen vorbereitet. Diese Korrespondenz sollte die Stellungen der einzelnen Staaten klären und so den Sachverständigen darüber Aufschluß geben, inwieweit mit der Zustimmung der Regierungen bei den verschiedenen möglichen Fassungen des Eigentums und der beiden anderen in Frage stehenden Rechte gerechnet werden könnte. Aus dieser vorbereitenden Umfrage ergaben sich drei Vorschläge zur Fassung eines Eigentumsschutzartikels, von denen einer der von der Beratenden Versammlung fchon für die Konvention empfohlende war[58]).

Im Februar 1951 trat der Expertenausschuß dann zusammen und befaßte sich mit diesen drei Vorschlägen. Jedoch zeigten sich wieder

---

rendus des débats, 1950, V, 1293 ff, 1295 ff, 1301, 1315, 1323 ff. Der Abgeordnete Teitgen erklärte z. B. in seinem Diskussionsbeitrag speziell zum Falle des Eigentums (ibidem 1293: «Aucun des nos amendements n'a été pris en considération, et on nous dit qu'il faut des experts. Le Comité des Ministres a-t-il besoin d'experts pour répondre à cette question; le droit de propriété, sous réserve des nécessités du bien commun, doit-il ètre garanti dans une Europe démocratique? Faut-il des experts pour cela?»

[57]) Eur. Doc. AS (2) 136, 1117 f. und Eur. Doc. CM (50) 88, 1.

[58]) Die beiden anderen vorgeschlagenen Fassungen lauteten folgendermaßen: «Toute personne physique ou morale a droit au respect de ses biens. Cette disposition ne saurait toutefois être considerée comme portant atteinte, de quelque manière que ce soit, au droit des Etats d'appliquer les lois qu'ils jugent nécessaires, soit pour l'exercice de la justice ou pour le recouvrement des sommes dues aux titres des impôts ou à un autre titre, soit pour assurer l'acquisition ou la jouissance de biens dans l'intérêt général.» «Toute personne, physique ou morale, a droit au respect de ses biens. Nul ne peut être privé de sa propriété que pour cause d'utilité publique, dans les cas et de la manière établie par la loi et moyennant une juste et préalable indemnité. La peine de la confiscation générale des biens ne peut être établie (die zwei vorhergehenden Sätze entsprechen wörtlich den Art. 11 und 12 der belgischen Verfassung). Les présentes dispositions ne portent pas atteinte au droit que possèdent les Etats de réglementer l'usage des biens conformement à l'intérât général et d'etablir des impôts ou rétributions.» (Eur. Doc. CM/WP I [51] 29 und CM/WP VI [51] 3.)

dieselben Meinungsverschiedenheiten, die schon früher eine Einigung verhindert hatten. Der Ausschuß war daher gezwungen, sich nach einer neuerlichen Ministerratssitzung, welche sich im März 1951 noch einmal kurz mit der Frage befaßte, am 18. und 19. April desselben Jahres noch einmal zu treffen. In dieser Sitzung kam es zu einer Abstimmung, bei der sich die Mehrheit für folgenden Text aussprach[59]):

„Toute personne physique ou morale a droit au respect de ses biens. Nul ne peut être privé de sa propriété que pour cause d'utilité publique, dans les cas et de la manière établie par la loi et moyennant une indemnisation qui sera déterminé dans les conditions prévues par la loi.

Les présentes dispositions ne portent pas atteinte au droit que possèdent les Etats de réglementer l'usage des biens conformément à l'intérêt général et d'établir des impôts ou contributions."

Da jedoch drei Delegationen gegen diesen Text stimmten und sich zwei weitere der Stimme enthielten, konnte von einer Einigung noch keine Rede sein. Bei einer Durchsicht der obigen Redaktion kommt als Grund für den Widerstand einiger Delegationen eigentlich nur in Betracht, daß das Eigentumsrecht in einer Weise definiert wird, die für alle Fälle von staatlicher Entziehung von Privateigentum die Verpflichtung zur Entschädigung feststellt. Dieser Punkt wird daher wohl der gewesen sein, den diese Regierungen nicht akzeptieren wollten[60]).

Der im Mai 1951 in ihrer dritten Sitzungsperiode tagenden Beratenden Versammlung erstattete der Präsident des Ministerrates Bericht über den Stand der Vorbereitungen für das Zusatzprotokoll. Dabei brachte er zum Ausdruck, daß es allein an den Meinungsverschiedenheiten über das Eigentum liege, wenn das Zusatzprotokoll noch nicht abgeschlossen sei. Jedoch habe der Ministerrat begründete Hoffnung, daß nunmehr auch diesbezüglich eine Einigung erreicht werden könne. Da auch dem Ministerrat an einer sehr schnellen derartigen Ergänzung der Konvention liege, werde dann das Zusatzprotokoll sofort unterzeichnet werden[61]). – Der Plan des Ministerrates, das Zusatzprotokoll zur Unterzeichnung zu bringen, ohne daß die Beratende Versammlung vorher Gelegenheit gehabt habe, sich zu dem endgültig beschlossenen Text zu äußern, stieß bei den Abgeordneten auf lebhafte Kritik, und in einer entsprechenden Resolution drückte die Versammlung ihre Besorgnis darüber aus, daß der Ministerrat sie somit erneut übergehen wolle, obwohl die Versamm-

---

[59]) Eur. Doc. CM/WP VI (51) 11.

[60]) Die Verhandlungen selbst und die darüber dem Ministerrat erstatteten Berichte sind geheim.

[61]) Eur. Doc. AS (3) 18, 332. (auch Eur. Doc. AS [3] 5, 55 f.) und die Antwort des Ministerpräsidenten auf die Frage des holländischen Abgeordneten Schmal: Comptes rendus des débats 1951, II, 175 f.

lung ohne Gegenstimmen beschlossene Empfehlungen zu den drei betroffenen Rechten dem Ministerrat unterbreitet habe[62]).

Als dann am 5. und 6. Juni 1951 der Expertenausschuß erneut zusammentrat, wurde endlich eine Einigung erreicht. Alle Delegationen erklärten einen neuen Text für annehmbar, der abgesehen von unerheblichen redaktionellen Änderungen dem heute geltenden Art. 1 ZPMK genau entspricht[63]). Die hervorragende Neuerung dieses Textes war die Aufnahme der Worte „... et dans les conditions prévues par la loi et les principes généraux de droit international". Es muß daher angenommen werden, daß hier die sachlichen Meinungsverschiedenheiten lagen, die vorher die Zustimmung einer Minderheit von Regierungen verhindert hatten, d. h. bei der Frage der Zulässigkeitsvoraussetzungen von Enteignungen; und unter diesen – die anderen waren zu keinem Zeitpunkt Gegenstand von Auseinandersetzungen – war die Frage der Entschädigung entscheidend. Wie aus dem Bericht des Generalsekretariats an die Beratende Versammlung hervorgeht[64]), war zu einem vorhergehenden Zeitpunkt die Mehrheit der Regierungen im Ministerrat für die Einbeziehung der Formel „nul ne peut être privé de sa propriété que . . . moyennant une indemnisation". Jedoch war eine Minderheit im Ministerrat nicht bereit, sich verbindlich zur Leistung einer Entschädigung in allen Fällen der Enteignung zu verpflichten und die diesbezüglichen Entscheidungen der zuständigen innerstaatlichen Organe einer internationalen Aufsicht (Menschenrechtskommission, Europäischem Gerichtshof für Menschenrechte, die in der Konvention vorgesehen sind) zu unterwerfen. Sie machten geltend, daß normalerweise ihre Enteignungs- und Nationalisierungsgesetze zwar eine Entschädigung vorsähen, lehnten aber die Aufnahme einer ausnahmslosen Entschädigungspflicht – wie sie z. B. Art. 14 GG mit der sog. Junktimsklausel enthält – ab[65]). So ist dann die Verweisung auf die „durch die allgemeinen Grundsätze des Völkerrechts vorgesehenen Bedingungen" eine Kompromißklausel, der diese Minderheit im Ministerrat nur deshalb ihre Zustimmung gab, weil sie

[62]) Eur. Doc. AS (3) 57, 546. In der Resolution heißt es unter anderem: «... L'Assemblée ne peut se garder d'une certaine inquiétude en voyant le Rapport complémentaire (...) suggérer qu'après examen des Experts, et une fois obtenu l'accord des gouvernements, un Protocole contenant les textes relatifs au droit de propriété, ... sera signé sans revenir devant l'Assemblée. Ces textes constituaient un compromis accepté par l'Assemblée avec un petit nombre d'abstentions et sans opposition. L'Assemblée estime donc que, tant pour respecter ses droits que pour déférence anvers elle, on doit lui réserver la possibilité de donner son avis sur toute nouvelle version de ces textes, avant qu'ils soient soumis à la signature des gouvernements intéressés . . .»

[63]) Eur. Doc. CM/WP VI (51) 20 dif., 4.

[64]) Eur. Doc. AS/JA (3) 13. 2 ff.

[65]) Ibidem.

nicht zu einer Entschädigung in allen Fällen verpflichte, immerhin aber „garantirait le paiement d'une indemnité aux étrangers, même si les nationaux n'étaient pas admis à en bénéficier"[66]).

Obwohl der Wortlaut der endgültigen Formulierung den Schluß zuzulassen scheint, daß durch die Verweisung auf die allgemeinen Völkerrechtsgrundsätze deren nach allgemeinem Völkerrecht nur den Ausländern zukommende Schutzwirkung hier durch Transformation auch den Inländern zugute kommt, sagt also der Bericht des Generalsekretariats, welcher anderweitig seine Bestätigung findet[67]), daß dieser Schluß nicht berechtigt ist. Wenn auch grundsätzlich der Menschenrechtsschutz der Konvention gleichermaßen für In- und Ausländer gilt, bezweckt die Verweisung auf die allgemeinen Völkerrechtsgrundsätze also gerade, von dieser Regel abzugehen, d. h. insbesondere den Inländern nicht immer eine Entschädigung bei Eigentumsentziehungen zu garantieren. Gerade diese Schwäche des Eigentumsschutzes macht den Kompromißcharakter der Formulierung der Sachverständigen aus und ließ endlich eine Einigung möglich werden.

Der neue Text durchlief nunmehr ohne Hindernisse die weiteren Stationen bis zur Unterzeichnung des Zusatzprotokolls. Eine im Anschluß an die Sitzung des Expertenausschusses stattfindende Konferenz der Berater der Außenminister stimmte dem Projekt zu. Dabei sei erwähnt, daß die deutsche Bundesregierung hier und auch später noch ausdrücklich betonte, daß die „allgemeinen Grundsätze des Völkerrechts", die der Artikel nenne, die Verpflichtung enthielten, im Falle der Eigentumsentziehung Entschädigung zu leisten[68]). In der Sitzung am 2. und 3. August beschloß der Ministerrat einstimmig den von dem Expertenausschuß vorgeschlagenen Text. Der Rechtsausschuß der Beratenden Versammlung stimmte daraufhin ohne weitere Aussprache zu[69]), ebenso die Beratende Versammlung selbst in ihrer Sitzung vom 8. Dezember[70]).

---

[66]) Ibidem.

[67]) Eine der mitarbeitenden nationalen Delegationen hat bei der Einigung darauf bestanden — und ist dabei auf keinerlei Widerspruch gestoßen — daß in dem Bericht ausdrücklich darauf hingewiesen werde, daß die Verweisung auf die allgemeinen Völkerrechtsgrundsätze Inländer nicht schütze (Eur. Doc. CM/WP VI, 51—21, S. 1 ff.). Deshalb bringt der im Gegensatz zu den vertraulichen Verhandlungen des Sachverständigenausschusses öffentliche Bericht des Generalsekretariats wohl auch so deutlich diese Auslegung zum Ausdruck. — Nach Inkrafttreten des Textes ist diese Auffassung inzwischen von der Europäischen Menschenrechtskommission in der Entscheidung 511/59 in *Falle Gudmundsson et al. gegen Island* anerkannt worden (S. 19 des bei Abschluß des Manuskripts noch nicht veröffentlichten Urteils).

[68]) Schreiben des Auswärtigen Amtes an den Generalsekretär des Europarates vom 10. Juli 1951; Eur. Doc. A. 5642.

[69]) Eur. Doc. AS/JA (3) 13, 2 ff.

[70]) Die Abstimmung ergab in der Beratenden Versammlung 75 Stimmen für,

Am 20. März 1952 wurde dann das Zusatzprotokoll zur Europäischen Menschenrechtskonvention in Paris unterzeichnet.

---

keine Stimme gegen das Projekt, jedoch 23 Enthaltungen (Comptes rendus des débats, 1951, VIm 925). — Vorher hatte allerdings der französische Abgeordnete Hettier de Boislambert einen sich stark an den Wortlaut der französischen Erklärung der Menschen- und Bürgerrechte von 1789 anlehnenden Änderungsantrag zu Art. 1 des geplanten Zusatzprotokolls eingebracht. Er hatte folgende dem Eigentum zweifellos einen wesentlich größeren Schutz gewährende Fassung vorgeschlagen (Eur. Doc. AS [3] 93, amendement No. 1, 914): «Toute personne physique ou morale a droit au respect de ses biens, recueillis ou acquis. — Nul ne peut être privé de la propriété de ses biens, sauf si la nécessité publique, légalement constatée, l'exige évidement, et sous condition d'une juste et préalable indemnité.» Um jedoch eine endgültige Einigung über das Eigentumsrecht nicht noch weiter hinauszuzögern, und da der Rechtsausschuß dem Projekt des Ministerrates schon zugestimmt hatte, zog der Abgeordnete seinen Antrag zurück (Comptes rendus des débats, 1951, VI, 925).

Teil I

BEGRIFFSBESTIMMUNGEN

Kapitel I

Umfang des Eigentumsbegriffs im Völkerrecht

1. Die Wortwahl in Art. 1 ZPMK

Wenn Art. 1 ZPMK von „Eigentum" *(possessions* und *property* im englischen und *propriété* und *biens* im französischen Text) spricht, so läßt er die Auslegung dieses Begriffes offen. In Anbetracht der Schwierigkeiten, die die Formulierung des Art. 1 ZPMK in anderer Hinsicht bereitete, ist dem Gebrauch der Worte *„possessions, property, biens, propriété"* bei der Ausarbeitung sehr wenig Aufmerksamkeit geschenkt worden. Bei den mündlichen Verhandlungen war allgemein von *„propriété"* und *„property"* die Rede. Dafür, daß die teilweise Verwendung von *„possessions"* und *„biens"* eine besondere juristische Bedeutung haben und eine Unterscheidung zu den beiden anderen Worten zum Ausdruck bringen sollte, ergibt sich aus den vorbereitenden Arbeiten und Dokumenten zu Art. 1 ZPMK nicht das geringste Anzeichen, obwohl an sich die Verwendung zweier verschiedener Wörter innerhalb eines Artikels für denselben Begriff darauf hinweisen würde.

Daß die Benutzung zweier verschiedener Wörter (mit streng genommen verschiedenem juristischen Inhalt!) sowohl im französischen wie im englischen Text keine Verschiedenheit des Inhalts bedeuten sollte, ergibt sich auch noch aus einer anderen Überlegung: Gemäß der Schlußformel des Zusatzprotokolls sind der französische und englische Text in gleicher Weise maßgebend. Trotzdem verwendet der französische Text in Art. 1 ZPMK zunächst den Ausdruck *„biens"*, dann *„propriété"*, dann in Abs. 2 wieder *„biens"*, dagegen der englische Text zunächst zweimal *„possessions"* und dann *„property"*. Dieser Widerspruch der rechtlich in gleicher Weise maßgebenden Texte ist nur dadurch erklärlich, daß sowohl im englischen wie im französischen Text die verschiedene Benennung für den Inhalt des Rechts unerheblich ist.

Unter diesen Umständen erscheint es für die juristische Auslegung nur möglich, sich an die in den mündlichen Verhandlungen benutzten Begriffe *„property"* und *„propriété"* zu halten, selbst wenn sie im Text jeweils nur einmal vorkommen. Es versteht sich auch von selbst, daß z. B. die Verwendung des englischen Begriffs „possessions" nicht bedeuten sollte, daß Art. 1 etwa nur den Besitz schütze. Die offizielle deutsche

Übersetzung trägt diesen Überlegungen auch Rechnung, indem sie einheitlich das Wort „Eigentum" in allen drei Fällen benutzt. Die Übersetzung ist insofern juristisch exakter als die Originaltexte[71]).

2. Verhältnis zu den Eigentumsbegriffen im innerstaatlichen Recht

Die Ausdehnung und die Grenzen des Eigentumsbegriffs zu bestimmen, ist wichtig für die Feststellung, wie weit die Schutzwirkung des Artikels geht. Dabei muß man davon ausgehen, daß das Zusatzprotokoll ein völkerrechtlicher Text ist, und daß sich die Auslegung der Wortinhalte danach zu richten hat. Das bedeutet, daß die innerstaatlichen Eigentumsbegriffe der einzelnen Länder, vor allem die sachenrechtlichen, nicht einfach übernommen werden können. Allein schon deshalb erscheint es nicht vertretbar, wenn Adam den Art. 544 des französischen Code Civil direkt bei der Feststellung des Eigentumsinhalts für Art. 1 ZPMK verwenden will[72]). Schon innerhalb der nationalen Rechtsordnung hat man meist verschiedene juristische Eigentumsbegriffe, so etwa einen sachenrechtlichen, einen strafrechtlichen und einen verfassungsrechtlichen. Unter den einzelnen Staaten unterscheiden sich dann diese Begriffe wieder untereinander, so daß, wenn man eine Mehrzahl von Staaten betrachtet, eine ganze Reihe verschiedener, für ihren Anwendungsbereich immer zutreffender Eigentumsbegriffe nebeneinander steht. Schließen diese Staaten nun einen multilateralen Vertrag und sprechen darin von „Eigentum", so erscheint es beinahe als selbstverständlich, daß keiner der vielen innerstaatlichen Begriffe genau dem Inhalt entspricht, den das Wort hier hat.

Schon die Existenz derart vieler, sich untereinander jeweils mehr oder weniger unterscheidender Eigentumsbegriffe zeigt, daß ein bestimmtes Rechtsgebiet seinen eigenen Begriff vom Eigentum bildet. Bei der Verschiedenheit, welche das Völkerrecht in vieler Hinsicht zu allem innerstaatlichen Recht besitzt, ist es nur natürlich, daß sich ein eigener völkerrechtlicher Eigentumsbegriff im Laufe der Zeit herausgebildet hat, der den Eigenarten des internationalen Rechts gemäß ist[73]). Nur er kann

---

[71]) Auch Adam, Revue DPSP 1953, 332, ist der Ansicht, daß die verschiedene Benennung unbeabsichtigt und ohne jede Bedeutung für den juristischen Inhalt ist.

[72]) Revue DPSP 1953, 333. Nachdem er schon vorher auf Art. 544 *Code civil français* zurückgegriffen hat, meint Adam: «La Convention de sauvegarde ne s'applique pas lorsqu'il n'y a pas de propriété, au sens de l'article 544 de Code civil français, que peut être, à cet égard, pris comme marquant un critère valable.» Eine Begründung, warum gerade der Code Civil den richtigen Begriffsinhalt geben soll, führt er nicht an; die Fußnote, auf die er sich beruft, stellt die Verbindung zu Art. 1 ZPMK nicht her.

[73]) Auch Herz (American Journal 1941, 244) meint zur Entwicklung des völkerrechtlichen Eigentumsbegriffes und seinem Verhältnis zu den Begriffen in den innerstaatlichen Rechtsordnungen "International law concerning the protection of foreign property is a product of the evolution of world economy in the

zusammen mit etwaigen Besonderheiten des Zusatzprotokolls zur Auslegung des Wortes „Eigentum“ in Art. 1 ZPMK herangezogen werden. Und falls solche Besonderheiten, die eine Abweichung vom allgemeinen Wortinhalt andeuten, nicht ersichtlich sind, muß davon ausgegangen werden, daß Art. 1 ZPMK als eine Norm des Völkerrechts das „Eigentum“ in seinem völkerrechtlich üblichen Begriffssinne versteht.

3. Verhältnis zu den „wohlerworbenen Rechten“

Der Wortlaut des Art. 1 oder sonst des Zusatzprotokolls oder der Konvention enthält keine Hinweise auf solche Besonderheiten. Während der Verhandlungen über das Eigentumsrecht war allerdings in der Beratenden Versammlung des Europarates von Seiten des französischen Abgeordneten A. Philip eine bisher im Völkerrecht unbekannte Inhaltsbestimmung des Eigentumsbegriffs vorgeschlagen worden. Philip beantragte die Abänderung des vorgeschlagenen Textes mit der Formulierung „Lé droit de propriété des biens d'usage personnel“[74]). Dieser Ergänzungsantrag stieß aber auf sehr heftige Kritik und fand keine Billigung. Danach wurden bis zur Annahme des endgültigen Textes keine Versuche mehr gemacht, dem Eigentum einen vom sonstigen völkerrechtlichen Sprachgebrauch abweichenden Inhalt zu geben. Der Inhalt des Begriffs wurde in der Tat weder in der Beratenden Versammlung noch im Ministerrat oder dem Expertenausschuß noch weiter besprochen. Es bleibt daher nur der Schluß übrig, daß der allgemeine völkerrechtliche Eigentumsbegriff auch für Art. 1 ZPMK gilt. Was man im Völkerrecht unter „Eigentum, property, propriété“ versteht, bleibt nun zu untersuchen.

In allen Ländern hat sich in den Teilen des innerstaatlichen Rechts, die sich mit der Enteignung befassen, hinsichtlich des Objekts der Enteignungen zwar die Bezeichnung „Eigentum“ erhalten, dem Inhalt nach aber eine wesentliche Ausdehnung des Eigentumsbegriffes durchgesetzt[75]). Genauso ist die Entwicklung im Enteignungsvölkerrecht gewesen. Mag ursprünglich auch hier das Eigentum nur einen begrenzten Inhalt wie in innerstaatlichen Sachenrechten gehabt haben, im Laufe der Zeit hat sich der völkerrechtliche Eigentumsbegriff mehr und mehr erweitert. So wie im modernen Völkerrechtssprachgebrauch die Worte „Eigentum, property,

---

nineteenth century. It has taken over from internal legal conceptions the largest and, as it were, most advanced definition of property. . . . International law takes no account of the details of different municipal legal definitions and regulations. This seems to be self-understood in international practice, so that it is rarely stated at all in cases dealing with expropriation.“

[74]) Doc. 86, 1re session, 1949, 226.

[75]) Es sei nur auf den Inhalt hingewiesen, den anerkanntermaßen der Eigentumsbegriff in Art. 14 GG hat, und der zwar auch das Eigentum im deutsch-sachenrechtlichen Sinne, darüber hinaus aber alle vermögenswerten subjektiven Rechte oder zumindest Privatrechte umfaßt (Vgl. dazu etwa: BGHZ 6, 271; BVerfGE 2, 401; 4, 219; Forsthoff, NJW 1955, 1249).

propriété" verwendet werden, sind sie gleichbedeutend mit dem Begriff der „wohlerworbenen Rechte, acquired oder vested rights, droits acquis". In der internationalen Judikatur[76]) und im Schrifttum[77]) werden heute unwidersprochen die beiden Begriffe in diesem Zusammenhang gleichgesetzt, und eine „Ent-eignung" ist nichts anderes als die Entziehung wohlerworbener Rechte[78]). Der Begriff der wohlerworbenen Rechte bildet heute und bildete insbesondere auch in den Zwanziger- und Dreißigerjahren zur Zeit der großen einschlägigen Entscheidungen in der internationalen Judikatur den Angelpunkt des modernen Enteignungsvölkerrechts. Dogmatisch ist er bisher nicht in einer allgemein anerkannten Weise geklärt worden[79]). Es läßt sich jedoch mit Bindschedler sagen, daß die moderne Theorie dahin tendiert, ihn mit subjektivem Recht gleichzusetzen. Jedoch steht fest, daß sich die Entstehung und der Inhalt der wohlerworbenen Rechte zunächst ausschließlich nach innerstaatlichem Recht richten; erst nachdem sie als zu einer Person gehörig entstanden sind, sind sie „erworben", und dann greift – soweit Ausländer ihre Inhaber sind – zum Schutz das Völkerrecht ein[80]). Wenn man von einem völkerrechtlichen Begriff des Eigentums, des Vermögens, der wohlerworbenen Rechte spricht, so bedeutet das daher nur einen Maximalrahmen, den das Völkerrecht unter diesen Begriff einzuordnen gewillt

---

[76]) Siehe z. B. die Entscheidung des Internationalen Schiedsgerichts zwischen Norwegen und den USA im sog. *Norwegian Claims Case*. "These contracts were the property, ..." und "based upon the respect for private property" heißt es da zur Entziehung von aus zivilrechtlichen Verträgen erwachsenden obligatorischen Rechten durch die USA (Scott, *The Hague Court Reports*, 2nd Series, 1932, 68 u. 69).

[77]) So z. B. Dahm, 506. Ebenso Herz (American Journal 1941, 245 f.), der bei seiner Bestimmung des Begriffes „property" im Völkerrecht ohne weiteres zu einer Bestimmung und Abgrenzung des Begriffes „vested rights" übergeht. Ebenso Roth (165 ff.) in seinem Abschnitt über „Acquired Property Rights"; da er aber wirtschaftliche Interessen, die aus öffentlichen Ämtern fließenden Vermögensvorteile, etc. auch zu den „property rights" rechnet, ist Roth gezwungen, sie von den „acquired rights" auszunehmen und so eine Differenzierung vorzunehmen. Kaeckenbeeck, der ehemalige Präsident des Internationalen Oberschlesien-Schiedsgerichts und wohl größte Experte bezüglich der wohlerworbenen Rechte, zitiert auch ohne weitere Erklärung zur Klarstellung der Völkerrechtslage der „vested rights" die berühmte Entscheidung von Chief Justice Marshall, wo dieser ausschließlich von „property" spricht (British Yearbook 1936, 9).

[78]) Deshalb ist es keineswegs eine sprachliche Unsauberkeit (wie Adam, op. cit., 334 meint), wenn das höchste Organ des Völkerrechts, der Ständige Internationale Gerichtshof im Urteil zum *Fall der Mavromatis Jerusalem Concession* mehrmals vom „right to expropriate concessions" spricht (PCIJ, Series A, No. 5, 37 f.).

[79]) Siehe hierzu vor allem Kaeckenbeeck, *La protection internationale des droits acquis*, Recueil des Cours, 1937, I, 317 ff.

[80]) Bindschedler, 27 f. (mit Anm. 76). PCIJ, *Fall der Panevezys-Saldutiskis Eisenbahn*, Series A/B, No. 76, 18.

ist. Ob dieser Rahmen voll ausgenützt wird, hängt von der nationalen Rechtsordnung jedes Staates ab, die darüber entscheidet, welche der in den Rahmen passenden Rechte in ihrem Geltungsbereich zur Entstehung gelangen und dann den völkerrechtlichen Schutz genießen können.

4. Inhalt des Eigentumsbegriffs

Dieser völkerrechtliche Schutz – und somit der, den Art. 1 ZPMK mit dem Wort Eigentum im Zusammenhang mit den allgemeinen Völkerrechtsgrundsätzen über seine Entziehung umfaßt – hat zunächst naturgemäß das Eigentum im engen sachenrechtlichen Sinne zum Gegenstand, ebenso andere dingliche Rechte[81]). Wenn der Staat z. B. eine Hypothek entzieht, dann entzieht er Eigentum im völkerrechtlichen Sinne. Weniger selbstverständlich erscheint schon, daß der Begriff auch private obligatorische Rechte einschließt, obwohl das von den verfassungsrechtlichen Eigentumsinhalten her bekannt ist. Jedenfalls kann daran nach geltendem Völkerrecht kein Zweifel bestehen[82]). Das ergibt sich einmal aus der Staatsvertragspraxis, in der sogar die kommunistischen Staaten dem völkerrechtlichen Satz von der Respektierung des Privateigentums folgend in einer Reihe von Entschädigungsabkommen die obligatorischen privaten Rechte ausdrücklich als miteinbezogen angesehen haben. Im Zusammenhang mit den groß angelegten Nationalisierungsmaßnahmen, welche die osteuropäischen Staaten nach dem Ende des zweiten Weltkrieges vornahmen, wurden auch vielen Ausländern neben anderen Vermögenswerten obligatorische Rechte entzogen oder zumindest beeinträchtigt. In den Entschädigungsabkommen mit den Heimatstaaten dieser Ausländer wurde – soweit ersichtlich nur mit Ausnahme eines Vertrages[83]) – immer auch für diese Rechte Entschädigung gewährt[84]).

Die in diesen Verträgen zum Ausdruck kommende Anerkennung könnte an sich noch nicht als überzeugendes Indiz für die entsprechende

---

[81]) Roth, 177; und vor allem mit einem umfassenden Überblick über die internationale Judikatur: Whiteman, Vol. II, Property, 1364 ff.

[82]) So z. B. auch Herz: "Property, in this respect, however, means more. According to a great array of diplomatic and judicial cases and the great majority of authors it comprises rights as well as tangible property, above all contractual rights, such as rights arising from contracts of concessions, purchases, loans, etc." (American Journal 1941, 244 f.).

[83]) Der Vertrag vom 12. Mai 1949 zwischen Dänemark und Polen enthält keine derartige Bestimmung.

[84]) In dem Vertrag zwischen der Schweiz und Polen vom 25. Juni 1949 werden z. B. ausdrücklich eingeschlossen: „schweizerische Forderungen, einschließlich der in Wertpapieren verkörperten, gegenüber Schuldnern in Polen, deren Vermögenswerte durch die polnische Gesetzgebung in Mitleidenschaft gezogen sind" (Amtliche Sammlung der Schweizer Bundesgesetze und Verordnungen 1949, I, 817.). — Vgl. weiter Foighel, 103 f.

Auslegung des allgemeinen völkerrechtlichen Eigentumsbegriffes angesehen werden. Das insbesondere, weil zumindest fraglich erscheint, ob der Inhalt der Entschädigungsabkommen sowohl von Seiten der nationalisierenden wie auch von Seiten der Heimatländer der Geschädigten nicht eher Ausdruck eines politischen Opportunismus im konkreten Falle als einer völkerrechtlichen Überzeugung war. Jedoch stellt sich diese Gemeinsamkeit der diesbezüglichen Staatsverträge in einem anderen Lichte dar und gewinnt an Bedeutung für das allgemeine Völkerrecht, weil sie nur ein schon vorher in der internationalen Judikatur anerkanntes Prinzip beibehält. Im sog. Norwegian Claims Case[85]) entschied nämlich ein internationales Schiedsgericht unzweideutig, daß aus Verträgen entstehende obligatorische Rechte vom Eigentumsbegriff erfaßt werden. „These contracts were the property ...", sagt das Urteil ausdrücklich[86]). Handelte es sich in dem obigen Fall um Rechte aus Schiffsbauverträgen, so behandelt ein anderes – wenig bekanntes – internationales Schiedsurteil ein obligatorisches Recht völlig anderer Art, nämlich auf Rodung bestimmter Waldgrundstücke[87]). Im Falle betreffend einige Wälder in Zentral-Rhodopien[88]) von 1931 faßte das Urteil diese Rechte unter den völkerrechtlichen Eigentumsbegriff.

Gehören so die obligatorischen vermögenswerten Privatrechte anerkanntermaßen zum völkerrechtlichen Eigentumsbegriff, so läßt sich das andererseits nicht mit Sicherheit für alle Vermögenswerte mit Rechtscharakter sagen. Das gilt vor allem für Urheber- und Patentrechte, obwohl deren Werte beträchtlich sein können. Die internationale Judikatur hat sich bisher noch nicht dazu geäußert, ob solche unter den völkerrechtlichen Eigentumsbegriff fallen, und da der Begriff der wohlerworbenen Rechte bisher noch keine endgültige Klärung gefunden hat, lassen sich Vergleiche zu anderen Vermögenswerten schlecht ziehen. Das Argument, das Adam[89]) gegen eine Einbeziehung anführt, erscheint

---

[85]) Scott, *The Hague Court Reports*, 2nd Series, 1922, 39 ff.

[86]) Ibidem, 68. — Wenn das Urteil sich an dieser Stelle scheinbar nur auf das amerikanische Verfassungsrecht bezieht, so darf das nicht irreführen, denn im übernächsten Absatz sagt das Schiedsgericht ausdrücklich: "... just compensation is due to the claimants under the municipal law of the United States, as well as under international law, based upon the respect for private property." — De lege ferenda schlägt der neue Harvard Draft in seiner 12. Fassung (1961) eine Ausklammerung vertraglicher Rechte aus dem Begriff des Eigentums vor. Diese sollen nur noch durch den Grundsatz *pacta sunt servanda*, d. h. dessen Konkretisierung in Art. 12 des Entwurfs geschützt werden (American Journal 1961, 563 u. 567 ff.).

[87]) Aus dem Urteil ergibt sich unzweideutig, daß es sich nicht um eine dingliche an das Eigentum an den Grundstücken gebundene Beziehung, sondern um eine rein obligatorische Verpflichtung zwischen Eigentümer und Berechtigtem handelt.

[88]) *Uppsala Universitets Arsskrift* 1932, Program 1 und 1933, Program 2.

[89]) Op. cit., 334.

wenig überzeugend. Die Tatsache, daß solche Rechte nur eine zeitlich begrenzte Ausbeutungsbefugnis geben, kann auch bei obligatorischen Privatrechten vorkommen und schließt nicht aus, daß es sich um Eigentum in völkerrechtlichem Sinne handelt. Andererseits bestimmen z. B. die am 10. Februar 1947 mit Italien (Art. 78 § 9), Ungarn (Art. 26 § 9), Bulgarien (Art. 23 § 8) und Rumänien (Art. 24 § 9) unterzeichneten Friedensverträge, daß eingeschlossen sein sollen „tous les biens immobiliers ou mobiliers, corporels ou incorporels, y compris les droits de propriété industrielle, litteraires es artistiques, aussi que les droits ou intérêts de nature quelconque dans les biens“[90]). Für eine Einbeziehung dieser Rechte in den völkerrechtlichen Eigentumsbegriff spricht neben der schon erwähnten allgemeinen, seit Jahrzehnten feststellbaren Ausdehnungstendenz vor allem auch, daß sie einerseits einen Vermögenswert und andererseits einen rechtlich anerkannten Erwerbstitel besitzen, die zwei Kriterien, die meist für die Bestimmung wohlerworbener Rechte verwendet werden[91]). Das ist wohl auch der Grund, warum der im Sommer 1960 von einer Gruppe von Völkerrechtlern für die Harvard Law School vorgelegte Kodifikationsentwurf in seiner Legaldefinition von *„property“* auch *„industrial, literary, and artistic property“* einbezieht[92]).

Das Fehlen des letzteren dieser beiden Kriterien schließt aber auf jeden Fall bestimmte wirtschaftliche Vermögenswerte – so schmerzlich ihr Verlust auch sein möge – vom völkerrechtlichen Eigentumsbegriff aus. Wirtschaftliche Interessen mögen noch so wertvoll sein, eine Gewinnerwartung mag noch so sicher feststehen, solange sie keine rechtliche Form gefunden haben, bleiben sie völkerrechtlich ungeschützt. Das gilt vor allem auch für den *good will von* Unternehmen. Dies ist in der Literatur[93]) und vor allem im Urteil des Ständigen Internationalen Gerichtshofs zum Oscar Chinn Fall[94]) anerkannt.

Von außerordentlicher wirtschaftlicher Bedeutung ist die Frage, ob öffentlich-rechtliche Konzessionen dem begünstigten Privaten ein Recht

---

[90]) Zitiert nach Revue DPSP 1953, 334, Anm. 44.

[91]) Vgl. hierzu etwa Kaeckenbeeck, *La Protection international des droits acquis,* Recueil des Court 1937, I, 317 ff.

[92]) *Convention on the International Resposibility of States for Injuries to Aliens,* Draft No. 11, Louis B. Sohn and R. R. Baxter, Reporters, Harvard Law School, Cambridge, Mass., June 1, 1960: Art. 10, Abs. 7.

[93]) So z. B.: Fatouros, in Friedmann-Pugh, *Legal Aspects of Foreign Investment,* 728. — Bindschedler, 30.

[94]) PCIJ, Series A/B, No. 63 (1934). In dem Urteil heißt es insbesondere: "The court, though not failing to recognize the change which is said to have led him to wind up his transport and shipbuilding business, is unable to see in his orginal position — which is characterized by the possession of customers and the possibility of making a profit — anything in the nature of a genuine vested right. Favourable business conditions and good will are transient circumstances, subject to inevitable changes;“ (S. 88).

geben, das unter den völkerrechtlichen Eigentumsbegriff fällt. Adam[95]) verneint die Frage, denn sie seien „des situations réglementaires ou contractuelles, exclusives du droit de propriété. Leur respect peut être fondé sur celui de l'état de droit, rule of law, mais non sur celui du droit de propriété." Daran ist zutreffend, daß sich aus der international anerkannten Betrachtung der Konzessionen als Verträge mit dem Staat schon ein Schutz ergeben kann, ohne daß man auf den Schutz des Eigentums oder der wohlerworbenen Rechte zurückzugreifen braucht[96]). Dieser Schutz ist jedoch auf Grund des Meinungsstreits um die Bewertung von Konzessionsverträgen nach Völkerrecht zu problematisch, als daß man auf eine Klärung im Rahmen des Eigentumsschutzes verzichten könnte, und andererseits kein Grund, warum Konzessionsrechte nicht doch unter den völkerrechtlichen Eigentumsbegriff fallen sollten, der – wie oben dargestellt – sowieso auch Vertragsrechte umfaßt.

Seit der bekannten internationalen Schiedsentscheidung von 1902 im Fall der Delagoa Eisenbahnkonzession[97]) ist in der Völkerrechtslehre nicht mehr fraglich gewesen, daß Konzessionsrechte – zumindest! wenn nicht sogar durch den Satz *pacta sunt servanda* – durch den Grundsatz der Unverletzlichkeit des Privateigentums geschützt, d. h. vom völkerrechtlichen Eigentumsbegriff umfaßt werden. Ist der Delagoa Fall die Kernentscheidung über diese Frage, so muß man mit Huang[98]) die zu Fragen des Eigentumsschutzes bei Staatensukzession ergangene Schiedsgerichtsentscheidung von 1929 im Fall der Sopron-Köszeg Local Railway Company[99]) als Fortsetzung dieser Rechtssprechung ansehen, denn dort werden die aus der Eisenbahnkonzession erwachsenden Rechte als wohlerworbene Rechte anerkannt. Diese Entscheidung ist nicht die einzige, welche diese Auffassung ausdrückt[100]), und sie gilt auch noch für den heutigen Stand des Völkerrechts. In den neuesten diesbezüglichen Äußerungen werden die Konzessionsrechte auch weiterhin als wohlerworbene

---

[95]) Op. cit., 334.

[96]) Es ist in der modernen Völkerrechtswissenschaft streitig, ob die ungerechtfertigte Entziehung von Konzessionsrechten, die nach internationaler Auffassung den Bruch von öffentlich-rechtlichen Verträgen darstellt, nicht schon gegen den Völkerrechtssatz *pacta sunt servanda* verstößt und deshalb ein Völkerrechtsdelikt mit den entsprechenden strengeren Rechtsfolgen für die Wiedergutmachungspflicht des Staates darstellt. Mehr dazu unten bei der Behandlung des Völkerrechtsgrundsatzes *pacta sunt servanda*. (Teil II, Kap. V).

[97]) Archives Diplomatiques, 1900, Bd. 72, 209 ff.

[98]) American Journal 1957, 296.

[99]) Annual Digest, 1929—30, No. 34. (Ganzer Text in American Journal 1930, 164 ff.).

[100]) Siehe auch die die gleichlautende Rechtsauffassung zum Ausdruck bringende Entscheidung des Ständigen Internationalen Gerichtshofs im *Falle der Mavromatis Jerusalem Concessions* (PCIJ, Series A, No. 5) vom 26. März 1925. — Ebenso der Internationale Schiedsgerichtshof für Oberschlesien im *Jablonski-Fall* (Annual Digest 1935—37, No. 42, 140).

Rechte und als vom völkerrechtlichen Eigentumsbegriff erfaßt angesehen[101]).

Auch der eingerichtete und ausgeübte Gewerbebetrieb – so wie im juristischen Sprachgebrauch in Deutschland dieser Begriff verstanden wird – ist Eigentum im völkerrechtlichen Sinne. Der Internationale Schiedsgerichtshof für Oberschlesien – dessen Rechtsprechung in so vieler Hinsicht zur Klärung des Völkerenteignungsrechts beigetragen hat – hatte sich 1936 im Jablonski Fall[102]) an sich mit der Frage zu befassen, ob ein öffentliches Amt (das des Notars) ein wohlerworbenes Recht gewähre. Diese Frage verneinte der Gerichtshof. Jedoch erklärte er in diesem Zusammenhang ausdrücklich, daß dagegen der eingerichtete und ausgeübte Gewerbebetrieb ein solches wohlerworbenes Recht im Sinne des Völkerrechts sei[103]).

5. Ergebnis

Zusammenfassend läßt sich sagen, daß der völkerrechtliche Eigentumsbegriff – und somit der des Art. 1 ZPMK – nach modernem Sprachgebrauch mit dem der wohlerworbenen Rechte identisch ist. Er umfaßt seinem Inhalt nach nicht nur das Eigentum im sachenrechtlichen Sinne, sondern darüberhinaus die anderen dinglichen Rechte und die vermögenswerten obligatorischen Privatrechte. Ob auch die Patent- und Urheberrechte und anderen industriellen Rechte darunter fallen, läßt sich wegen Fehlens völkerrechtlicher Materialien nicht mit Sicherheit sagen, erscheint aber heute wahrscheinlich. Wirtschaftliche Interessen ohne rechtlich anerkannten Erwerbstitel, insbesondere der *good will* fallen dagegen nicht unter den Begriff, wohl aber die aus Konzessionen entstehenden Rechte des Begünstigten, ebenso der eingerichtete und ausgeübte Gewerbebetrieb.

Faßt man diese sich aus den Völkerrechtsquellen ergebenden Einzelfeststellungen zu einer gemeinsamen Linie zusammen, so charakterisiert diese Linie zwar nicht ausschließlich den gefestigten Völkerrechtsstand – dieser wird bis zu einer Kodifizierung stets wegen des primitiven Charakters des Völkerrechts kasuistisch sein –, gibt aber für bisher noch offene Einzelfragen Aufschluß. Nach der Entwicklung, die der Eigentumsbegriff im Enteignungsvölkerrecht und mit den „wohlerworbenen Rechten" genommen hat, zeigt sich mehr und mehr eine Annäherung an das subjektive Recht[104]), wobei im allgemeinen Völkerrecht noch fraglich erscheint, ob die Gleichstellung schon eingetreten ist. Der Eigentums-

---

[101]) Siehe z. B. Verdross, Lehrbuch, 290. Schwarzenberger, Current Legal Problems 1952, 312. Mosler, *Wirtschaftskonzessionen bei Änderungen der Staatshoheit.* Herz, op. cit., 245, schließt ebenfalls "rights arising from contracts of concession" in den Begriffsinhalt "property" nach Völkerrecht ein.

[102]) Annual Digest 1935—37, No. 42, 138 ff.

[103]) Der Schiedsgerichtshof verwendet dabei diesen Begriff in deutscher Sprache als terminus technicus (S. 140).

[104]) So auch Bindschedler, 27.

begriff des Art. 1 ZPMK gehört in das System der Menschenrechtskonvention, deren Präambel das Ziel der Entwicklung der Menschenrechte postuliert. Zieht man in Betracht, daß es im heutigen allgemeinen Völkerrecht immerhin kein vermögenswertes subjektives Recht gibt, das anerkanntermaßen nicht wohlerworbenes Recht ist, außerdem, daß der Europarat und alle an der Menschenrechtskonvention und ihrem Zusatzprotokoll beteiligten Länder in der internationalen Diskussion (wie etwa in den Verhandlungen zu den *Human Rights Covenants* der Vereinten Nationen) auf der menschenrechtsfreundlichen Seite stehen, so erscheint es gerechtfertigt, für den Begriff des Eigentums in Art. 1 ZPMK zu sagen: er schließt jedes private oder öffentliche (Konzessionen) vermögenswerte subjektive Recht ein.

Vergleicht man dieses Ergebnis mit dem Inhalt, den das Grundrecht Eigentum in Art. 14 GG hat, so kommt man zu einer überwiegenden Übereinstimmung, wenn nicht Identität. Der Begriff des Eigentums in Art. 1 ZPMK umfaßt auf jeden Fall alle Rechte, die unter den Schutz des Art. 14 GG fallen. Ob umgekehrt auch der Art. 14 genau so viel deckt wie Art. 1 ZPMK, hängt davon ab, wie man sich in dem Meinungsstreit[105]) darüber entscheidet, ob öffentliche subjektive Rechte unter Art. 14 GG fallen. Daß Art. 1 ZPMK auch solche erfaßt, kann in Anbetracht des eindeutigen Völkerrechtsstandes bei Konzessionsrechten jedenfalls nicht zweifelhaft sein.

Kapitel II

Begriff der „Entziehung" von Eigentum

Wenn Art. 1 ZPMK davon spricht, daß niemandem Eigentum „entzogen" (in den französischen und englischen Originaltexten: *„privé"* und *„deprived")* werden dürfe, so ist das mehr als eine zufällige Wortwahl. Es wären auch noch Begriffe wie Enteignung, Nationalisierung, Sozialisierung und entsprechende französische und englische Rechtstermini für die Formulierung des Art. 1 in Frage gekommen[106]). Alle diese Begriffe haben in ähnlichem Zusammenhang schon im Rahmen der innerstaatlichen Gesetzgebung, aber auch im Bereich des Völkerrechts Verwendung gefunden. Das gilt auch für die einschlägige internationale Literatur.

Dabei werden diese verschiedenen Begriffe keineswegs immer mit gleichem Inhalt gebraucht. Es kann ganz im Gegenteil gesagt werden, daß einer der Gründe für die Unsicherheit im modernen Enteignungsvölkerrecht gerade die Vielzahl der ähnlichen, sich teilweise überschnei-

---

[105]) Vgl. dazu etwa: BVerfGE 2, 401; 4, 219. Forsthoff, NJW 1955, 1249. Auch: BGHZ, 6, 271.

[106]) So spricht z. B. Art. 14 GG von der „Enteignung". — Siehe auch die Wortwahl in den verschiedenen vorgeschlagenen Fassungen während der Vorbereitungsarbeiten zu Art. 1 (oben im Abschnitt über die Entstehung der Vorschrift).

denden und so oft verschieden verstandenen Begriffe für den Eingriff eines Staates in das Privateigentum ist. Das Problem der ungleichen Definition und der ungenauen Übersetzung von termini technici ist gerade im Völkerrecht nicht neu. Es ist an sich nur natürlich, daß bei einer internationalen Diskussion jeder bewußt oder unbewußt von seinem eigenen juristischen Sprachgebrauch, d. h. der Rechtssprache seines Heimatlandes ausgeht. Die Einigung auf ein gemeinsames Verständnis der termini ist schon ein wichtiger Teil der Diskussion. Wird diese Einigung nicht erreicht, ist eine fruchtbare Auseinandersetzung der Meinungen von vornherein schon ausgeschlossen. Das gilt auch im Enteignungsvölkerrecht und ist auf einem solch umstrittenen Rechtsgebiet von besonders großer Bedeutung. Leider ist gerade hier die begriffliche Einigung bisher noch nicht in vollem Umfange erreicht worden. Das mag einmal daran liegen, daß von Seiten einiger Staaten bewußt zu einer Verwirrung der Ausdrücke beigetragen wird, um so eine Verschleierung ihrer rechtswidrigen Eingriffe in das Privateigentum herbeizuführen[107]). Darüberhinaus kann jedoch nicht verkannt werden, daß das unterschiedliche Verstehen der Begriffe oft schon einen Teil der sachlichen Meinungsverschiedenheiten darstellt, die über reine Formulierungsfragen weit hinausgehen[108]). Das gilt insbesondere in den Fällen, wo ein Rechtsinstitut Glied einer sozialen oder staatspolitischen Ideologie ist und ihm daher eine bestimmte Aufgabe und Bedeutung als Glied eines großen Systems gegeben wird.

Um diesen vorgegebenen außerrechtlichen Bedeutungen, der Zahl der Begriffe und der Vielzahl ihrer Inhaltsbestimmungen, welche alle eine Feststellung des materiellen Rechtsstandes erschweren, ein Ende zu setzen und so langsam das Enteignungsvölkerrecht jedenfalls von dieser sprachlichen Bürde zu befreien, setzt sich in neuester Zeit – vor allem in der englischsprachigen Staatsvertragspraxis und Literatur – die Tendenz durch, einen neutralen umfassenden Begriff für die entsprechenden Eingriffe in das Privateigentum zu verwenden. Dies ist der Begriff der

---

[107]) Vgl. Seidl-Hohenveldern, *Internationales Konfiskations- und Enteignungsrecht*, 5.

[108]) Das gilt vor allem für den Begriff der „Nationalisierung“ und sein Verhältnis bzw. seine Abgrenzung zum Begriff der „Enteignung“. — Mit Recht meint Foighel, 14: “It is possible in the theory and practice of international law to find agreement as to the characteristic of the concept of expropriation in the traditional sense, ... However, there exists no such agreement among the writers who have studied the international problems of nationalisation. The majority of these writers seem to have been dazzled by the new political and economic policy which has led to nationalisation and have simply assumed that what the individual states describe as nationalisation is also and exclusively nationalisation as understood in internationl law, and on this basis attempts have then been made to state special rules of international law without deciding whether nationalisation — apart from the political and economic background — differs from previously known forms of public acquisition of property, or at any rate without determining clearly what the difference is.“

„Entziehung“ (im Englischen spricht man von *„taking“* oder *„deprivation“*, im Französischen von *„privation“*[109]). Wenn auch der Art. 1 ZPMK diese Ausdrücke gebraucht, so entspricht das dieser Tendenz. Um jedoch den Inhalt der Entziehung bestimmen zu können, bedarf es trotzdem einer kurzen Erörterung der anderen hierher gehörigen Begriffe, einesteils zur Abgrenzung, andererseits, weil die völkerechtlichen Quellen den einen oder anderen dieser Begriffe benutzen. Mangels positiver Legaldefinitionen kann keine dieser Begriffsbestimmungen als absolut richtig angesehen werden. Es kann nur der überwiegende Sprachgebrauch angedeutet werden.

1. Ähnliche Begriffe

a) Enteignung

Am häufigsten wird der Begriff der Enteignung im Völkerrechtsschrifttum verwendet (englisch und französisch: *„expropriation“)*. Er ist der umfassendste der in diesem Bereich benutzten Ausdrücke für staatliche Eingriffe, und noch heute bezeichnet man überhaupt das ganze Gebiet dieses Rechts als Enteignungsvölkerrecht. Schon aus dem Wort selbst ergibt sich die Parallele zum Begriff des Eigentums (ebenso in den beiden anderen Sprachen zu *„property“* und *„propriété“)*, und so hat sich der völkerrechtliche Enteignungsbegriff parallel zu dem des Eigentums entwickelt. Das bedeutet insbesondere, daß auch er sich mehr und mehr ausgedehnt hat. Mag er ursprünglich – wie auch fast in allen innerstaatlichen Rechtssystemen – lediglich die zwangsweise Übertragung sachenrechtlichen Eigentums auf den Staat bedeutet haben, im modernen völkerrechtlichen Sprachgebrauch muß er wesentlich weiter definiert werden. Wenn de Nova[110]) die Enteignung als den „Übergang eines Wirtschaftsgutes aus der Rechtssphäre einer Privatperson in die der öffentlichen Gewalt . . ., wenn dieser Übergang durch die öffentliche Gewalt erzwungen wird“, definiert, so ist diese Begriffsbestimmung zwar schon sehr weit, erfaßt aber noch nicht alles, was in der völkerrechtlichen Praxis als Enteignung bezeichnet worden ist. Mit Recht weist vielmehr Dahm[111]) darauf hin, daß auch die unmittelbare Belastung von Eigentum und Rechten, die Annullierung von Staatsanleihen und die Aufhebung von

---

[109]) Vgl. Garcia Amador, in UNDoc. A/CN.4/119 vom 26. Februar 1959 S. 27. Ebenso: die Antwort des Ausschusses zum Studium der Verstaatlichung der amerikanischen Gruppe der International Law Association auf den Fragebogen des Internationalen Verstaatlichungsausschusses vom 20. Februar 1958, abgedruckt in Inv. Ges., Heft 3, 92 f. — Siehe auch z. B. Art. 10 des Entwurfs der Harvard Law School von 1960 für eine *Convention on the International Responsibility of States for Injuries to Aliens,* Draft, No. 11, Cambridge, Mass. Vgl. Domke, American Journal 1961, 587 ff.

[110]) Friedenswarte 1954, 119.

[111]) S. 518.

Konzessionen unter den überkommenen Begriff der Enteignung fallen[112]). Es liegt außerhalb des Rahmens dieser Studie, die Grenzen des Enteignungsbegriffes zu bestimmen. Jedoch ist der Begriff nach modernem völkerrechtlichen Sprachgebrauch derart weit, daß er während der vergangenen Jahrzehnte alle anderen Ausdrücke für derartige staatliche Eingriffe einschloß und somit den Zweck erfüllte, welchen man – wie oben ausgeführt – in neuester Zeit mit dem Wort „Entziehung" erreichen will. Es ist in der Tat kein Fall ersichtlich, der zwar von „Entziehung", nicht aber von „Enteignung" im überkommenen Sinne umfaßt würde.

Wenn die bezeichnete neuere Tendenz im Völkerrecht trotzdem den Begriff „Entziehung" bevorzugt, so liegt daher der Grund dafür nicht in einer inhaltsmäßigen Verschiedenheit des Begriffes „Enteignung". Vielmehr ist diese Tendenz darauf zurückzuführen, daß von Seiten einiger Staaten und Schriftsteller der Begriff der Enteignung neuerdings anders, und zwar in einem begrenzteren Sinne definiert wird. Nach überkommenem Völkerrecht war die Enteignung charakterisiert durch den staatlich direkt herbeigeführten Verlust privater vermögenswerter Rechte; sie konnte sowohl nur ein Individuum als auch eine große Zahl von Personen betreffen, sie konnte wirtschaftlich arbeitende Vermögenswerte oder auch andere betreffen, sie konnte der Notwendigkeit eines einzelnen Straßenbauvorhabens ebensogut entspringen wie der politischen Entscheidung zur Umgestaltung des Wirtschaftssystems des Landes[113]). Heute bemühen sich einige Staaten und Schriftsteller, die generellen strukturändernden Maßnahmen aus der Definition der Enteignung im völker-

---

[112]) Siehe etwa: *Mavromatis Jerusalem Concessions Fall*, PCIJ, Series A, No. 5; *Leuchttürme-Fall* zwischen Frankreich u. Griechenland, PCIJ Series A/B, No. 62: *Fall der Leuchttürme auf Kreta und Samos*, PCIJ Series A/B, No. 71; Feilchenfeld, 657 f. u. 671.

[113]) Wenn der generelle strukturändernde Staatseingriff in Privateigentum heute teilweise nicht mehr unter den Begriff der Enteignung gefaßt wird, so ist der Grund dieser Definitionsänderung meist, daß man diese Art des Staatseingriffs sachlich nach Völkerrecht anders behandeln zu müssen glaubt, als es die überkommenen Regeln zur Enteignung vorschreiben. Diese letztere Auffassung zwingt aber nicht notwendigerweise zu einer Neufassung der Enteignungsdefinition. So teilt z. B. Rolin die Enteignungen nach Völkerrecht in individuelle und generelle ein: « On distingue généralement dans le droit des gens l'expropriation individuelle et l'expropriation générale. Il y a expropriation individuelle lorsque les personnes et les biens visés par les mesures de dépossession sont limitativement désignés ou encore, comme l'expose M. G. de La Pradelle, lorsque les mesures prises ont un caractère local purement administratif. On se trouve devant une expropriation générale lorsque les mesures de dépossession visent une catégorie de biens ou d'entreprises qui ne sont pas specifiquement limités, mais qui sont déterminés par référence à un critère général à caractère objectif (nature des biens; caractère ou activité de l'entreprise; importance du personnel occupé etc.). La nationalisation entre dans la catégorie de l'expropriation générale.» (Nederlands Tijdschrift 1959, 266). Ebenso auch Friedman, 211 ff., der den Begriff „expropriation" als Oberbegriff beibehält.

rechtlichen Sinne auszuklammern und sie unter der Bezeichnung Nationalisierung ihr gegenüberzustellen[114][115]. Auf die Nationalisierung soll hier noch nicht eingegangen werden. Jedenfalls ist die steigende Verwendung des Begriffes Entziehung dem Gedanken entsprungen, mit ihm diesen Streit um die Auslegung des Wortes Enteignung – welche auch immer richtig sei – auszuschalten und einen Begriff zu haben, der – wie nach überkommenem Sprachgebrauch auch der Begriff Enteignung selbst – unzweifelhaft auch generelle Eingriffe umfaßt.

Für die Verwertung der Völkerrechtsquellen ist es jedoch bedeutsam, festzustellen, daß außerhalb der erwähnten neueren Änderungsversuche seit jeher und auch heute noch der Begriff Enteignung als Oberbegriff verwendet wird, welcher auch die Staatseingriffe umfaßt, die normalerweise als Nationalisierungen bezeichnet werden[116].

b) Nationalisierung

Die Nationalisierung wird – wie oben festgestellt – im überkommenen Völkerrecht (allerdings heute nicht mehr ausnahmslos) als eine Untergruppe der Enteignungen angesehen[117]. Sie ist wohl eines der in der modernen Völkerrechtsliteratur meistdiskutierten Rechtsinstitute und Gegenstand beträchtlicher Meinungsunterschiede hinsichtlich der sie betreffenden Regeln des allgemeinen Völkerrechts. Grund dafür ist einmal die nahe Beziehung des Begriffs zu dem ideologischen Kampf zwi-

---

114) Vgl. etwa: La Pradelle in seinem Resolutionsentwurf für das Institut de Droit International, Annuaire (1950), 43, I, 126 ff. International Association of Democratic Lawyers, Proceedings of the Commission on Private International Law, VIth Congress 1956, 18. Diess., Study Circle on Nationalisation, Round Table Meeting, Rom, 1957, 5 ff.

115) Diese Bemühungen sind zu unterscheiden von der allgemein üblichen Charakterisierung der Nationalisierung als einer besonderen Unterart der Enteignung im völkerrechtlichen Sinne (wie etwa oben Rolin, Anm. 8, sie vornimmt), die die Enteignung als Oberbegriff beibehält.

116) Mit Recht hält Lauterpacht (Annuaire, 1950, 43, I, 93) den Ausführungen von La Pradelle entgegen, daß in der internationalen Gerichts- und Staatenpraxis auch generelle strukturändernde Staatseingriffe in das Privateigentum unwidersprochen allgemein als Enteignung bezeichnet und diskutiert werden: "But it is not clear to me what difference there is, from the point of view of the duty of compensation, between the taking away of property for the purpose of nationalisation and the expropriation of certain defined categories of property for the purpose, for instance, of land reform as in the wellknown case of agrarian reform in Roumania before the Second World War. The taking away of the property of the oil companies in Mexico in 1937 and 1938 was generally referred to as expropriation, but it is probable that the Rapporteur would prefer to describe it as 'nationalisation'."

117) Gegen die Unterscheidung von der Enteignung z. B.: Adriaanse, 8. Seidl-Hohenveldern, *Internationales Konfiskations- und Enteignungsrecht*, 5. De Nova, Friedenswarte 1954, 119.

schen Kapitalismus und Kommunismus (der im deutschen innerstaatlichen Sprachgebrauch oft benutzte Begriff „Sozialisierung" findet sich im Völkerrechtsschrifttum so gut wie überhaupt nicht) und dann die große politische Aktualität. Seit den Umgestaltungen in Rußland nach 1917 haben in den verschiedensten Staaten Nationalisierungen in größerem oder kleinerem Umfang stattgefunden und fast ausnahmslos immer große politische Spannungen erzeugt. Die Verstaatlichungen der persischen Ölindustrie, des Suezkanals, der niederländischen Unternehmen in Indonesien und fast allen Wirtschaftsvermögens auf Kuba sind nur die letzten aufsehenerregenden Ereignisse in der langen Reihe. Auf die Unsicherheit über den derzeitigen Stand der materiellen Völkerrechtsregeln, die dieser Schatten großer weltanschaulicher und politischer Spannungen über dem Institut der Nationalisierung hervorgerufen hat, wird später einzugehen sein[118]); die Bestimmung des Begriffsinhalts macht aber weniger Schwierigkeiten und ist ziemlich einheitlich.

Das Institut de Droit International, welches sich auf seinen Sitzungen von 1950[119]) und 1952[120]) mit den Nationalisierungen befaßte, konnte sich nicht auf materielle Völkerrechtsregeln über Zulässigkeitsvoraussetzungen und Rechtsfolgen dieses Begriffes einigen. Dagegen beschloß man in einer Resolution folgende Definition der Nationalisierung[121]):

> „La nationalisation est le transfert à l'Etat, par mesure legislative et dans un intérêt public, de biens ou droits privés d'une certaine catégorie, en vue de leur exploitation ou contrôle par l'Etat, ou d'une nouvelle destination qui leur serait donné par celui-ci."

Diese Definition läßt also das umstrittene Verhältnis zur Enteignung offen und ist auch im übrigen hinsichtlich der Eingriffsobjekte ziemlich unbestimmt. Aber das ist wohl gerade der Grund, warum man sich trotz aller sachlichen Meinungsverschiedenheiten auf sie einigen konnte. Meist versteht man jedoch heute die Nationalisierung präziser in dem Sinne, daß sie speziell Wirtschaftsgüter erfaßt[122]).

---

118) Siehe unten bei der Behandlung der Entschädigungsfrage im Abschnitt über die Entziehung wohlerworbener Rechte (S. 85 ff.).

119) Annuaire 1950, 43, I, 42 ff.

120) Annuaire 1952, 44, II, 251 ff.

121) Annuaire 1952, 44, II, 283 (Diese Definition wurde mit 27 gegen 10 Stimmen bei 15 Enthaltungen angenommen).

122) Das gilt für die beiden Seiten des völkerrechtlichen Meinungsstreites. Rolin, der auch maßgebend an der Ausarbeitung der Definition in den Verhandlungen des Institut de Droit International beteiligt war, erklärt z. B. an anderer Stelle (Nederlands Tijdschrift 1959, 266): «La nationalisation ...; en fait, elle tend généralement à transférer à l'Etat, ou à des pouvoirs publics subordonnés, ou à des organismes du droit public voire même à des société mixtes toutes les activités économiques dans un secteur déterminé de l'économie (houllière; electricité; banque; etc.).» Während Rolin aber trotzdem die Nationalisierung als Unterfall der Enteignung ansieht («La nationalisation entre dans la catégorie de l'expropriation générale», ibidem), betrachtet La Pradelle sie als nach Völker-

c) Konfiskation

Die Bezeichnung Konfiskation wird einheitlich verwendet. Ihr entscheidendes Charakteristikum ist die Entschädigungslosigkeit des staatlichen Eingriffs in private Vermögensrechte. Jede Nationalisierung, überhaupt jede Enteignung wird dadurch zur Konfiskation, daß keine Entschädigung geleistet wird. Versteht man den Begriff „Eigentum" in dem weiter oben aufgezeigten völkerrechtlichen Sinne, so kann mit Seidl-Hohenveldern die Konfiskation folgendermaßen definiert werden[123]):

> „... jeder Hoheitsakt ..., kraft dessen eine de jure oder de facto anerkannte Regierung oder ein zumindest indirekt anerkannter Machthaber einen Eigentumstitel an einer Sache oder einem Recht kraft seines Hoheitsrechtes erwirbt oder zu erwerben beansprucht, ohne den bisherigen Eigentümer dieser Sache oder dieses Rechtes hierfür in gerechtem Maße zu entschädigen."

Wie diese Definition mit den Worten „jeder Hoheitsakt" zum Ausdruck bringt, ist es für die Klassifizierung als Konfiskation gleichgültig, unter welchem Namen die Staatsgewalt den Eingriff vornimmt und in welcher Form die Maßnahme sich im einzelnen vollzieht. Es genügt, daß das staatliche Handeln im Ergebnis den entschädigungslosen Verlust vermögenswerter Rechte herbeiführt[124]). Insofern ist der Begriff der Konfiskation ebenso allumfassend wie der der „Entziehung", und er kann daher im Verhältnis zu dem letzteren folgendermaßen bestimmt werden: Jede Entziehung vermögenswerter Rechte ohne ausreichende Entschädigung ist eine Konfiskation.

2. Abgrenzung zu Inhaltsbestimmung und Schranken des Eigentums

Bei einem so generellen Begriff wie dem der „Entziehung" von Eigentum ist die Inhaltsbestimmung am ehesten in negativer Weise erreichbar, indem man nämlich feststellt, was nicht miterfaßt wird. Art. 14 GG

---

recht selbständiges Rechtsinstitut neben der Enteignung, obwohl er eine sehr ähnliche Definition in seinem Entwurf vorschlägt (Annuaire 1950, 43, I, 126): «La nationalisation est l'opération de haute politique par laquelle un Etat, réformant tout ou partie de sa structure économique, enlève aux personnes privées, pour la remettre à la nation, la disposition d'entreprises industrielles ou agricoles d'une certaine importance en les faisant passer du secteur privé au secteur public.» — Doman (Int. Law. Qu. 1950, 323) definiert folgendermaßen: "Nationalisation is a general, impersonal taking of the economic structure in full or in part for the nation's benefit, with or without compensation." ... Vgl. auch „Concept of Nationalization", Abschnitt bei Domke, American Journal 1961, 587 ff.

[123]) *Internationales Konfiskations- und Enteignungsrecht*, 5.

[124]) Mit Recht Adriaanse (S. 8): "... by confiscation is understood any governmental action by which private property is seized without compensation, no matter in what form or under what name."

unterscheidet im innerdeutschen Verfassungsrecht zwischen der entschädigungslos durch Gesetz möglichen Bestimmung von Inhalt und Schranken des Eigentums einerseits und der an die Junktimsklausel gebundenen Enteignung andererseits. Eine ähnliche Unterscheidung kennt das Völkerrecht. Nicht jedes sich im Ergebnis vermögensmindernd für den Einzelnen auswirkende Verhalten eines Staates stellt sich als Entziehung dar und hat demgemäß auch deren spezifische Rechtsfolgen (vor allem hinsichtlich der Entschädigungspflicht). Das stellt zum Teil Art. 1 ZPMK ausdrücklich fest, wenn er in Abs. 2 bestimmt:

> „Die vorstehenden Bestimmungen beeinträchtigen jedoch in keiner Weise das Recht des Staates, diejenigen Gesetze anzuwenden, die er für die Regelung der Benutzung des Eigentums im Einklang mit dem Allgemeininteresse oder zur Sicherung der Zahlung der Steuern und sonstigen Abgaben oder von Geldstrafen für erforderlich hält."

Diese Einschränkung des Abs. 1 hätte vom rechtlichen Standpunkt her gar nicht in den Konventionstext aufgenommen werden müssen. Allerdings ist die Menschenrechtskonvention einschließlich ihres Zusatzprotokolls, wie in den Vorbereitungsverhandlungen so oft zum Ausdruck gebracht worden ist, nicht nur für Juristen geschrieben. Neben der rein rechtlichen Bedeutung als multilateraler völkerrechtlich verbindlicher Staatsvertrag kommt ihr auch eine eminente politische Bedeutung zu. Und wie oben dargestellt wurde, war es gerade diese politische Bedeutung, die den Ministerrat z. B. dazu veranlaßte, die Konvention zunächst ohne Eigentumsschutz so schnell wie möglich zu unterzeichnen. Unter diesem Gesichtspunkt erscheint der Inhalt des Abs. 2 verständlich. Das ändert jedoch nichts daran, daß schon nach allgemeinem Völkerrecht die dort erwähnten Schranken des Eigentums nicht von dem Begriff der Entziehung erfaßt werden. Das gilt für die Erhebung von Steuern und sonstigen öffentlichen Abgaben[125]), für die Auferlegung von Geldstrafen[126]) und auch für die Regelung der Benutzung des Eigentums[127]). Die Befugnis der Staaten zu diesen Maßnahmen hat nie in Frage gestanden, ganz gleich wie ihre völkerrechtlichen Verpflichtungen bei Eigentumsentziehungen beurteilt wurden.

---

[125]) Vgl. etwa: Oberschlesisches Schiedsgericht im *Kügele Fall,* Annual Digest 1931/32, 69. Kommentar zum Entwurf einer *„Internationalen Konvention zum gegenseitigen Schutz privater Vermögensrechte im Ausland"*, Inv. Ges., Heft 2, 31.

[126]) Vgl.: Urteil im *Louis Chazen Fall* von 1930 (UNRIAA, Vol. IV, 3373). Ebenso schon *Robert Wilson Fall* (Moore, *History and Digest of Arbitration,* Vol. IV, 3373). Aus der Literatur: Dahm, 507. Kommentar zum Entwurf einer internationalen Vermögensschutzkonvention, op. cit., Inv. Ges., Heft 2, 31. Vierter Bericht über International Responsibility für die International Law Commission der Vereinten Nationen, UN Doc. A/CN.4/119, 28 f.

[127]) Vgl. etwa: Herz, American Journal 1941, 244. Bindschedler, 27 f. *Fall der Panevezys-Saldutiskis Eisenbahn,* PCIJ, Series A/B, No. 76, 18.

Was unter der Regelung der Benutzung des Eigentums zu verstehen ist, läßt der Abs. 2 offen. Die Skala aller hierunter fallenden Maßnahmen läßt sich nicht erschöpfend katalogisieren. Sie hängt insbesondere von den einzelnen nationalen Rechts- und Wirtschaftsordnungen ab, deren Existenz und Ausrichtung das Völkerrecht und auch der Art. 1 ZPMK zu akzeptieren hat. Es ist nicht Sinn des Völkerrechts oder der Menschenrechtskonvention, ein bestimmtes Wirtschaftssystem zu verewigen. Insofern bleibt die Konvention neutral, obwohl andererseits die Anerkennung der Menschenrechte überhaupt und die Grundkonzeption und Intention des Vertragswerkes von der westlichen Demokratie und dem Konzept des Rechtsstaates ausgehen[128]).

Zu den staatlichen Maßnahmen, die als Regelung der Benutzung des Eigentums durch Art. 1 Abs. 2 und überhaupt nach allgemeinem Völkerrecht vom Begriff der Entziehung ausgenommen sind, gehört z. B. die Mieterschutzgesetzgebung, mit der viele Staaten nach dem Zweiten Weltkrieg in Anbetracht der Wohnungsnot die Rechte der Vermieter von Wohnungen erheblich eingeschränkt haben[129]). Dasselbe gilt für Benutzungsbeschränkungen zum Schutz der öffentlichen Sicherheit und Ordnung[130]). Ob auch die unter Naturschutz gestellten Grundstücke und die unter Denkmalsschutz gestellten Bauwerke hierher gehören, erscheint fraglich. Sie liegen auf der Grenze zur Entziehung, und ähnlich wie in den nationalen Rechtsordnungen wird man sie generell wohl weder hier noch dort eingliedern können. Vielmehr wird im Einzelfall unter Beachtung des Umfangs der Eigentumsbeschränkung, ihres Verhältnisses zu der effektiven vorherigen Verwertbarkeit und der herrschenden Vermögensordnung darüber zu entscheiden sein. Das Völkerrecht ist als „primitive" Rechtsordnung insofern Billigkeitserwägungen aufgeschlossener als die meisten innerstaatlichen Gesetze.

Auch währungspolitische Maßnahmen bilden grundsätzlich keine Entziehung, sondern fallen in den Rahmen der Bestimmung von Inhalt und Schranken des Eigentums, die der Staat kraft seiner einen Teil der Souveränität bildenden Währungshoheit unbenommen durchführen kann. „En effet, c'est un principe généralement reconnu que tout Etat a le

---

[128]) Siehe Adam, Revue DPSP 1953, 318 ff. Siehe auch die Ausführungen des Grafen Sforza als Präsident des Ministerausschusses vor der Beratenden Versammlung (zur Begründung der schnellen Unterzeichnung der MK unter Inkaufnahme des Fehlens des Eigentumsrechts), in denen es u. a. heißt: «Qui peut nier qu'il était d'une extrème importance de marquer sans retard, par la signature de cette Convention, la différence profonde, qui existe entre un monde libre et un monde d'esclaves, qu'il s'agisse d'esclaves qui connaissent leur sort ou d'esclaves qui l'ignorant?» (Comptes rendus des débats, 1950, V, 1283).

[129]) Verdross, Lehrbuch, 290.

[130]) Vgl. z. B. *Hardmann Fall* von 1913 zwischen Großbritannien und den USA, UNRIAA, Vol., 25. Ebenso: *Parson Fall* zwischen denselben Staaten von 1925, UNRIAA, Vol. VI, 165.

droit de déterminer lui-même ses monnaies", stellt der Internationale Gerichtshof fest[131]). Dabei ist es gleichgültig, ob sie den Einzelnen direkt als Eigentümer von Geld oder indirekt als Gläubiger von Forderungen treffen. Jedoch darf es sich lediglich um Beschränkungen der Benutzung handeln. Eine Geldabwertung stellt schon eine Entziehung dar, was jedoch nicht ausschließt, daß sie entschädigungslos zulässig sein kann[132]).

Ähnlich stellt die Devisengesetzgebung mit ihren normalen Bewirtschaftungsmaßnahmen grundsätzlich keine Entziehung dar. Zeitweilige Zahlungsverbote und Zwangskurse oder sonstige Transferbestimmungen lassen an sich die Substanz der Vermögenswerte unberührt. Dasselbe gilt für Import- und Exportregulierungen hinsichtlich Vermögens anderer Art. Zum Schutz seiner Wirtschaft, seines Staatshaushalts, seiner Devisen- oder Goldreserven oder in Anbetracht von Zahlungsbilanzschwierigkeiten kann ein Staat gezwungen sein, bestimmte Vermögensarten hinsichtlich ihres Verkehrs über die Landesgrenzen gewissen Beschränkungen auszusetzen. Jedoch ist nach dem auch im Völkerrecht geltenden Satz von Treu und Glauben die Grenze zur Entziehung hier überschritten, wenn es sich um sog. verschleierte Konfiskationen handelt[133]).

Schließlich gibt es eine große Zahl von außerhalb des Entziehungsbegriffs liegenden Maßnahmen, die wirtschaftlich arbeitende Eigentumsarten betreffen. In allen Staaten sind heute Beschränkungen für Wirtschaftsunternehmen in Kraft, die die Befugnisse der Berechtigten in erheblichem Maße beschneiden. Man denke an Kündigungsschutzgesetze, die Regelung der Mitbestimmung der Arbeitnehmer oder Gewerkschaften, die Allgemeinverbindlichkeit von Tarifverträgen, Eingriffe in die innere Organisation der Unternehmen (z. B. Besetzung der Vorstände und Aufsichtsräte von Aktiengesellschaften), etc. Derartige Maßnahmen sind grundsätzlich Inhaltsbestimmung des Eigentums, und nur in extremen Fällen, wenn dem oder den Berechtigten die Verfügung über ihre Vermögenswerte praktisch genommen wird, Entziehung[134]).

In diesem Zusammenhang ist eine Unterscheidung zu treffen: Wie oben bei der Fixierung des Eigentums festgestellt, oktroyiert das Völkerrecht keinen absoluten Eigentumsbegriff, sondern erstellt nur einen Rahmen, welchen auszufüllen den Staaten obliegt. Das Völkerrecht schützt das Eigentum nur in der Form, in der es nach innerstaatlichem Recht

---

[131]) *Fall der serbischen und brasilianischen Staatsanleihen* (1929), PCIJ Series A, No. 20/21, 44 u. 122.

[132]) Siehe unten bei der Behandlung der Entschädigungspflicht (S. 74 ff.). — Vgl. auch: Bindschedler, 37. Seidl-Hohenveldern, op. cit. 171. — Siehe jedoch auch die Grenzen, die das völkerrechtliche Verbot des Rechtsmißbrauchs diesbezüglich zieht (S. 136 ff.).

[133]) Siehe z. B. Brandon, Transactions 1957, 48 f. Im übrigen vergl. weiter unten beim Verbot des Rechtsmißbrauchs (S. 136 ff.).

[134]) Vgl. International Bar Association, 7th Conference Report, 482. Dahm, 519.

entstehen kann. Setzt man z. B. den Fall, ein staatliches Gesetz regele den Inhalt des Grundeigentums in einer Weise, die dem Inhalt des deutsch-sachenrechtlichen Nießbrauchs entspricht, so kann ein Ausländer, der solches Eigentum erwirbt, sich nicht auf den völkerrechtlichen Eigentumsschutz und den sicherlich weiteren Rahmen des völkerrechtlichen Eigentumsbegriffes berufen. Er hatte von vornherein nicht mehr Rechte erworben, als das innerstaatliche Gesetz dem Eigentümer zugestand. In einem solchen Fall tritt der Begriff der Entziehung und die völkerrechtliche Befugnis der Benutzungsregelung gar nicht in die Betrachtung ein. Der Ausländer hat nichts verloren, was er vorher gehabt hat; das Völkerrecht bleibt völlig unberührt[135]). – Anders, wenn ein derartiges innerstaatliches Gesetz ergeht, nachdem der Ausländer schon das Eigentum mit dem allgemein üblichen, weit über die des Nießbrauchers hinausgehenden Benutzungsbefugnissen des Eigentümers erworben hat. Hier verliert er Rechtsstellungen, die er bisher innegehabt hat. Hier greift das Völkerrecht ein, und nach ihm ist zu entscheiden, ob es sich um eine Entziehung wohlerworbener Rechte handelt, oder lediglich um eine dem Staat ohne weiteres gestattete Regelung der Benutzung des Eigentums (in dem benutzten Beispiel wäre wohl für eine Entziehung zu entscheiden). Das Völkerrecht befaßt sich grundsätzlich[136]) nicht mit der innerstaatlichen Vermögensordnung als solcher – sonst würde es parteiisch einer bestimmten Konzeption der Wirtschafts- und Sozialordnung dienen –, sondern nur mit deren Änderungen, und mit solchen nur unter bestimmten Bedingungen, z. B. daß sie Ausländer betreffen und Entziehungen darstellen.

Schließlich sei noch darauf hingewiesen, daß es außer den in Art. 1 Abs. 2 ZPMK genannten Maßnahmen, die gar keine „Entziehung" darstellen und schon deshalb nicht deren rechtliche Voraussetzungen und Folgen teilen können, andere Arten des staatlichen Handelns gibt, die zwar Entziehungen sind, die aber nach den allgemeinen Völkerrechtsgrundsätzen von bestimmten, für alle anderen Eigentumsentziehungen geltenden Rechtsfolgen ausgenommen sind[137]). Auf diese soll in späterem Zusammenhang eingegangen werden. Immerhin kann die dogmatisch klare Abgrenzung zwischen diesen beiden Arten staatlichen Handelns im konkreten Einzelfall fraglich sein[138]).

---

[135]) Siehe z. B. Bindschedler, 28.

[136]) Von Fällen wie dem Sklavenhandel und dem Eigentum an Menschen sei hier abgesehen.

[137]) Dies betrifft praktisch nur die Rechtsfolge der Entschädigungspflicht. — Es handelt sich um Maßnahmen wie die Einziehung der *producta et instrumenta sceleris,* die Beschlagnahme, Zerstörung oder Konfiskation aus polizeilichen Gründen, Maßnahmen im Fall von höherer Gewalt oder Notstand, etc.

[138]) Wie man sich im Einzelfall entscheidet, wird meist im Ergebnis keinen Unterschied machen, da es sich fast ausschließlich immer nur um die Entschädigungsfrage handelt. Sowohl die Maßnahme, die eine Inhaltsbestimmung dar-

3. Ergebnis

Zusammenfassend läßt sich daher zu dem Begriff der „Entziehung" von Eigentum aus völkerrechtlicher Sicht sagen: Es entspricht einer allgemeinen Tendenz im modernen Völkerrecht, statt von Enteignungen, Nationalisierungen, etc. von „Entziehungen" bzw. den entsprechenden englischen und französischen Rechtsbegriffen zu sprechen. Damit versucht man, einen neutralen umfassenden Oberbegriff für alle staatlichen Eingriffe, welche nicht Regulierungen von Inhalt und Schranken des Eigentums sind, zu schaffen[139]). Der Begriff der Enteignung, welcher früher diese Funktion ausübte, wird heute von einigen Staaten und Schriftstellern in einem neuen engeren Sinne als auf individuelle Eingriffe beschränkter Ausdruck verstanden. Wenn auch diese Begriffsverengerung nicht dem Sprachgebrauch der internationalen Judikatur entspricht, so ist der Begriff der Entziehung doch vorzuziehen, weil bei ihm nicht bestritten wird, daß er auch generelle Maßnahmen wie Nationalisierungen umfaßt.

Keine Entziehungen sind die Bestimmungen von Inhalt und Schranken des Eigentums. Soweit es sich nicht um Rechtsmißbrauch handelt, sind sie das uneingeschränkte Recht des Staates. Die Abgrenzung ist im konkreten Fall hin und wieder fraglich und muß nach Treu und Glauben gezogen werden.

Kapitel III

Begriff der „allgemeinen Grundsätze des Völkerrechts"

1. Benutzung im allgemeinen völkerrechtlichen Sprachgebrauch

Wenn der Art. 1 ZPMK auf die „allgemeinen Grundsätze des Völkerrechts" über die Entziehung von Eigentum verweist, so benutzt er damit einen im völkerrechtlichen Sprachgebrauch schillernden Begriff. Obwohl der Begriff zunächst einen recht einleuchtenden Eindruck seines wohl beabsichtigten Inhalts gibt, so ist er doch kein völkerrechtlicher terminus technicus im eigentlichen Sinne. Insbesondere stellt er nicht eine eigene Quelle des Völkerrechts dar, wie es einerseits das Völkergewohnheits-

---

stellt, als auch die Maßnahme, die zwar „Entziehung" ist, aber von der Entschädigungspflicht ausgenommen ist, stehen sich insofern rechtlich gleich.

[139]) Siehe z. B. die Legaldefinition in Art. 10 Abs. 3 a des Entwurfs der Harvard Law School von 1960 für eine *Convention on the International Responsibility of States for Injuries to Aliens* (Draft No. 11): "A 'taking of property includes not only an outright taking of property but also any such unreasonable interference with the use, enjoyment, or disposal of property as to justify an inference that the owner thereof will not be able to use, enjoy, or dispose of the property within a reasonable period of time after the inception of such interference".

recht und andererseits die von den zivilisierten Staaten anerkannten allgemeinen Rechtsgrundsätze sind, Kategorien, die beide im Art. 38 des Status des Internationalen Gerichtshofs kodifizierte Anerkennung gefunden haben. Rein sprachlich steht er zwischen diesen beiden Formulierungen, indem er sich mit dem Bestandteil „allgemeine Grundsätze" an die allgemeinen Rechtsgrundsätze annähert, andererseits durch den Bestandteil „des Völkerrechts" zum Völkergewohnheitsrecht tendiert, weil damit klar wird, daß es sich eben nicht einfach um Sätze des allgemein anerkannten Rechts, sondern vielmehr nur des Völkerrechts handeln kann[140]).

Im Gegensatz zu diesen anerkannten termini, die im Laufe der Zeit einen dogmatisch abgegrenzten Bedeutungsbereich erhalten haben (was nicht ausschließt, daß sie sich in ihrem sachlichen Inhalt überschneiden und zum Beispiel beide einen bestimmten Rechtssatz erfassen), scheint die Verwendung des Ausdrucks „allgemeine Grundsätze des Völkerrechts" bis in die Gegenwart immer mehr oder weniger zufällig, nicht durch einen bestimmten Inhalt der Formulierung hervorgerufen gewesen zu sein. Dies gilt nicht nur für die „allgemeinen Grundsätze des Völkerrechts", sondern ebenso für eine ganze Reihe ähnlicher Formulierungen, die, obwohl in der genauen Ausdrucksweise verschieden, nicht erkennen lassen, daß die speziell gewählte Form ein spezifisches rechtliches Gewicht haben soll. So steht der in Art. 1 ZPMK benutzte Begriff in einer ganzen Gruppe in völkerrechtlichen Verträgen, in der internationalen Judikatur und in Äußerungen von Regierungen benutzter Ausdrücke wie z. B. „Grundsätze des Völkerrechts"[141]), „Regeln des Völkerrechts"[142]), „allgemein anerkannte Grundsätze des Völkerrechts"[143]), „Grundsätze und

---

[140]) Das gilt, ganz gleich, wie man sich in der Streitfrage entscheidet, ob „die von den Kulturstaaten anerkannten Rechtsgrundsätze" ein Teil des Völkerrechts selbst sind oder nicht. Ihr Ursprung ist jedenfalls das Recht überhaupt und nicht nur das zwischenstaatliche Recht.

[141]) Vgl. etwa in: Präambel der Haager Konvention Nr. IV vom 18. Oktober 1907 über Gesetze und Gebräuche des Landkriegs: «... Les populations et les belligérants restent sous la sauvegarde et sous l'empire des principes du droit des gens.». Art. 15 der Lausanner Konvention zwischen den Alliierten und der Türkei vom 24. Juli 1923 über die Einrichtung und Kompetenz einer Gerichtsbarkeit: «en toutes manières ... les questions de compétence judiciaire seront, dans les rapports entre la Turquie et les autres Puissances contractantes, réglées conformément aux principes du droit international.»

[142]) Z. B. wird in Art. 7, 9, 12, 15 und 23 des Lateran-Vertrages vom 11. Februar 1929 zwischen Italien und dem Heiligen Stuhl auf «les règles du droit international» verwiesen oder ein Verhalten «en conformité» mit den besagten Regeln verlangt.

[143]) Z. B. in der Note der britischen Regierung vom 7. Januar 1915 über das von den Prisengerichten anzuwendende Recht (Revue Sibert 1916, doc., 49): "generally recognized principles of international law".

Praxis des allgemeinen Völkerrechts"[144]), „durch das Völkerrecht anerkannte allgemeine Grundsätze"[145]) oder „... Regeln"[146]), und anderer.

Die genau mit der Ausdrucksweise des Art. 1 ZPMK übereinstimmende Formulierung „allgemeine Grundsätze des Völkerrechts" findet sich nicht sonderlich oft unter den vielen einschlägigen Stellen. Einige Regierungsnoten benutzen sie, so ein Memorandum der deutschen Regierung vom 7. Januar 1916 zum U-Boot-Krieg im Mittelmeer[147]) und ein offiziöses Kommuniqué der nationalsozialistischen Regierung vom 13. Januar 1939[148]), ebenso eine französische Verordnung vom 27. November 1939 zur Verhängung eines Embargo über deutsche Exporte[149]). Entsprechend der mehr diplomatischen als juristischen Redigierung von Regierungsnoten und Memoranden und in Anbetracht des politischen Charakters der erwähnten französischen Verordnung erscheint es nicht verwunderlich, daß der Zusammenhang, in welchem der Begriff verwendet wird, keine rechtlich einheitliche Linie des Inhaltsverständnisses erkennen läßt. Man hat eher den Eindruck daß diese Redigierung gewählt wurde, weil man sie für stärker hielt, als etwa einfach von „Völkerrecht" oder „Regeln des allgemeinen Völkerrechts" zu sprechen. Ein spezieller Grund, warum man gerade diesen und nicht einen anderen der weiter oben zitierten Ausdrücke gewählt hat, läßt sich nicht erkennen.

Soweit ersichtlich, enthalten außer dem Zusatzprotokoll zur Europäischen Menschenrechtskonvention nur noch zwei Staatsverträge genau die Formulierung „allgemeine Grundsätze des Völkerrechts". Es handelt sich einmal um die Konvention vom 8. September 1923 zwischen Mexiko und den Vereinigten Staaten, welche in ihrem Art. 5 die Regel von der Ausschöpfung der innerstaatlichen Rechtsbehelfe (exhaustion of local remedies) so bezeichnet[150]). Der zweite Fall ist der Lausanner Friedens-

---

[144]) Z. B. wird in Art. 2 des Freundschafts- und Schiedsvertrages vom 12. März 1930 zwischen Holland und Persien festgelegt, das «les Hautes Parties contractantes sont d'accord pour continuer leurs relations diplomatiques conformément aux principes et à la pratique du droit commun international».

[145]) Z. B. in der Note des Deutschen Reiches vom 4. Mai 1916 zur Torpedierung der „*Sussex*" (Revue Sibert 1919, doc., 146): «principes généraux reconnus par le droit international».

[146]) Z. B. in der Note der amerikanischen Regierung vom 8. Mai 1916 ebenfalls zur Torpedierung der „Sussex" (Revue Sibert 1919, doc., 149): "rules recognized by international law".

[147]) Revue Sibert 1917, doc., 62.

[148]) Das Kommuniqué behauptet, daß kein allgemeiner Grundsatz des Völkerrechts bestehe, der den Staaten verbietet, die Ausländer auf seinem Staatsgebiet nach Rasse, Religion oder ähnlichen Kriterien verschieden zu behandeln.

[149]) In Art. 5 der Verordnung heißt es: «le présent décret ne met pas obstacle à la saisie et à la capture de navires et de marchandises en vertu des principes généraux du droit des gens».

[150]) Berichtet nach Rousseau, *Principes Généraux du Droit International Public*, 914, der seinerseits keine Fundstelle angibt.

vertrag mit der Türkei vom 24. Juli 1923. Er unterwirft in seinem Art. 1 die Behandlung der im diplomatischen oder konsularischen Dienst stehenden Personen auf den Gebieten der Vertragspartner den „principes généraux du droit des gens"[151]).

Schließlich finden sich auch einige wenige Entscheidungen der internationalen Judikatur, die den Begriff benutzen. Schon der Schiedsspruch vom 30. Dezember 1896 im Falle Fabiani zwischen Venezuela und Frankreich behandelt unter dieser Bezeichnung das Verbot der Rechtsverweigerung[152]). Ebenso zwei Prisengerichtsurteile, einmal der Oberste Prisengerichtshof Berlin in seiner Entscheidung vom 18. Mai 1915 über den schwedischen Dampfer Elida[153]) und dann ein französisches Prisengericht im Urteil vom 8. Juni 1916 zu dem deutschen Segelschiff Barmbek[154]). Der Schiedsspruch Undens vom 29. März 1933 im Fall bestimmter Wälder in Zentral-Rhodopien zwischen Griechenland und Bulgarien[155]) ist wohl die einzige Entscheidung in der internationalen Judikatur, welche den Begriff speziell in direktem Zusammenhang mit normalen (d. h. nicht in die Kompetenz der Prisengerichtsbarkeit fallenden) Entziehungen von Eigentumsrechten und ihren Rechtsfolgen verwendet[156]). Jedoch auch die bekannte Schiedsentscheidung Hubers vom 1. Mai 1925 im Fall britischer Ansprüche in Spanisch Marokko[157]) betrifft Eigentumsentziehungen und erwähnt an einer Stelle die allgemeinen Grundsätze des Völkerrechts[158]). Schließlich verwenden auch jeweils eine Entscheidung des Ständigen Schiedsgerichtshofs zwischen Holland und Portugal[159]) und sogar des Ständigen Internationalen Gerichtshofes diese

---

[151]) LNTS XXVIII, 1924, S. 15.

[152]) «En consultant les principes généraux du droit des gens concernant le déni de justice ...» (Lafontaine, 336).

[153]) Fauchille et de Visscher, *Jurisprudence allemande*, 10. — Siehe auch die Besprechung in Revue Sibert 1917, jurisp., 93.

[154]) Recueil Marine, I, 29. Auch Revue Sibert 1926, jurisp., 144 (Das Urteil spricht zunächst vom «droit des gens» und direkt anschließend von «principes généraux de ce droit»).

[155]) Siehe Annual Digest 1933/34, Case No. 39, 101. Auch: American Journal 1934, 806.

[156]) American Journal 1934, 806. Das Urteil sagt: "According to the general principles of international law, interest-damages must be determined on the basis of the value of the forrests, respectively of the exploitation contracts, ..., in addition to an equitable rate of interest estimated on that value from the date of dispossession."

[157]) *Reclamations Brittanniques dans la zone espagnole du Maroc*, Rapports, La Haye, 1925, 1 ff.

[158]) Als Rechtsquellen kämen «les règles du droit coutumier et les principes généraux du droit international» in Betracht, erklärt Huber (ibidem, 51).

[159]) Die Art der Verwendung des Begriffs in dem Urteil läßt erkennen, daß er hier in einem weiten Sinne verstanden wird: «A teneur de l'article 2 du compromis, l'arbitre doit baser sa décision non seulement sur les traités en vigueur

Formulierung, der letztere im Fall Mavrommatis vom 30. August 1924[160]), wo er erstaunlicherweise das „principe général de la subrogation" so bezeichnet[161]).

Deuten schon die oben zitierten Beispiele die Uneinheitlichkeit der (obwohl keineswegs sehr umfangreichen) Verwendung des Begriffs „allgemeine Grundsätze des Völkerrechts" an, so kommt diese noch deutlicher darin zum Ausdruck, daß sein Verhältnis zur Kategorie der „von den zivilisierten Staaten anerkannten allgemeinen Rechtsgrundsätze" in den einzelnen Stellen sehr verschieden ist. Einmal wird er ihnen praktisch gleichgesetzt: „les principes généraux du droit des gens concernant le déni de justice, c'est-à-dire les règles communes à la majorité des systèmes juridiques ou enseignées par les auteurs . . ."[162]). Dann wieder heißt es: „On doit donc distinguer nettement entre les principes généraux du droit des gens proprement dit, . . ., et les principes généraux de droit reconnus par les Etats civilisés"[163]).

Daß der Begriff seinem rechtlichen Inhalt nach nur als einer in einer Reihe ähnlicher Formulierungen betrachtet werden kann, deren nuancierte Redaktion keinerlei rechtlich erhebliche Unterscheidung hervorheben soll, zeigt sich vor allem an der Einordnung des Satzes von der Ausschöpfung der innerstaatlichen Rechtsbehelfe vor Geltendmachung völkerrechtlicher Verantwortlichkeit. Diese Regel wird einmal tatsächlich genau als „general principle of international law" bezeichnet[164]). Im Fall Ziat Ben Kirem nennt sie der Schiedsrichter Huber jedoch „principe généralement reconnu du droit international"[165]), im Fall Georges Pinson die französisch-mexikanische Schlichtungskommission in ihrer Entscheidung „le fameux principe de droit international" und „un principe généralement admis de droit coutumier"[166]), im Fall Mexican Union Railway Ltd. die Anglo-Mexican Claims Commission „a recognized rule of international law"[167]), und das Expertengutachten für den Völkerbund zu den Petitionen Deutscher Volksbund, Bienek und Koziolek erklärt,

---

entre les Pays-Bas et le Portugal relatifs à la délimitation de leurs possessions dans l'île de Timor, mais aussi sur les principes généraux du droit international.» (Revue Sibert 1916, jurisp., 99).

[160]) PCIJ, Series A/B, No. 9.

[161]) Ibidem, 28.

[162]) Schiedsentscheidung im *Falle Fabiani,* Lafontaine, 336.

[163]) Verdross, Annuaire 1932, 289.

[164]) So im Art. 5 der Konvention vom 8. September 1923 über Ansprüche zwischen den Vereinigten Staaten und Mexiko.

[165]) *Réclamations Brittanniques dans la zone espagnole du Maroc,* Rapports, La Haye, 1925, 187. Auch: Annual Digest 1923/24, Case No. 87, 167.

[166]) Revue Sibert 1932, jurisp., 255.

[167]) American Journal 1930, 388. Auch: Annual Digest 1929/30, Case No. 129, 211.

der Satz „n'est une règle de droit international général qu'en matière de responsabilité internationale“[168]).

Zieht man daher alle Stellen in Betracht, die in der internationalen Praxis den Begriff „allgemeine Grundsätze des Völkerrechts“ benutzen, so kann man nur eine große Verschiedenheit, nicht aber eine Verwendung feststellen, die von einer festen und ausschließlich diesem Begriff vorbehaltenen Inhaltsbestimmung ausginge. Somit wird weder eine Identifizierung mit den „allgemeinen Rechtsgrundsätzen“, wie sie teilweise als allgemein gültig versucht wird[169]), noch eine Eingliederung als Untergruppe derselben[170]), noch eine Definition als Variante des Völkervertrags- und Gewohnheitsrechts[171]) der völkerrechtlichen Praxis gerecht. Im Gegenteil ist – wie oben dargestellt – der Begriff gerade durch eine recht freie Verwendung im Verein mit einer Reihe ähnlicher Begriffe charakterisiert. Da der Begriff auch kein terminus technicus für eine selbständige Völkerrechtsquelle nach Art. 38 des Statuts des Internationalen Gerichtshofs ist, erschien bisher eine allgemeingültige Definition und Abgrenzung des Begriffs auch gar nicht notwendig. Allgemein läßt sich nur sagen, daß die relativ wenigen völkerrechtlichen Stellen, welche den Begriff benutzen, ihn entweder umfassend für alle völkerrechtlichen verbindlichen Grundsätze oder speziell im Sinne der „allgemeinen Rechtsgrundsätze“ oder aber als dritte Alternative für Grundsätze des Völkervertrags- und Gewohnheitsrechts verwenden. Mit Recht spricht Strupp[172]) von einer „confusio in terminis“.

2. Die Benutzung im Art. 1 ZPMK

Wenn in den Art. 1 ZPMK die Formulierung „allgemeine Grundsätze des Völkerrechts“ aufgenommen worden ist, so hat man damit – wie oben festgestellt — keinen nach allgemeinen völkerrechtlichen Sprachgebrauch inhaltlich fixierten Begriff übernommen. Es bleibt daher zu bestimmen, in welcher Weise unter den sich aus dem bisherigen völkerrechtlichen Sprachgebrauch ergebenden Möglichkeiten der Ausdruck hier zu verstehen ist. Leider gibt es dafür nur wenige Anhaltspunkte.

In der Entstehungsgeschichte des Art. 1 wurde die Formulierung „et dans les conditions prévues par la loi et les principes généraux de droit international“ erst verhältnismäßig spät vorgeschlagen. Sie taucht erstmalig als Kompromißeinigung in der Sitzung des Expertenausschusses im Juni 1951 auf. Über die Verhandlungen des Ausschusses gibt es keine

---

[168]) *Résumé mensuel* SdN, Mai 1933, 161.

[169]) Bruns, ZöRVR 1929, 1 ff. Schindler, Recueil des Cours 1933, I, 370. Witenberg, *L'organisation judiciaire, la procedure et les sentences internationales*, Paris, 1937, 302.

[170]) Rousseau, Charles, 913.

[171]) Habicht, Recueil des Cours 1934, III, 286.

[172]) Recueil des Cours 1930, III, 447.

verwertbaren Unterlagen, so daß insofern offenbleibt, was die Initiatoren unter der Formulierung verstanden. In den vorangegangenen Verhandlungen war einmal von dem französischen Abgeordneten Teitgen auf die „principes généraux de droit reconnus par les nations civilisées" eingegangen worden[173]), jedoch läßt sich keinerlei Zusammenhang mit der Entscheidung des Expertenausschusses feststellen.

Nach der Einigung des Expertenausschusses auf diese Formulierung wurde der Inhalt des Begriffs „allgemeine Grundsätze des Völkerrechts" nicht mehr hinsichtlich seiner Definition diskutiert. Die einzige Ausnahme bildet, daß auf Antrag der belgischen und deutschen Delegationen der Ministerrat ausdrücklich e i n e n Rechtssatz als zu diesen allgemeinen Völkerrechtsgrundsätzen gehörig anerkannte[174]): das Gebot, im Falle der Entziehung von Eigentum an Ausländer Entschädigung zu zahlen. So wertvoll diese Äußerung im Hinblick auf diesen speziellen Rechtssatz ist, so hilft sie doch für die allgemeine Auslegung dieses Begriffes selbst wenig weiter, weil im allgemeinen Völkerrecht nicht eindeutig klar ist, zu welcher Kategorie die Verpflichtung zu Enteignungsentschädigungen gehört[175]). Rückschlüsse von ihr auf die vom Ministerrat den „allgemeinen Grundsätzen des Völkerrechts" beigemessene Inhaltsbestimmung sind daher nicht möglich.

Im Schrifttum hat sich – soweit ersichtlich – bisher nur Adam zu dem Begriff in Art. 1 ZPMK geäußert. Er meint, die Formulierung „règle générale du droit international public" wäre präziser gewesen[176]). Allerdings befaßt sich Adam nicht weiter mit der allgemeinen Begriffsbestimmung und insbesondere mit dem Verhältnis zu den anerkannten Kategorien von Völkerrechtsquellen. Es ist daher nicht klar ersichtlich, woher Adam wissen will, welche Formulierung den Inhalt des Begriffs besser wiedergegeben hätte.

---

[173]) Comptes rendus des débats, 1949, IV, 1229 ff.

[174]) Eur. Doc. AS (4) 2, § 88, 31 und Annexe, 36.

[175]) Selbst die neuesten Resolutionen der International Law Association und der International Bar Association, die klar und eindeutig die völkerrechtliche Entschädigungspflicht für Eigentumsentziehungen feststellen, lassen die völkerrechtliche Quelle dieser Rechtspflicht in einer zu der sonst offenen Ausdrucksweise in Gegensatz stehenden Unklarheit. ILA-Resolution von der New Yorker Konferenz 1958: „Die ... Konferenz der International Law Association ... erklärt, daß die Grundsätze des internationalen Rechts verlangen: (1) daß ein Staat bei der Entziehung des Vermögens eines Ausländers u. a. ... (b) an den dadurch betroffenen Ausländer volle Entschädigung zahlt, ..." (Zitiert nach Inv. Ges. Heft 3, 36). IBA-Resolution von der Kölner Konferenz 1958: "This Conference of the International Bar Association ... records the following principles as being an undoubted part of the rule of international law as at present accepted by civilized countries: ... V) The provision of prompt, adequate and effective compensation ..." (IBA, 7th Conference Report 1958, 485).

[176]) Seite 346.

Negativ läßt sich jedoch der Begriff der allgemeinen Völkerrechtsgrundsätze einen Schritt weiter bestimmen. Die Menschenrechtskonvention verweist in Art. 7 Abs. 2 auf die „allgemeinen von den zivilisierten Völkern anerkannten Rechtsgrundsätze". Da das Zusatzprotokoll unmittelbar im Anschluß an die Unterzeichnung der Konvention selbst von denselben Gremien ausgearbeitet wurde, welche auch schon die Menschenrechtskonvention redigiert hatten, und es dem Zweck nach und durch Verweise auf Bestimmungen der Konvention einen Teil davon bildet, erscheint es nicht möglich, daß für ein und denselben sachlichen Inhalt einmal der Begriff der „allgemeinen ... Rechtsgrundsätze", ein andermal der der „allgemeinen Grundsätze des Völkerrechts" verwendet wurde. Vielmehr muß die Verschiedenheit der Benennung in Art. 7 Abs. 2 MK und Art. 1 ZPMK unter diesen Umständen als sicheres Indiz eines unterschiedlichen Begriffsinhalts angesehen werden. Entgegen der nach allgemeinem völkerrechtlichen Sprachgebrauch in Einzelfällen zumindest bestehenden diesbezüglichen Möglichkeit kann daher der in Art. 1 ZPMK benutzte Begriff der „allgemeinen Grundsätze des Völkerrechts" auf keinen Fall mit den „allgemeinen Rechtsgrundsätzen" identisch sein.

Daraus ergibt sich immerhin, daß bei der Auslegung des Begriffes in Art. 1 ZPMK von dem – wohl auch von der Mehrheit befolgten – Sprachgebrauch auszugehen ist, welcher die beiden obigen Begriffe nicht gleichsetzt. Das bedeutet, daß entweder nur die allgemeinen Grundsätze des Völkervertrags- und Gewohnheitsrechts gemeint sind, oder jedoch umfassend die allgemeinen Grundsätze sowohl des Völkervertrags- und Gewohnheitsrechts als auch der „allgemeinen Rechtsgrundsätze". Die erste Alternative hat – soweit ersichtlich – klar und ausdrücklich nur Habicht[177]) bisher vertreten. Sie stellt auf jeden Fall die Übung einer kleinen Minderheit dar. Dagegen entspricht eine weite und umfassende Auslegung des Begriffes einer weitgehenden Übung, der insbesondere auch der Ständige Internationale Gerichtshof gefolgt ist[178]). Danach versteht man unter Grundsätzen des Völkerrechts allgemein alle für die Staaten verbindlichen Rechtsregeln, ganz gleich welches ihre genaue Quelle ist[179]). Jeder völkerrechtlich verbindliche Grundsatz wird somit erfaßt, stamme er seinem Ursprung nach aus dem Vertragsrecht, dem Gewohnheitsrecht oder den allgemeinen Rechtsgrundsätzen. Eine derartig umfassende Auslegung erscheint auch als einzig verständliche Intention der Verfasser des Art. 1 ZPMK. Denn es gibt weder ein Anzeichen, noch ist ein Grund ersichtlich, daß mit dem Verweis das Völkerrecht eines bestimmten Ursprungs ausgeschlossen werden sollte.

---

177) Recueil des Cours 1934, III, 286.

178) Vgl. bei Sorensen, 112 f.

179) Ibidem.

Der Zusatz „allgemein" wird hin und wieder ohne besondere Eigenbedeutung beigefügt[180]), und – wie weiter oben dargestellt – sind die allgemeinen völkerrechtlichen Quellen in der genauen Wortwahl recht frei. Trotzdem erscheint es bei Art. 1 ZPMK, wenn er die „allgemeinen Grundsätze des Völkerrechts" nennt, jedenfalls nicht möglich, alle Detailregelungen, welche das Völkerrecht etwa enthält, einzubeziehen. Das insbesondere, wenn man die Schwierigkeiten bei der Entstehung des Art. 1 ZPMK und das Zögern mancher Regierungen in Betracht zieht, sich überhaupt auf dem Gebiete des Eigentumsschutzes dem Spruch der Menschenrechtskommission und des Europäischen Gerichtshofs zu unterwerfen. Es erscheint daher verständlich, wenn man nur die „allgemeinen", nicht aber die das Detail betreffenden Grundsätze des Völkerrechts in die Kompetenz der Menschenrechtsgerichtsbarkeit einbezog. Nur die großen Prinzipien des Enteignungsvölkerrechts sollten die Staaten einhalten müssen.

Dafür, daß dies der von Art. 1 ZPMK gemeinte Begriffsinhalt ist, gibt es auch weitere Anzeichen. Einmal haben gerade auf dem Gebiet des Enteignungsvölkerrechts die generellen Prinzipien ein von den Detailregelungen abgesondertes Eigenleben entwickelt, wie es auf anderen Gebieten des Völkerrechts nicht bekannt ist. In Anbetracht der Schwierigkeiten und Meinungsverschiedenheiten, welche das moderne Eigentumsschutzrecht charakterisieren, gewinnt mehr und mehr eine Tendenz Bedeutung, wegen der anscheinenden Unmöglichkeit einer umfassenden Einigung wenigstens Übereinstimmung hinsichtlich der Prinzipien des Enteignungsvölkerrechts zu erzielen. So stellte z. B. die siebte Konferenz der International Bar Association einige wenige „Mindestgrundsätze" oder „Grundsätze"[181]) zum Schutz von Auslandsinvestitionen in Friedenszeiten zusammen. Ähnlich beschränkt sich die von der Gesellschaft zur Förderung des Schutzes von Auslandsinvestitionen ausgearbeitete „Konvention über Vermögen im Ausland" auf die Kodifizierung weniger wesentlicher Prinzipien[182]). Der Europarat geht von ähnlichen Vorstellungen aus. Das zeigte sich in allerletzter Zeit z. B. darin, daß er bestrebt ist, auf die Ausarbeitung einer eigenen Eigentumsschutzkonvention zu verzichten und vielmehr den ebenfalls auf einige wenige Prinzipien beschränkten Konventionsentwurf der OEEC zu unterstützen und zu übernehmen[183]).

---

[180]) Siehe z. B. Verdross, Annuaire 1932, 289, wo er die Ausdrücke „principes généraux du droit des gens» und «principes du droit des gens» in zwei aufeinanderfolgenden Sätzen als identisch gebraucht.

[181]) International Bar Association, 7th Conference Report, 1958, 467 ff., insbes. 483 ff.

[182]) Inv. Ges., Heft 3, 9 ff. u. 13.

[183]) Eur. Doc. AS/Jur. (12) 4 Revised, insbes. 5 f.

3. Ergebnis

Zusammenfassend läßt sich daher feststellen: Wenn in Art. 1 ZPMK auf die „allgemeinen Grundsätze des Völkerrechts" verwiesen wird, so handelt es sich weder um einen Verweis auf die „allgemeinen von den Kulturstaaten anerkannten Rechtsgrundsätze" noch auf andere bestimmte Quellen des Völkerrechts. Vielmehr sind die generellen, nicht ins Detail gehenden wesentlichen Prinzipien des Völkerrechts gemeint, ganz gleich, welcher der verschiedenen anerkannten Völkerrechtsquellen sie entstammen.

Teil II
DIE MATERIELLEN VÖLKERRECHTSSÄTZE

Kapitel I
Grundsätzliches

1. Neuere Begrenzungsversuche

Seit Ende des Zweiten Weltkrieges ist das Gebiet des Völkerrechts, das man gemeinhin Enteignungsvölkerrecht nennt, noch weit mehr Gegenstand internationaler Auseinandersetzungen geworden, als das schon in der Zwischenkriegszeit der Fall war. Diese Auseinandersetzungen sind keineswegs immer rein rechtlicher Natur gewesen, sondern – wie schon zu Anfang erwähnt – gehört ein Großteil der Meinungsverschiedenheiten in die Bereiche der Politik und der Weltanschauungen. Hier sollen nur die Auseinandersetzungen über rein rechtliche Fragen eine Erwähnung finden; alle anderen liegen außerhalb des Bereichs dieser Studie. Jedoch kann gerade in einem Gebiet wie diesem die juristische Diskussion nicht völlig losgelöst von ihrer Umgebung geführt werden. Insbesondere erscheinen einige Stellungnahmen nur verständlich, wenn man sie als Teil und Ausdruck nicht-juristischer Erwägungen sieht. Von dieser Warte aus sind einige neuere Versuche zu betrachten, die Anwendbarkeit der Grundsätze des Enteignungsvölkerrechts zu begrenzen.

a) Bedeutung innerstaatlicher Gesetzgebung

Die Bedeutung der innerstaatlichen Gesetzgebung und ihre Stellung zum Völkerrecht ist ein Ansatzpunkt derartiger Bestrebungen. Art. 1 ZPMK bestimmt, daß Eigentum nur unter den durch Gesetz vorgesehenen Bedingungen entzogen werden darf. Daneben stellt er (mit dem Wort „und") den Verweis auf die allgemeinen Grundsätze des Völkerrechts. Damit wird klar, daß die staatliche Eigentumsentziehung an zwei Maßstäben gemessen werden muß: dem nationalen u n d dem Völkerrecht. Gerade an dem hier durch das Wort „und" charakterisierten Verhältnis setzen aber im allgemeinen Völkerrecht die besagten Einschränkungsversuche ein. Von östlichen Staaten[184]) und Völkerrechtlern aus die-

---

[184]) Siehe z. B. die Stellungnahme des sowjetischen Delegierten in der Menschenrechtskommission der Vereinten Nationen zum Eigentumsrecht, wo er einen Ergänzungsantrag stellte, der alle in einem zukünftigen völkerrechtlich verbindlichen Artikel über das Eigentum enthaltenen Schutzbestimmungen dem Zusatz

sen Ländern[185]) wird bestritten, daß das Völkerrecht zusätzliche Voraussetzungen für die Entziehung von Eigentum den Staaten vorschreiben könne, d. h. daß nach Völkerrecht eine Eigentumsentziehung verboten sein könne, welche nach nationalem Recht erlaubt ist. Es ist also der Grundsatz der Superiorität des Völkerrechts über innerstaatliches Recht, der hier in Frage steht[186]). Dieses Prinzip ist jedoch einer der Grundpfeiler jeder Völkerrechtsordnung überhaupt; geht man von ihm ab, so machen die Staaten ihr eigenes Völkerrecht; die Verbindlichkeit einer zwischenstaatlichen Ordnung ist aufgehoben. Daher wird es auch – abgesehen von den erwähnten kommunistischen Ländern, bei denen es sich um den Ausdruck einer völlig anderen Auffassung vom Staat handelt – allgemein uneingeschränkt anerkannt[187]). Zwar regelt die innerstaatliche Gesetzgebung die Vermögensordnung des Landes und stellt normalerweise eigene Regeln über Eigentumsentziehung auf; sie kann aber nicht die Geltung der Völkerrechtsgrundsätze beschränken. Ein Staat kann sich nicht seinen völkerrechtlichen Verpflichtungen unter Berufung auf eine abweichende nationale Gesetzgebung entziehen.

b) „Permanent Sovereignty over Natural Wealth and Resources“

Insbesondere unter dem Drängen von Entwicklungsländern hat in den letzten Jahren ein Rechtsbegriff beträchtliche Bedeutung für die Völkerrechtsgrundsätze über Eigentumsentziehung gewonnen, der noch in der ersten Nachkriegszeit völlig unbekannt war. Es handelt sich um

---

unterwirft, daß sie nicht mit der innerstaatlichen Gesetzgebung kollidieren (UN Doc. E/CN.4/SR.230 und die anschließenden Berichte über die Sitzungen der Kommission; ausdrücklich z. B. UN Doc. E/CN.4/SR.230, Seite 22).

[185]) So vor allem der bis zu seinem Tode 1954 führende russische Jurist Wischinsky, *Voprosy Miezdunarodnovo Prava i Miezdunarodnij Politiki*, Moskau 1949, polnische Ausgabe: Warschau, 1951, S. 687 (berichtet nach Korowicz, 128), der eindeutig die Superiorität des nationalen Rechts über das Völkerrecht postuliert. Seither scheint sich in der russischen Völkerrechtswissenschaft eine Wandlung abzuzeichnen, denn Korowin vertrat schon 1957 eine Gleichrangigkeit zwischen Völker- und Landesrecht und räumte die Möglichkeit ein, daß innerstaatliche Gesetze dem Völkerrecht widersprechen und daher der Gesetzgeber völkerrechtlich zu ihrer Änderung verpflichtet sei (*Völkerrecht*, Akademie der Wissenschaften der UdSSR, S. 7 ff.; vgl. auch S. 127 ff.).

[186]) Die hier angeschnitte Frage ist vom Schulenstreit zwischen Monismus und Dualismus zu unterscheiden, der die innerstaatliche Geltung von Völkerrecht betrifft. Sowohl Monisten wie Dualisten sind sich darin einig, daß im zwischenstaatlichen Bereich die sich aus Völkerrecht ergebenden Pflichten der Staaten auch dann bestehen, wenn ihr nationales Recht davon abweicht. Die hier abgelehnten Thesen behaupten dagegen, daß in solchen Fällen das Landesrecht vorgehe.

[187]) Selbst die unter einem unglücklichen Stern stehende Haager Kodifikationskonferenz konnte sich in ihrem Dritten Komitee darüber einigen: vgl. Art. 5, LoN Doc. C. 351 c. M. 145 c. 1930. V.

die „Permanent Sovereignty over Natural Wealth and Resources", eine Bezeichnung, die — obzwar schon in der englischen Originalfassung rechtlich wenig griffig — in ihrer deutschen Entsprechung „Ständige Souveränität über natürlichen Reichtum und Bodenschätze" den Charakter eines Rechtsbegriffs fast ganz zu verlieren scheint. Auch für diese Formulierung gibt es – wie für manches andere im modernen Enteignungsvölkerrecht – keine juristische, sondern nur eine politische Erklärung. Einmal hat der Begriff der Souveränität insbesondere für die vielen jungen Staaten eine verständliche Attraktivität; dann scheint seine Verbindung mit den natürlichen Reichtümern des Landes ihm einen Schutzcharakter gegen wirtschaftliche Ausbeutung zu geben, für den die ehemaligen Kolonialvölker naturgemäß besonders ansprechbar sind.

In den beiden „Draft Covenants" über Menschenrechte, welche die Menschenrechtskommission der Vereinten Nationen im Frühjahr 1954 der Vollversammlung vorlegte, bestimmten die gleichlautenden Art. I, 3[188]), daß das Selbstbestimmungsrecht der Völker auch die „permanent sovereignty over their natural wealth and resources" enthalte, und daß einem Volk nicht unter Geltendmachung irgendwelcher Rechte von anderen Staaten die Mittel entzogen werden dürften, deren es zu seinem Unterhalt bedürfe. Diese Bestimmung, deren Formulierung immerhin schon aufmerken läßt, gewinnt ihre wahre Bedeutung für das Enteignungsvölkerrecht erst unter Berücksichtigung der vorangegangenen Debatten in der Menschenrechtskommission. Denn dort war diese „Souveränität" von einigen Staaten dahingehend ausgelegt worden, daß sie einen Staat berechtige, sich die in ausländischer Hand befindlichen Teile der natürlichen Landesreichtümer auch dann anzueignen, wenn er seinen sich aus solchen Enteignungen oder Nationalisierungen ergebenden völkerrechtlichen Verpflichtungen nicht nachkomme[189]). Andere Staaten legten diesen Abs. 3 aber anders aus und meinten, er sei kein Freibrief zu Völkerrechtsbrüchen und lasse die Regeln des Enteignungsvölkerrechts unberührt[190]). So kann diese Bestimmung in den beiden Covenants also noch

---

[188]) Texte der Draft Covenants in: UN, Commission on Human Rights, Report of the 10th Session, Supplement No. 7 to ECOSOC, Official Records, 18th Session, Doc. E/2573, 1954, Annex 1. Einzelheiten über die Entwicklung der beiden Entwürfe bei Guradze, 132 ff. Der Text des Art. I § 3 lautet: "The right of peoples to self-determination shall also include permanent sovereignty over natural wealth and resources. In no case may a people be deprived of its means of subsistance on the grounds of any rights that may be claimed by other States."

[189]) Siehe dazu die Sitzungsberichte in folgenden UN-Dokumenten: ECOSOC, Commission on Human Rights, Report of the 7th Session, 1951, May 24. — Report of the 8th Session, 1952, April 14 und June 14. — Report of the 10th Session, 1954, February 2 und April 16. — Außerdem vgl.: Summary Record der Commission on Human Rights, 230th — 231st meetings, 302nd — 303rd meetings, 413th — 418th meetings.

[190]) Ibidem. — Vgl. auch: UN Doc. A/AC.97/1 vom 12. Mai 1959.

nicht als eine Resolution der Staatenmehrheit gegen die Verbindlichkeit der Völkerrechtsgrundsätze über Enteignung angesehen werden.

Der Grundsatz der „Permanent Sovereignty over Natural Wealth and Resources" entwickelte aber nunmehr ein Eigenleben im Rahmen der Vereinten Nationen. Noch 1954 beschloß der dritte Ausschuß der Vollversammlung einen Resolutionsentwurf, welcher der Menschenrechtskommission den Auftrag gab, Empfehlungen zum Selbstbestimmungsrecht der Völker und zur „Permanent Sovereignty . . ." auszuarbeiten. Ein Zusatzantrag dreier Staaten schlug vor, dem Resolutionsentwurf folgende Worte beizufügen[191]):

> „having due regard to obligations under international agreements, the principles of international law and the importance of encourraging international co-operation in the economic development of underdeveloped countries".

Sinn des Antrags war erstens, der obenerwähnten Auslegung des Souveränitätsbegriffs als Freibrief zur Völkerrechtsverletzung einen Riegel vorzuschieben, zweitens, darauf hinzuweisen, daß die Verletzung ausländischer Vermögensrechte das Investitionsklima eines Landes verschlechtert und so den für die Entwicklung der Länder notwendigen internationalen Fluß privater Investitionen bremst. Dieser Zusatzantrag wurde jedoch in dem Ausschuß mit knapper Mehrheit[192]) abgelehnt, soweit er die Aufnahme der Worte „obligations under international agreements, the principles of international law" vorsah. Unter Berücksichtigung der gegen die Aufnahme dieses Satzteils geltend gemachten Gründe[193]) muß diese Entscheidung dahingehend verstanden werden, daß die (allerdings nur relative) Mehrheit der in dem Ausschuß vertretenen Regierungen eine Unterordnung des Begriffes der „Permanent Sovereignty . . ." unter die Grundsätze des Völkerrechts ablehnte und jedenfalls für die Naturschätze des Landes den Staaten das Recht zusprach, den betreffenden Ausländern ohne Berücksichtigung der völkerrechtlichen Verpflichtungen diese Art von Eigentumswerten zu entziehen.

Die Vollversammlung folgte allerdings diesem eigentumsfeindlichen Resolutionsentwurf nicht. Unter normalen Umständen würde man einer Entschließung, die nach ihrem sachlichen Inhalt nicht mehr enthält als eine Empfehlung an die Menschenrechtskommission, bestimmte Fragen zu untersuchen, keinerlei Bedeutung für oder gegen einen bestimmten materiellen Völkerrechtsstand beimessen. Bei den gegebenen vorangegangenen materiellrechtlichen Auseinandersetzungen ist es jedoch eine verschlüsselte Stellungnahme zum materiellen Völkerrecht über Eigen-

---

[191]) Dieser Antrag wurde von den Delegationen Brasiliens, Perus und der Vereinigten Staaten gestellt. Vgl. i. e. Official Records of the General Assembly, 9th Session, Annexes, agenda item 12, A/2829, § 52.

[192]) Mit 21 gegen 17 Stimmen bei 14 Enthaltungen.

[193]) Vgl. Zusammenfassung der Diskussion in UN Doc. A/AC/97/1, 12. Mai 1959, 7 f.

tumsentziehungen auf dem Gebiet der Naturschätze, wenn die Vollversammlung mit großer Mehrheit[194]) die Worte „with due regard to the rights and duties of States under international law" aufzunehmen beschloß[195]). Sie war im Gegensatz zu ihrem dritten Ausschuß nicht der Auffassung, daß die „Permanent Sovereignty . . ." eine Verletzung der einschlägigen Grundsätze des Enteignungsvölkerrechts rechtfertige.

Im Jahre 1955 folgte die Menschenrechtskommission der durch die Vollversammlung einmal eingeschlagenen Richtung und empfahl in einer Entschließung über einen Resolutionsentwurf zur „Permanent Sovereignty . . .", den Rechten und Pflichten der Staaten nach Völkerrecht die gehörige Beachtung zu schenken[196]). Der offizielle Bericht der Kommission zu dieser Entschließung bringt offen zum Ausdruck, das es sich um eine Entscheidung zu einer Frage des materiellen Rechts, nämlich um die Anerkennung der völkerrechtlichen Grundsätze zur Enteignung handelt[197]). Ebenso erwähnt ein dasselbe Thema betreffender offizieller Bericht des Wirtschafts- und Sozialrats von 1955 ausdrücklich, daß das Völkerrecht der staatlichen Souveränität auch auf dem Gebiet der Naturschätze Grenzen zieht[198]). Und schließlich ging im Jahre 1958 auch der dritte Ausschuß von seiner 1954 eingenommenen Haltung ab, empfahl mit großer Mehrheit die Beachtung der völkerrechtlichen Verpflichtungen der Staaten[199]) und erkannte in seinem offiziellen Bericht an, daß damit

---

[194]) Mit 41 gegen 11 Stimmen bei 3 Enthaltungen.

[195]) General Assembly Resolution 837 (IX), Official Records, 9th Session, 512th Plenary Meeting, § 158.

[196]) Der Resolutionsentwurf sagt u. a.: "... Recommends that in the conduct of the full survey on the status of permanent sovereignty over natural wealth and resources due regard shall be paid to the rights and duties of States under international law and to the importance of encouraging international co-operation in the economic development of under-developed countries; ..." (Official Records of ECOSOC, 20th Session, Supplement No. 6, E/2731 und Corr. 1. — E/CN.4/719 und Corr. 1, 122.

[197]) Dort heißt es: "The draft resolution, it was maintained, was directed against exploitation and expropriation alike. It was an attempt to allay all honest apprehensions and doubts. On the one hand, it was said, under no circumstances should a people be deprived of its own means of subsistance through the exploitation of foreign investors; on the other hand, foreign investors should not be expropriated without just and fair compensation and only if warranted by public necessity." (Official Records, op cit., § 129).

[198]) Vgl. Official Records of the General Assembly, 10th Session, Supplement No. 3, A/2943, § 642.

[199]) Im Jahre 1954 hatte sich der Ausschuß gegen die Aufnahme der Worte "obligations under international agreements, the principle of international law" ausgesprochen. Nunmehr nahm er mit 52 gegen 15 Stimmen bei 4 Enthaltungen den Resolutionsentwurf der Menschenrechtskommission an, der u. a. empfahl, bei der Behandlung der "permanent sovereignty over natural wealth and resources" der Staaten auch "due regard to the rights and the duties of States under international law" zu schenken.

in verschlüsselter Form Garantien für den Fall der Eigentumsentziehung gewährt sein sollten[200]).

Das vorläufige Ende dieser Entwicklung ist die 1958 von der Vollversammlung in ihrer 788sten Plenarsitzung mit großer Mehrheit beschlossene Resolution zur „Permanent Sovereignty over Natural Wealth and Resources“[201]), die in gleicher Weise die Bindung an die Grundsätze des Enteignungsvölkerrechts anerkennt. Unter den geschilderten Umständen muß darin ein Bekenntnis des derzeitig höchsten Organs der Völkergemeinschaft zur Geltung der Völkerrechtsgrundsätze über Enteignung und eine Ablehnung der ursprünglich von diesem Aspekt der Souveränität ausgehenden Begrenzungsversuche gesehen werden.

2. Eigentum als Menschenrecht im Völkerrecht

Die völkerrechtliche Anerkennung von Menschenrechten, die dem staatlichen Zugriff nur beschränkt ausgesetzt werden dürfen, und insbesondere des Eigentums als eines solchen Rechtes ist das Ergebnis jüngster Entwicklungen[202]). Immerhin ist darauf hinzuweisen, daß gerade für das Eigentumsrecht schon Samuel von Pufendorf 1682[203]) ausführlich die Grenzen zeichnete, die ein Staat in seinem Verhalten gegenüber dem Einzelnen und seinem Vermögen unbedingt einhalten müsse. Die Anerkennung des Menschenrechts Eigentum in internationalen Deklarationen und Konventionen und überhaupt im internationalen Recht findet sich aber erst in den letzten Jahren. Sie wirft auf die überkommenen Grundsätze des Enteignungsvölkerrechts ein völlig neues Licht und wird vielleicht nach gehöriger Eingliederung in das Gesamtsystem des völkerrechtlichen Eigentumsschutzes manche Problematik als überholt erscheinen lassen[204]).

---

[200]) In dem offiziellen Bericht heißt es nämlich u. a.: "The majority of representatives ... They pointed out that adequate safeguards were provided for foreign investments, since the proposal stressed that 'due regard shall be paid to the rights and the duties of States under international law'. ... The resolution, thus worded, contained guaranties against both exploitation and expropriation." (Official Records, UN Doc. A/4019, § 20).

[201]) General Assembly, Resolution 1314 (XIII). Sie wurde mit 52 gegen 15 Stimmen bei 8 Enthaltungen angenommen.

[202]) Vgl. Garcia Amador, Yearbook of the International Law Commission, 1957, Vol. II, 115.

[203]) *De Officio Hominis Et Civis Juxta Legem Naturalem Libri Duo,* speziell in dem auf den Schutz des Privateigentums eingehenden Kapitel XV: *De Potestate summi Imperii in bona civitate contenta,* S. 152 f., wo Pufendorf drei Arten zulässiger staatlicher Eingriffe in das Privateigentum herausstellt.

[204]) Vgl. vor allem Garcia Amador, op. cit., 104 ff., der in der internationalen Anerkennung der Menschenrechte einen Weg sieht, der den großen Theorienstreit zwischen der Doktrin vom „National Treatment“ und der vom „Minimum Standard of International Justice“ hinsichtlich der Stellung der Ausländer als überholt erscheinen läßt.

a) Die Allgemeine Erklärung der Menschenrechte

Am 10. Dezember 1948 beschloß die Vollversammlung der Vereinten Nationen die Allgemeine Erklärung der Menschenrechte. Deren Art. 17 schützt das Eigentum[205]). Da diese Bestimmung für „everyone" gilt, kommt ihr Inhalt auch Ausländern zugute. Deshalb betrifft sie auch die sich grundsätzlich nur mit Ausländern befassenden Grundsätze des Völkerrechts über Eigentumsentziehung. Das aber mit rechtlicher Wirkung nur, wenn der Allgemeinen Erklärung nicht nur der Charakter einer unverbindlichen Empfehlung an die Staaten, sondern Rechtscharakter zukommt. Wenn diese Frage auch nicht unbestritten ist[206]), so geht doch die überwiegende internationale Meinung dahin, daß sie die Unterzeichnerstaaten nicht rechtlich bindet[207]).

Die Frage kann hier nicht weiter erörtert werden. Ihre Entscheidung erscheint auch nicht von sehr großer praktischer Bedeutsamkeit; denn einmal ist der von ihrem sachlichen Inhalt für das Eigentum des Ausländers ausgehende Schutz nur gering, und dann ist dieser geringe Schutz sowieso schon als Teil des allgemeinen Völkerrechts für die Staaten verbindlich. Der Art. 17 verbietet lediglich die „willkürliche" (arbitrary) Entziehung von Eigentum. Was unter „willkürlich" zu verstehen ist, bleibt offen und ist auch im allgemeinen völkerrechtlichen Sprachgebrauch nicht klar. Außerdem handelt es sich dabei um eine Ermessungsregelung, die zumindest wohl auch subjektive Elemente enthält; die Schwierigkeiten, einem Staat ein willkürliches Handeln nachzuweisen, liegen auf der Hand. Dieser geringe sachliche Inhalt wird aber – wie weiter unter zu zeigen sein wird – schon durch das allgemeine Völkerrecht gedeckt, und insoweit sind also die Staaten verpflichtet, habe die Allgemeine Erklärung Rechtscharakter oder nicht.

b) Die „Covenants on Human Rights" in den Vereinten Nationen

Die Bemühungen um eine multilaterale Konvention über die Menschenrechte haben im Rahmen der Vereinten Nationen mit der Unterzeichnung der Allgemeinen Erklärung der Menschenrechte nicht ihr Ende gefunden. Wohl gerade, weil die von der letzteren ausgehende Rechtsverbindlichkeit mehr als zweifelhaft war, ersuchte der Wirtschafts- und Sozialrat einem entsprechenden Auftrage der Vollversamm-

---

[205]) Der Art. 17 lautet: "1. Everyone has the right to own property alone as well as in association with others. 2. No one shall be arbitrarily deprived of his property."

[206]) Für den Rechtscharakter der Allgemeinen Erklärung sprechen sich z. B. aus: Cassin, *La Technique et les Principes du Droit Public*, Etude en l'Honneur de George Scelle, 1950, 397 ff. Wright, American Journal 1951, 62 ff.

[207]) So z. B.: Drost, *Human Rights as Legal Rights*, 1951, 32 ff. und 224. Lauterpacht, *International Law and Human Rights*, 1950, 397 ff. Kelsen, *The Law of the United Nations*, 1950, 40. — Vgl. die Übersicht über den Meinungsstand bei Guradze, 127 ff.

lung folgend die Menschenrechtskommission, einen „International Covenant on Human Rights" auszuarbeiten. Die Allgemeine Erklärung hatte wenigstens noch einen – wenn auch dem Inhalt nach äußerst bescheidenen – Artikel über das Eigentum als Menschenrecht enthalten. Selbst auf eine derart schwache Formulierung konnte man sich nunmehr für den Covenant nicht mehr einigen. Nachdem ein erster Entwurf von der Vollversammlung als ungenügend zurückverwiesen worden war, arbeitete die Menschenrechtskommission zwei statt des zuerst geplanten einen Entwurfs aus. Hinsichtlich des Eigentums ist zu diesen beiden Entwürfen[208]), deren einer die wirtschaftlichen (worunter man normalerweise das Eigentum zählt), sozialen und kulturellen Rechte, deren anderer die Bürger- und politischen Rechte enthält, nur zu sagen, daß ein Eigentumsartikel ganz fehlt. Ganz im Gegenteil enthalten beide Covenants in ihren Art. 1 Abs. 3 die obenerwähnte eigentumsfeindliche Formulierung der „Permanent Sovereignty over Natural Wealth and Resources". In jener Zeit ist zweifellos ein Tiefpunkt der Anerkennung eines internationalen Eigentumsschutzes erreicht. Wie im Zusammenhang mit der „Permanent Sovereignty . . ." ober dargestellt, hat sich inzwischen jedoch die Mehrheit der Staaten wieder zur Anerkennung der Völkerrechtsgrundsätze über Eigentumsentziehung bekannt. Daß dies auch für die Anerkennung des Menschenrechts Eigentum in multilateralen Verträgen gilt, zeigt nicht nur die Zahl der Ratifizierungen des Zusatzprotokolls zur Europäischen Menschenrechtskonvention, sondern auch die Tatsache, daß z. B. die Staaten des amerikanischen Kontinents zur Zeit eine Menschenrechtskonvention vorbereiten, die einen Schutzartikel über das Eigentum enthalten und auch speziell auf die Eigentumsentziehung eingehen wird[209]).

c) Anerkennung der Menschenrechte im modernen allgemeinen Völkerrecht

Die fundamentalen Menschenrechte haben im modernen Völkerrecht ein eigenes Gewicht bekommen. Ihre sich immer weiter ausdehnende Anerkennung im internationalen Recht mag insbesondere im Völkerfremdenrecht beträchtliche Änderungen hervorrufen. Einerseits bedeutet ein überstaatliches Menschenrecht gewissermaßen seiner Definition nach schon die Existenz einer dem Staat verwehrten Rechtssphäre des Individuums und zwingt so unumgänglich zur Anerkennung eines internatio-

---

[208]) UN, Commission on Human Rights, Report of the 10th Session Supplement No. 7 to ECOSOC, Official Records, 18th Session, Doc. E/2573, Annex I. Der eine Entwurf trägt den Titel "*Draft Covenant on Economic, Social and Cultural Rights*", der andere "*Draft Covenant on Civil and Political Rights*".

[209]) Siehe *Draft Convention on Human Rights*, Inter-American Council of Jurists, 9th September 1959, transmitted to the Council of the Organisation of American States, Doc. A 50.689.

nalen Minimum-Standard[210]). Andererseits verliert die sich gerade aus der Anerkennung des Minimum-Standard im Völkerfremdenrecht ergebende unterschiedliche Rechtsstellung von Aus- und Inländern (da die letzteren vom Völkerrecht nach überkommener Auffassung nicht betroffen werden) ihre Berechtigung, denn die Menschenrechte gelten gleichermaßen für jedermann, für Ausländer und für Inländer[211]).

Nicht nur fast alle innerstaatlichen Rechtsordnungen (meist Verfassungen) und die neueren internationalen multilateralen Einigungen der Staaten erkennen das Eigentum als eines dieser Menschenrechte an, sondern auch die neuesten Arbeiten zur Kodifizierung des Völkerrechts, welche die International Law Commission für die Vereinten Nationen unternimmt. Der dem zweiten Bericht über die Verantwortlichkeit der Staaten[212]) angefügte Kodifikationsentwurf für den gegenwärtigen Völkerrechtsstand zählt ausdrücklich das Eigentum zu diesen Rechten[213]). Mit der immer weiter um sich greifenden Anerkennung der Menschenrechte im Völkerrecht dringt auch die Anerkennung des Menschenrechts Eigentum in die Grundsätze des Völkerrechts über Eigentumsentziehung ein. So ergibt sich, daß der aus dem Menschenrechtsartikel Art. 1 ZPMK kommende Verweis auf diese allgemeinen Völkerrechtsgrundsätze unter anderem wieder auf das Menschenrecht Eigentum führt, um dessen Definition sich der Art. 1 gerade bemüht.

Kapitel II

Gebot der Respektierung wohlerworbener Rechte

1. Stellung des Grundsatzes im Enteignungsvölkerrecht

In einem Bericht der International Law Commission heißt es[214]), daß im gegenwärtigen Entwicklungsstand des Völkerrechts das Prinzip der Respektierung wohlerworbener Rechte (englisch: „vested rights"[215]) oder

---

[210]) Zu der Streitfrage über den internationalen Minimalstandard einerseits und das „National Treatment" andererseits vgl. i. e. Roth, *The Minimum Standard of International Law Applied to Aliens*, 1949.

[211]) Ebenso Garcia Amador, Yearbook of the International Law Commission, 1957, Vol. II, 104 ff. Jessup, *A Modern Law of Nations*, 97.

[212]) Ibidem, 128 ff.

[213]) In dem Kommentar zu den einzelnen Artikeln wird erklärt, daß der fundamentale, d. h. vorstaatliche Charakter dieses Menschenrechts „außer Zweifel" stehe (ibidem, 115).

[214]) Vierter Bericht über "International Responsibility (Responsibility of the State for injuries caused in its territory to the person or property of aliens — measures affecting acquired rights)", UN Doc. A/CN.4/119 vom 26. Februar 1959, S. 5.

[215]) Früher war im englischen Sprachgebrauch der Ausdruck "vested rights" vorherrschend. Schon seit Jahren geht man aber mehr und mehr davon ab, da im innerstaatlichen anglo-amerikanischen Recht die Bezeichnung "vested" als

„acquired rights"; französisch: „droits acquis") die einzige solide Basis darstelle, von der aus die Verantwortlichkeit der Staaten für Eingriffe in Eigentumsrechte festgestellt werden kann. Ob man so weit gehen kann, mag dahingestellt bleiben. Zutreffend ist auf jeden Fall, daß dieses Gebot in einem gewissen Maße als Obersatz über dem gesamten Völkerrecht zur Eigentumsentziehung steht. Das mag daher kommen, daß es vom juristisch-technischen Gesichtspunkt her eine systematische und einheitliche Inangriffnahme der vorkommenden Einzelfragen ermöglicht[216]).

Aber auch umgekehrt führt die Behandlung der Einzelfragen, ganz gleich, um welches Eigentumsrecht es sich handelt, und welche Art staatlichen Eingreifens in Frage steht, immer wieder zu der Respektierung wohlerworbener Rechte zurück. In den verschiedensten Zusammenhängen ist auf dieses Gebot als allgemeiner Grundsatz des Völkerrechts verwiesen worden und haben Urteile internationaler Rechtsprechungsinstanzen darauf ihre konkrete Entscheidung gestützt. Allerdings – und das stellt die Kehrseite dieser Vielfältigkeit dar – ist der effektive Schutzbereich, der von diesem Obersatz des allgemeinen Enteignungsvölkerrechts ausgeht, in seinen Eigenschaften und Grenzen aus der internationalen Rechtsprechung nicht leicht zu lesen und auch in der Literatur unklar[217]). Das Prinzip ist beinahe zu generell anwendbar, um in allen Fällen eine Lösung zu bieten. Das heißt nicht, daß sich aus dem Völkerrecht nicht ersehen läßt, in welcher Art und Weise die Staaten die Respektierung zum Ausdruck bringen müssen. Die Kasuistik zu dem Prinzip ist verhältnismäßig umfangreich; sie bringt aber naturgemäß nur negativ eine Reihe von Beispielen zum Ausdruck, die nach Völkerrecht k e i n e Respektierung wohlerworbener Rechte darstellen, während der Völkerrechtsgrundsatz selbst positiv die Form eines Gebots hat. Gerade wegen des generellen, das gesamte Enteignungsvölkerrecht und darüberhinaus das gesamte völkerrechtliche Vermögensschutzrecht umfassenden Charakters macht daher die Anwendung des Satzes in konkreten Einzelfällen beträchtliche Schwierigkeiten. Deshalb ist die Klärung von

---

Gegensatz zu "contingent" verstanden wird, eine Gegenüberstellung, die dem völkerrechtlichen Begriff der wohlerworbenen Rechte nicht entspricht. Deshalb wird heute die Bezeichnung "acquired rights" meist vorgezogen.

[216]) So UN Doc. A/CN.4/119, ibidem. A. M. aber anscheinend der Kommentar zur 12. Fassung des neuen Harvard Drafts, welcher meint, der Begriff der "acquired rights" umfasse Rechtsgüter, die vom Völkerrecht im Falle von staatlichen Eingriffen verschieden behandelt würden. Deshalb sehe der Entwurf in den Art. 9 und 12 auch einen verschiedenen Schutz vor (American Journal 1961, 563). — Dem ist zuzustimmen, soweit Vertragsrechte betroffen sind, denn diese werden großenteils auch durch den Grundsatz *pacta sunt servanda* geschützt. Im geltenden Völkerrecht schützt sie aber trotzdem auch das Gebot der Respektierung wohlerworbener Rechte. De lege ferenda mag die in dem Entwurf vorgeschlagene klare Teilung der wohlerworbenen Rechte in der Tat praktikabler sein.

[217]) *The Status of Permanent Sovereignty over Natural Wealth and Resources*, UN Doc. A/AC. 97/5 vom 15. Dezember 1959, 244.

weniger generellen Völkerrechtsgrundsätzen, welche sich vielleicht mit dem Gebot der Respektierung wohlerworbener Rechte überschneiden, nichtsdestoweniger aber auch allgemeine Grundsätze zur Eigentumsentziehung sind, wichtig. Jedoch ist auch die praktische Bedeutung des Satzes von der Respektierung wohlerworbener Rechte auf dem hier behandelten Gebiet beachtlich groß; denn gerade auf Fälle der Enteignung und der Entziehung von vertraglichen Rechten hat er in der Vergangenheit in besonderem Maße Anwendung gefunden[218]).

2. Die Geltung des Grundsatzes

Der Nachweis, daß der Grundsatz der Respektierung wohlerworbener Rechte einen Teil des geltenden allgemeinen Völkerrechts bildet, bereitet keine großen Schwierigkeiten, wenn auch hin und wieder Kritik laut wird und seine Zeitgemäßheit in Frage gestellt wird. De lege ferenda mag der überkommene Satz einer gewissen Angleichung an die großen Umwälzungen in der Völkergemeinschaft und einer Überprüfung im Hinblick auf die Dynamik des modernen Völkerrechts bedürfen; was den derzeitigen Stand des Rechts anbetrifft, so kann seine Geltung aber nicht bezweifelt werden.

Einen gewissen Rückschlag für das Gebot der Respektierung wohlerworbener Rechte war seine Behandlung in dem Vorbereitungsstadium zur Haager Konferenz für die Kodifizierung des Völkerrechts von 1930. Das Vorbereitungskomitee des Völkerbundes sandte 1928 einen Fragebogen an alle Völkerbundsstaaten, der unter anderem folgende Frage enthielt[219]): „Does the State become responsibel in the following circumstances: Enactment of legislation infringing vested rights of foreigners?" Obwohl gerade in den vorangegangenen Jahren eindeutig das Prinzip bejahende Entscheidungen des Ständigen Internationalen Gerichtshof ergangen waren, geben die Antworten der Regierungen[220]) auf diese Frage keineswegs das gemeinsame Bild einer uneingeschränkten Anerkennung des Grundsatzes. Vielmehr kommen beträchtliche Meinungsverschiedenheiten zum Vorschein. Zwar bejahen einige Regierungen die Frage ohne Umschweife und machen andere nur auf die Schwierigkeit aufmerksam, die völkerrechtliche Definition der wohlerworbenen Rechte zu bestimmen. Andere bringen jedoch zum Ausdruck, eine allgemeine Bejahung der Frage sei nicht möglich, und teils wird sogar argumentiert, da sich die Entstehung der wohlerworbenen Rechte unbestritten ausschließlich nach dem innerstaatlichen Recht richte, müsse das letztere auch der alleinige Maßstab für die weitere Behandlung dieser Rechte

---

218) Op. cit. 252 ff. u. 274 ff.

219) LoN, Conference on the Codification of International Law, "*Bases of Discussion*", Vol. III, Responsibility of States for Damage Caused in Their Territory to the Person or Property of Foreigners (LoN Doc. C. 75. M. 69. 1929. V.), 33.

220) Abgedruckt, soweit sie diese Frage betreffen: ibidem, 33 ff.

sein. Dies ist jedoch nur eine Minderheitsmeinung, die wohl weniger Ausdruck einer grundsätzlichen Verneinung der diesbezüglichen Autorität des Völkerrechts als vielmehr des sich schon im voraus andeutenden politisch und diplomatisch bedingten Zögerns vor Kodifizierungen ist, welches nachher dann auch die Haager Konferenz zum Scheitern brachte. Regierungen binden sich nicht gern in wirtschaftlich derart bedeutenden Fragen wie dem Eigentumsschutz. Die Schwierigkeiten im kleinen und verhältnismäßig homogenen Kreis der Europaratsländer bei der Ausarbeitung des Art. 1 ZPMK sind ein neueres Beispiel derselben Art.

Immerhin sieht Friedman[221]) die Tatsache, daß die Antworten der Völkerbundsstaaten keine einheitliche Bejahung und eine Reihe von Reserven ergaben, als Beweis dafür an, daß der Grundsatz der Respektierung wohlerworbener Rechte keinen Teil des allgemeinen Völkerrechts bildet. Friedmans Argumentation entbehrt jedoch der Klarheit. Er vermischt die sicherlich teilweise zutreffende Kritik an der Unzulänglichkeit des Prinzips[222]) mit der Frage, ob es überhaupt völkerrechtsgültig ist. Wie oben schon erwähnt, ergeben sich aus dem generellen Charakter des Satzes Schwierigkeiten für die Anwendung auf den konkreten Einzelfall[223]). Das gilt jedoch für eine große Zahl von Rechtssätzen, deren Geltung deshalb aber nicht in Zweifel gesetzt werden kann. Aus dem Charakter des Völkerrechts folgt notwendig, daß vielen seiner Regeln die Effektivität und Genauigkeit fehlt, deren sich bei innerstaatlichen Gesetzen die souveräne Legislative befleißigen kann. Daß der Grundsatz der Respektierung wohlerworbener Rechte nicht allen Anforderungen entspricht, die im Hinblick auf die Verwertbarkeit eines Rechtssatzes gestellt werden müssen, ist ein Argument de lege ferenda, die Frage der völkerrechtlichen Verbindlichkeit des – wenn auch unvollkommenen – Satzes berührt es nicht.

Anders Friedmans Behauptung, die Antworten der Völkerbundsstaaten hätten bewiesen, daß die Völkergemeinschaft nicht anerkenne, völkerrechtlich zur Respektierung der wohlerworbenen Rechte verpflichtet zu sein. Wäre diese Behauptung zutreffend, so bildete sie ein starkes Argument gegen die Geltung des Grundsatzes, Sie entspricht jedoch nicht den Tatsachen. Mit Recht weist Garcia Amador[224]) vielmehr darauf hin, daß keine der Antworten die Verpflichtung zur Achtung dieser Rechte zurückwies und behauptete, der Staat sei in dieser Materie völlig

---

[221]) *L'Expropriation en Droit International Public,* 321 ff.

[222]) Friedman, op. cit., 326, spricht von "la notion des droits acquis, ambigue, obscure, indéfinissable ..."

[223]) So auch der wohl größte Experte auf diesem Gebiet und ehemalige Präsident des Oberschlesien-Schiedsgerichts Kaeckenbeeck *(La Protection international des Droits acquis,* Recueil des Cours 1937, I, 361), der die Geltung des Grundsatzes nicht im geringsten in Frage stellt.

[224]) UN Doc. A/CN. 4/119, 14.

frei. Geht man die Antworten der Regierungen[225]) einzeln durch, so zeigt sich, daß alle betreffenden Staaten zugaben, daß ihre Befugnis, auf derartige Rechte einzuwirken, bestimmten Bedingungen unterworfen sei. Von einer den Grundsatz ablehnenden Auffassung der Völkergemeinschaft konnte daher trotz der unterschiedlichen Antworten keine Rede sein. Das trifft im wesentlichen auch für die Auffassungen der Staaten zu, die in den Vereinten Nationen zu Fragen der Enteignung und Nationalisierung Stellung genommen haben[226]).

Weniger als Argument gegen die derzeitige völkerrechtliche Verbindlichkeit des Grundsatzes und mehr als Kritik an seiner Zeitgemäßheit sind die Äußerungen einiger anderer Autoren zu verstehen. Cavaglieri[227]) meint, die Grenzen der staatlichen Eingriffe seien am Mindeststandard zu messen, der einem Ausländer an Rechten zugestanden werden müsse, nicht einfach immer an der Verletzung wohlerworbener Rechte. Guggenheim[228]) schlägt vor, den traditionellen Satz zugunsten von praktikableren Schutzregelungen für einzelne Arten von Rechten wie z. B. Konzessionsrechte und dingliche Rechte aufzugeben. Foighel[229]) schließlich ist der Auffassung, das zweifellos bisher herrschende Gebot der Respektierung wohlerworbener Rechte sei überholt, weil es in einer Zeit entstanden sei, in der das einzig anerkannte Wirtschaftssystem das des Liberalismus gewesen sei. In Anbetracht der seitherigen politischen und wirtschaftlichen Änderungen in einer Reihe von Staaten könne das Prinzip heute nicht mehr das völkerrechtliche Fremdenrecht in vermögensrechtlicher Hinsicht regieren. – – An diesen Meinungen ist sicherlich zutreffend, daß eine Überprüfung des Satzes in der Sicht der neuesten Entwicklungen außerhalb des Bereichs des Rechts notwendig erscheint. An der Zugehörigkeit zum gegenwärtigen Völkerrecht rütteln sie aber nicht. Jedoch muß eine solche Überprüfung hinsichtlich der Praktikabilität des Prinzips keineswegs mit einem negativen Ergebnis enden. Als Grundsatz von allgemeinem Charakter hat der Satz rechtstechnisch und praktisch bestimmte Vorzüge vor Spezialregelungen; und er wird wohl auch weiterhin der Ausgangspunkt für die so umstrittene Entschädigungsfrage sein müssen[230]).

In der internationalen Judikatur hat das Prinzip vor allem im Zusammenhang mit Änderungen der Staatshoheit ausdrückliche Anerkennung gefunden[231]). So sah im Urteil zu dem in den Rahmen des

[225]) LoN Doc. C. 75. M. 69. 1929. V., 33 ff.

[226]) Siehe dazu zusammenfassend Brandon, *The Record in the United Nations of Member States on Nationalisation.*

[227]) Revue Sibert 1931, 293.

[228]) Recueil des Cours 1952, I, 126.

[229]) S. 53 f. — Ähnlich äußert sich übrigens Katzatov an zwei Stellen: *Rapport sur la Nationalisation*, International Law Association, September 1958, 10 und in Journal Clunet 1957, 6 ff.

[230]) Ebenso Garcia Amador, op. cit., 16 f.

[231]) Vgl. in diesem Zusammenhang auch Mosler, 25 ff.

ungarisch-rumänischen Optantenstreites gehörenden Fall Kulin père c. Etat roumain[232]) das Gemischte Schiedsgericht die in Frage stehenden Enteignungsmaßnahmen nicht nur als eine Verletzung des Vertrages von Trianon, sondern auch als „eine Verletzung des allgemeinen Grundsatzes der Respektierung wohlerworbener Rechte"[233]) an. Auch der Ständige Internationale Gerichtshof hat zweimal seine Anerkennung in Fällen des Hoheitswechsels ausgesprochen, einmal in seinem Gutachten betreffend deutsche Siedler in Polen[234]) und dann vor allem in der berühmten Entscheidung über „bestimmte deutsche Interessen in polnisch Oberschlesien" zum Fall der Fabrik in Chorzow[235]). Nachdem er vorher schon einmal in seinen Erörterungen den Grundsatz anerkannt hat[236]), spricht der Gerichtshof vom „principle of respect for vested rights, a principle which, as the Court has already had occasion to observe, forms part of generally accepted international law"[237]). Vor wenigen Jahren hat ein Schiedsgerichtsurteil zwischen Frankreich und Griechenland zu einem der Leuchttürme-Fälle noch einmal den Grundsatz für die Staatensukzession anerkannt. An dem Urteil ist in diesem Zusammenhang besonders erwähnenswert, daß es ihn ausdrücklich zu den „allgemeinen Grundsätzen des Völkerrechts" zählt, also genau die Formulierung des Art. 1 ZPMK gebraucht[238]).

Jedoch hat die internationale Judikatur dem Grundsatz nicht nur in Fällen des Hoheitswechsels Anerkennung gewährt. Im Goldenberg-Fall[239]) hatte ein Schiedsgericht zwischen dem Deutschen Reich und Rumänien über die Requisition von ausländischem Eigentum während des ersten Weltkrieges zu entscheiden. Das Urteil sah die militärische Requisition als einen Fall sui generis der Enteignung im öffentlichen Interesse an, die sich auch an die Regeln des Enteignungsvölkerrechts

---

232) Recueil TAM, Vol. VII, 138 ff.

233) Ibidem, 147.

234) *German Settlers Case,* PCIJ, Series B, No. 6, 36 (1923). Nachdem er zunächst hinsichtlich des Rahmens seines Gutachtens feststellt: "The general question whether and under what circumstances a State may modify or cancel private rights by its sovereign legislative power, requires no consideration here", erklärt der Ständige Internationale Gerichtshof zu den wohlerworbenen Rechten: "... it suffices for the purposes of the present opinion to say that even those who contest the existence in international law of a general principle of State succession do not go so far as to maintain that private rights including those acquired from the State as the owners of the property are invalid as against a successor in sovereignty".

235) PCIJ, Series A, No. 7 (1926).

236) Ibidem, 22.

237) Ibidem, 42.

238) *Affaire des Phares,* France/Grèce, 1956, 122. Die Entscheidung spricht von "les principes généraux du droit international public commun, préscrivant le respect des droits patrimoniaux acquis en cas de changements territoriaux".

239) ZöRVR 1929, I, 87 ff. (französische Originalfassung des Urteils).

halten müsse. Daher sei bei der Entscheidung auszugehen davon, daß „le respect de la propriété privé et des droits acquis des étrangers fait sans conteste partie des principes généraux admis par le droit des gens“[240]). In einer erst kürzlich ergangenen Schiedsgerichtsentscheidung zwischen der Arabian-American Oil Company (Aramco) und Saudi Arabien ging es um Gültigkeit und einseitige Abänderbarkeit einer der Aramco vor Jahren gewährten Konzession. Das Schiedsgericht betonte, daß das Gebot der Respektierung wohlerworbener Rechte „one of the fundamental principles both of Public International Law and of the municipal law of most civilized States“ sei, und erklärte die Zuwiderhandlungen von Seiten des Königreiches gegen Bestimmungen des Konzessionsvertrages als rechtswidrig[241]).

Es zeigt sich, daß an der völkerrechtlichen Verbindlichkeit des Grundsatzes kein Zweifel bestehen kann. Die internationale Judikatur ist eindeutig, und es existiert nicht eine einzige Entscheidung, welche die Geltung des Prinzips in Frage stellt. Es st daher nicht verwunderlich, wenn der Berichterstatter der International Law Commission der Vereinten Nationen in dem 1959 vorgelegten vierten Bericht über die Verantwortlichkeit der Staaten ausdrücklich ohne weiteres von der Prämisse ausgeht, daß dies ein Grundsatz des Völkerrechts ist[242]), und seinen ganzen Bericht darauf aufbaut.

3. Inhalt der wohlerworbenen Rechte

Hinsichtlich der Frage, was unter den Begriff der wohlerworbenen Rechte fällt, kann oben auf die Bestimmung des Eigentumsbegriffes verwiesen werden. Dort wurde gezeigt, daß im modernen völkerrechtlichen Sprachgebrauch die Ausdrücke „Eigentum“ und „wohlerworbene Rechte“ als gleichbedeutend verwendet werden. Deshalb findet sich hin und wieder statt der üblichen Formulierung die Bezeichnung des hier behandelten allgemeinen Grundsatzes des Völkerrechts als Gebot der Respektierung des Privateigentums[243]). Es zeigte sich oben, daß praktisch alle vermögenswerten privaten und öffentlichen subjektiven Rechte Eigentum im völkerrechtlichen Sinne sind. Sie werden auch alle von dem hier

---

240) Ibidem, 93.

241) *Award in the Arbitration between Saudi Arabia and the Arabian American Oil Company* (Aramco), 1956 (vervielfältigt), S. 101.

242) UN Doc. A/CN. 4/119, 4 f.

243) Vgl. z. B. die Entscheidung des Internationalen Schiedsgerichtshofs im *Norwegian Claims Case* zwischen den USA und Norwegen: “... based upon the respect for private property“. (Scott, *The Hague Court Reports*, 2nd Series, 1932, 69). — Siehe auch die Debatte im schweizerischen Parlament zur Entziehung deutschen Auslandsvermögens, in der z. B. Nationalrat Rohr vom „traditionellen und verbrieften Recht des Ausländers auf den Schutz des wohlerworbenen Eigentums“ sprach (zitiert bei Roos, 123).

behandelten Grundsatz erfaßt[244]). Es sei darauf verzichtet, sie noch einmal aufzuzählen.

Wie der Wortlaut des Völkerrechtsgrundsatzes deutlich zum Ausdruck bringt, ergibt sich die Verpflichtung des Staates zur Respektierung dieser Rechte erst dann, wenn sie von den Einzelnen „erworben" sind. Das heißt, daß sich dieser Völkerrechtsgrundsatz nicht mit dem Erwerb selbst befaßt, ihn insbesondere also auch nicht dem Ausländer garantiert. Insofern ist es also – obwohl das in der Praxis selten geschieht – dem Staat gestattet, die Ausländer von dem Erwerb bestimmter Rechte ganz auszuschließen oder ihn zu beschränken. Von dieser Möglichkeit machen Staaten hin und wieder hinsichtlich des Grundeigentums oder für strategisch wichtige Vermögensarten Gebrauch[245]). Die Verpflichtung zur Respektierung solcher Rechte kommt dann gar nicht zur Entstehung (obwohl z. B. das Grundeigentum unzweifelhaft in den grundsätzlich erfaßten Kreis fälllt), denn diese Rechte sind noch keine „wohlerworbenen". Allerdings enthalten einige neuere Instrumente des Völkerrechts wie etwa die American Declaration of the Rights and Duties of Man von 1958[246]), die Allgemeine Erklärung der Menschenrechte[247]), die Europäische Niederlassungskonvention von 1955[248]) und auch bilaterale

---

[244]) Vgl. näher oben Seite 29 ff. — Speziell zu Inhalt und Schranken der wohlerworbenen Rechte vgl. auch die UN Doc.: A/AC. 97/5, 245 ff. und A/CN. 4/119, 22 ff.

[245]) Ausschluß oder Beschränkung der Ausländer hinsichtlich des Erwerbs von Grundeigentum z. B. in: Afghanistan (Art. 2 der Verfassung; jedes Grundeigentum betreffend), Kuba (Landwirtschaftsreform-Gesetz von 1959; Zuckerplantagen betreffend), Liberia (Art. 5 der Verfassung; alle Rechte an Grundstücken betreffend, aber Ausnahmen), Philippinen (Art. 13 des Public Land Act, Commonwealth Act No. 141; alles landwirtschaftlich genützte Land betreffend), Thailand (Land Code; alles Land betreffend), Vereinigte Arabische Republik (Ägyptisches Gesetz No. 37 vom März 1951; landwirtschaftlich genutztes, kultivierbares oder Wüstenland betreffend).

Hinsichtlich der Vermögensrechte von Bedeutung für die Energieversorgung des Landes z. B. in: Italien (Gesetz No. 6 vom 11. 1. 1957; Erdölrechte betreffend), Japan (Grubengesetz No. 289 von 1950; Schürfungsrechte betreffend), Mexiko (Art. 27 der Verfassung; Gruben-, Wasserkraft- und Erdölrechte betreffend), Philippinen (Art. 18 der Verfassung; Gruben- und Wasserkraftrechte betreffend), Türkei (Grubengesetz, No. 630 von 1954; Schürfungsrechte betreffend).

[246]) *American Declaration of the Rights and Duties of Man*, Bogota, März 1958, in der es u. a. heißt: "Everyone has the right to own property ..."

[247]) Art. 17: "Everyone has the right to own property ..."

[248]) Art. 4: "Nationals of any Contracting Party shall enjoy in the territory of any other Party treatment equal to that enjoyed by nationals of the latter Party in respect of the possessions and exercise of private rights, whether personal rights or rights relating to property.

Art. 5: Notwithstanding Art. 4 of this Convention, any Contracting Party may, for reasons of national security or defence, reserve the acquisition, posses-

Staatsverträge[249]) eine Garantie auch des Erwerbs von Eigentumsrechten. Das liegt jedoch außerhalb des Völkerrechtsgrundsatzes über die Respektierung wohlerworbener Rechte. Dieser erfaßt nur solche Rechte, die der Ausländer nach der innerstattlichen Gesetzgebung schon erworben hat.

4. Bedeutung des Grundsatzes

a) Entziehung nur im öffentlichen Interesse

Das Erfordernis, daß ein öffentliches Interesse die Entziehung des Eigentums decken muß, kommt eigentlich zweimal in Art. 1 ZPMK vor. Einmal erwähnt es sein Wortlaut ausdrücklich. Dann gehört es aber auch zum Grundsatz der Respektierung wohlerworbener Rechte und ist somit durch den Verweis auf die allgemeinen Grundsätze des Völkerrechts ein zweites Mal in den rechtlichen Inhalt des Artikels aufgenommen. Die Materialien zur Entstehung des Art. 1 geben über den Zweck dieser Wiederholung keine Auskunft.

In Anbetracht der Entstehungsgeschichte ist einer der Gründe für diese Erscheinung sicherlich, daß die Notwendigkeit des öffentlichen Interesses erstens völlig unbestritten und zweitens in ihrer effektiven Begrenzung der staatlichen Befugnisse recht bescheiden ist. Ebenso wie bei anderen Modalitäten (z. B. Bindung an das Gesetz, Recht zur Besteuerung und Geldstrafen), die ebenfalls in dieser Weise innerhalb des Artikels eine doppelte Erwähnung finden, hatte daher keine der beteiligten Parteien Bedenken dagegen, daß dieses Erfordernis ausdrücklich genannt wurde. Dies entspricht auch durchaus der üblichen Formel von der „Enteignung ausländischen Privateigentums nur aus Gründen des öffentlichen Wohles und gegen angemessene Entschädigung“[250]), mit der normalerweise der Stand des diesbezüglichen Völkerrechts charakterisiert wird. Auch hier zeigt sich wieder, daß der Verweis auf die allgemeinen Grundsätze des Völkerrechts in Art. 1 fast ausschließlich den Zweck hat, einen Konpromiß in der Entschädigungsfrage darzustellen; denn außer der Entschädigungspflicht hätten sich die meisten Voraussetzungen der Eigentumsentziehung auch sonst aus dieser

---

sion or use of any categories of property, for its own nationals or subject nationals of other Parties to special conditions applicable to aliens in respect of such property."

[249]) Z. B. der Handels- und Schiffahrtsvertrag zwischen Österreich und Großbritannien vom 22. Mai 1924 in Art. 3: "The subjects or citizens of each of the Contracting Parties in the territories of the other shall be at full liberty to acquire and possess any description of property, movable or immovable, which the laws of the other Contracting Party permit, or shall permit, the subjects or citizens of any other foreign country to acquire and posses" (LNTS 1925, Vol. XXXV, 178).

[250]) Siehe z. B. "Grundsatz 2" im Bericht der International Bar Association von 1958, Report of the 7th Conference, 483 f.

Bestimmung ergeben. Das gilt jedenfalls für das öffentliche Interesse. Da man eine Einigung über die Entschädigungspflicht nur in der versteckten Form der Verweisformel erreichen konnte, nahmen die Verfasser in Kauf, daß sie mit dieser Formel andere vorher oder nachher im Text expressis verbis genannte Voraussetzungen wiederholten.

Im Vergleich zu der Bedeutung der Entschädigungspflicht kann man dagegen wohl kaum agrumentieren, die Bindung an das öffentliche Interesse sei den Verfassern so wichtig erschienen, daß sie sie nochmals hätten hervorheben wollen. Die ganze Entwicklungsgeschichte zeigt, daß relativ dieser Bindung sehr wenig Bedeutung beigemessen wurde; sie bildete in den vorbereitenden Diskussionen nicht ein einziges Mal den Gegenstand von Ausführungen.

Da Art. 1 ZPMK das öffentliche Interesse an der Entziehung ausdrücklich verlangt, ist die Frage, ob auch die allgemeinen Völkerrechtsgrundsätze es erfordern, im Geltungsbereich der Europäischen Menschenrechtskonvention ohne praktische Bedeutung. Jedoch kann kein Zweifel bestehen, daß das allgemeine Enteignungsvölkerrecht unabhängig von Art. 1 ZPMK dieses Erfordernis enthält. Soweit ersichtlich, ist allein Herz[251]) der Auffassung, der Staat dürfe zu jedem beliebigen Zweck und selbst in dem außergewöhnlichen Fall Privateigentum entziehen, daß er ausdrücklich keinerlei Begründung angebe. Diese Auffassung entfernt sich völlig von dem in allen Staaten die Grundlage des Enteignungsrechts bildenden Aufopferungsgedanken. Soll der Einzelne nicht völlig rechtlos der Staatsgewalt ausgeliefert sein und ohne jeden Schutz seines Vermögens dastehen, so kann nur in Fällen einer Interessenkollision die Entziehung seines Eigentums gestattet sein. Stehen sich das Interesse des Einzelnen an der Erhaltung seiner Rechte und das der Allgemeinheit an einer anderen Verwendung gegenüber, so muß das erstere weichen, sonst aber nicht. Diese Betrachtungsweise ist in derart einhelliger Weise in allen Kulturstaaten – ganz gleich, welcher Wirtschaftsordnung – anerkannt, daß es im Völkerfremdenrecht nicht anders sein kann. Daher erkennen – abgesehen von dieser Einzelmeinung – Staatsvertragspraxis[252]), internationale Literatur[253]) und Rechtsprechung[254]), ebenso wie die Äuße-

---

[251]) American Journal 1941, 252 f.

[252]) Das gilt auch für Verträge außereuropäischer Staaten. Siehe z. B. Art. 3 des Handelsvertrages zwischen Afghanistan und Indien vom 4. April 1950 (UNTS, Vol. 167, 112) und Art. 22 des von den Staaten des amerikanischen Kontinents unterzeichneten *Economic Agreement of Bogota.*

[253]) Siehe z. B.: Dahm, 513 f. Mc Nair, Nederlands Tijdschrift 1959, 243 ff. Domke, American Journal 1961, 590. Verdross, Nederlands Tijdschrift 1959, 285. Ders., Lehrbuch, 289. — In verhältnismäßig praktikabler Form enthält vor allem auch der 1960er Entwurf der Harvard Law School (*Convention on the International Responsibility of States for Injuries to Aliens,* Draft No. 11) das Erfordernis in Art. 10 Abs. 1: "The taking ... of any property of an alien ... is

rungen des Völkerbundes[255]), der Vereinten Nationen[256]), der International Law Association[257]) und der International Bar Association[258]) das Erfordernis des öffentlichen Interesses als Teil des allgemeinen Völkerrechts an.

Weniger klar ist die praktische Bedeutung dieser Voraussetzung einer Eigentumsentziehung[259]). Daran ändert auch nichts, daß Art. 1 ZPMK sie zweimal enthält. Die Staatsgewalt hat grundsätzlich selbst darüber zu entscheiden, was das öffentliche Interesse verlangt. Sie tut das unter Berücksichtigung einer Vielzahl von Gesichtspunkten, die außerhalb des Bereichs des Rechts liegen. Es handelt sich um freie Ermessensentscheidungen, welche auf höchster Ebene politischer Art, sonst Teil der Verwaltungsinitiative sind. Grundsätzlich hat das Völkerrecht diese Entscheidung der Staatsgewalt als verbindliche Bezeichnung dessen, was im Interesse der Allgemeinheit liegt, zu akzeptieren. Das rechtliche Erfordernis des öffentlichen Interesses bedeutet daher lediglich, daß der Entscheidungsbefugnis des Staates gewisse Grenzen gezogen werden. Innerhalb dieser völkerrechtlichen Grenzen entscheidet der Staat nach Ermessen. Nur in Fällen, wo die Entscheidung zur Entziehung von Eigentum aus Gründen gefallen ist, die in keinem Fall solche des Allgemeininteresses sein können, hat der Staat die ihm vom Völkerrecht gezogene Grenze überschritten. Das Völkerrecht gibt keine Definition des öffent-

---

wrongful: a) if it is not for a public purpose clearly recognized as such by a law of general application in effect at the time of the taking, ..."

[254]) Siehe z. B. *Norwegian Claims Case, Scott, The Hague Court Reports,* 2nd Series 1932, 66 u. 69. *Walter Smith Case,* UNRIAA Vol. II, 917 ff. *German Settlers Case,* PCIJ Series A, No. 7, 22. *Goldenberg Case,* UNRIAA, Vol. II, 909.

[255]) LoN, *Draft Convention on the Treatment of Foreigners* (LoN Doc. C. 174. M. 53. 1928. II. 14), Art. II: Keine Entziehung "... except for legally recognized reasons of public utility ..." (Ausgearbeitet vom Economic Committee des Völkerbundes).

[256]) International Law Commission, Zweiter Bericht über "International Responsibility" (UN Doc. A/CN. 4/106), 130 (in dem angeführten Konventionsentwurf). Vierter Bericht (UN Doc. A/CN. 4/119), 20 und 39 ff. Fünfter Bericht (UN Doc. A/CN. 4/125), 74.

[257]) Die International Law Association gibt in prozessualer Sicht dem Erfordernis den meisten Nachdruck: „Die Konferenz der International Law Association ... erklärt, daß die Grundsätze des internationalen Rechts ... verlangen: (1) daß ein Staat bei der Entziehung des Vermögens eines Ausländers u. a. a) beweist, daß die Entziehung auf Grund irgend eines öffentlichen Zweckes erforderlich ist ..." (Resolution der Konferenz von 1958 in New York, zitiert nach Inv. Ges. Heft 3, 36).

[258]) 7th Conference Report, 1958, Köln, 468 und 483.

[259]) Friedman meint daher, daß zwar völkerrechtlich eine Enteignung nur zum öffentlichen Nutzen zulässig sei; da aber das Völkerrecht den Begriff des öffentlichen Nutzens nicht definiere, lasse es in Wahrheit dem Staat doch jedwede Freiheit (*Expropriation in International Law*, 141).

lichen Interesses in dem Sinne, daß es die Entscheidungsfreiheit eines Staates über seine innere Vermögensordnung beschneidet und Wertmaßstäbe einer bestimmten Wirtschaftsauffassung als Bestimmung des Besten für die Allgemeinheit übernimmt[260]). Unabhängig von weltanschaulich oder politisch begründeten Meinungsverschiedenheiten darüber, was im Bereich der Vermögensordnung der Allgemeinheit am besten dient, stellt es an den Zweck von Eigentumsentziehungen einige wenige Anforderungen negativer Art. Es verbietet die Entziehung zu dem offenen oder versteckten Zweck der Bereicherung oder Begünstigung eines Einzelnen[261]). Es verbietet auch die Aufrechterhaltung einer Entziehung, wenn das ursprünglich gegebene öffentliche Interesse nicht mehr vorhanden ist[262]).

Das Völkerrecht erkennt auch das Interesse eines dritten Staates nicht als öffentliches Interesse für Entziehungen von Eigentum an[263]). Aus diesem Grunde muß die Einziehung deutscher Eigentumsrechte in neutralen Staaten nach 1945 als völkerrechtswidrig angesehen werden; denn als einzig mögliche Gründe für diese Maßnahmen kommen die Reparationsforderungen der Siegermächte in Betracht. Die diesbezügliche Empfehlung der Konferenz von Bretton Woods ist daher als eine Aufforderung an die neutralen Staaten zum Völkerrechtsbruch anzusehen[264]). Durch das Kontrollratsgesetz Nr. 5 vom 30. Oktober 1945[265]) wurde über die unverbindliche Empfehlung hinaus jedoch diese Politik in die Tat umgesetzt. Die in diesem Gesetz ausgesprochene Entziehung

---

[260]) Das Völkerrecht darf nicht zum Mittel der Internationalisierung einer bestimmten Wirtschaftsordnung werden. So auch Garcia Amador in UN Doc. A/CN. 4/119, S. 41 und der Bericht des Ausschusses für den Schutz von Auslandsinvestitionen in Friedenszeiten der International Bar Association für die Konferenz von 1958 (op. cit. 468 f.). — In diesem Sinne auch das Urteil der Europäischen Menschenrechtskommission vom 20. Dezember 1960 zur *Beschwerde Gudmundsson* u. a. (511/59) (bei Abschluß des Manuskripts noch nicht veröffentlicht).

[261]) Siehe vor allem das Urteil eines internationalen Schiedsgerichts im *Walter Smith Fall* (1929), das eine Eigentumsentziehung aus folgendem Grunde als gegen das Völkerrecht verstoßend ansah: "While the proceedings were municipal in form, the properties seized were turned over immediately to the defendant company, ostensibly for public purposes, in fact, to be used by the defendant for purposes of amusement and private profit, without any reference to public utility" (UNRIAA Vol. II, 917 f.).

[262]) Im *Norwegien Claims Case* führte das Schiedsgericht aus, es komme darauf an, "wether the taking for title and the keeping of the title without a sufficient emergency or after the emergency had passed, was necessary" (Scott, *The Hague Court Reports*, 2nd Series, 69) (1922).

[263]) Dahm, 513 f.

[264]) Konferenz von Bretton Woods, VI, vom 22. 7. 1944. Vgl. Doc. Cmd. 6546. *United Nations Monetary and Financial Conference*, Final Act. — Die Konferenz empfahl den neutralen Staaten u. a., sofortige Schritte zu unternehmen, um jede Verheimlichung von Vermögen Angehöriger der Feindstaaten

der privaten Eigentumsrechte im gesamten Ausland konnte in neutralen Ländern nach den Grundsätzen des internationalen Privat- und Verwaltungsrechts keine Wirkung haben, denn nach völlig einhelliger Meinung verhindert das negative Territorialitätsprinzip als Ausfluß der staatlichen Souveränität, daß ein Staat durch Hoheitsakte Eigentum auf dem Gebiet eines anderen Staates ergreifen kann[266]). Wenn daher neutrale Staaten Eingriffe in derartiges Vermögen vornahmen, handelte es sich um Entziehungen durch die Regierung oder Legislative des neutralen Staates selbst. Da diese Entziehungen nur im Interesse dritter Staaten vorgenommen wurden, waren sie nicht durch ein öffentliches Interesse des enteignenden Staates gedeckt und daher völkerrechtswidrig. Dessen war man sich in den betreffenden Ländern auch durchaus bewußt[267]).

Schließlich kann auch nicht von einem völkerrechtlich anerkannten öffentlichen Interesse an Eigentumsentziehungen die Rede sein, wenn diese Zugriffe auf das Privatvermögen von Ausländern ausschließlich den Sinn haben, politischen Druck auf die Regierungen ihres Heimatlandes auszuüben. Eine derartige rein machtpolitische Zielsetzung gibt dem Staat nicht das Recht zur Entziehung von Eigentum[268]). Aus diesem Grunde waren auch die 1958 von der indonesischen Regierung vorgenommenen Nationalisierungen niederländischer Privatvermögen – deren Rechtmäßigkeit auch noch unter den Gesichtspunkten der Diskriminie-

---

zu verhindern und die endgültige Auslieferung solcher Vermögenswerte an die zuständigen Behörden nach Waffenstillstand zu ermöglichen.

[265]) Amtsblatt des Kontrollrates in Deutschland No. 2 vom 30. 11. 1945, 27 ff. Insbesondere Art. II (S. 28).

[266]) Vgl. Adriaanse, 79 ff. und Seidl-Hohenveldern, Friedenswarte 1956, 17, beide jeweils mit weiteren Hinweisen. Auf diese in das Kollisionsrecht gehörigen Fragen sei im Rahmen dieser völkerrechtlichen Untersuchung nicht weiter eingegangen.

[267]) Nationalrat Dr. Max Rohr sagte z. B. in der betreffenden schweizer Parlamentsdebatte: „Wie können wir heute und in Zukunft die Interessen unserer in der ganzen Welt zerstreuten Auslandsschweizer schützen, wenn wir das traditionelle und verbriefte Recht der Ausländer auf den Schutz des wohlerworbenen Eigentums preisgeben?"

Der Abgeordnete Anderegg führte vor dem Nationalrat zu dem diese Maßnahmen betreffenden Washingtoner Abkommen aus: „Das Abkommen von Washington verstößt auch gegen die völkerrechtlichen Grundsätze, gegen unsere staatsrechtlichen Prinzipien, gegen die Neutralität, gegen das Prinzip der Gleichheit, das Grundmotiv unserer Demokratie, sowie gegen den Grundsatz des Privateigentums. Mit unserer Zustimmung sanktionieren wir den Rechtsniedergang der Zeit, die Unfreiheit und die Brutalisierung der gesellschaftlichen Beziehungen" (zitiert nach Roos, 123 und 125). Auch der derzeitige Präsident der Eidgenossenschaft, Wahlen, wandte sich unter Berufung auf die überkommenen Rechtsgrundsätze scharf gegen die Konfiskationen.

[268]) Ebenso: Mc Nair, Nederlands Tijdschrift 1959, 246. Verdross, Nederlands Tijdschrift 1959, 284.

rung und der Entschädigungspflicht zweifelhaft erscheint – völkerrechtswidrig, denn sie wurden offen als Kampfmittel in der Auseinandersetzung um West-Neuguinea deklariert[269]).

Ähnlich verhält es sich mit den kubanischen Nationalisierungen von Eigentum Staatsangehöriger der Vereinigten Staaten, zu denen das Gesetz No. 851 vom 7. Juli 1960 die Ermächtigung schuf. In Ausnutzung dieser Ermächtigung verfügte Ministerpräsident Fidel Castro die Durchführung der Entziehung durch die Verordnung vom 6. August 1960, in der er diese Maßnahmen ausdrücklich als politische Reaktion auf die amerikanische Wirtschaftspolitik gegenüber Kuba bezeichnete[270]). Auch hier läßt sich wohl kaum sagen, daß das öffentliche Interesse in seinem völkerrechtlichen Sinne gerade diese Eigentumsentziehungen erforderlich machte, denn als politische Druckmittel bietet das Völkerrecht andere Möglichkeiten[271]).

Man sieht, die praktische Bedeutung des Erfordernisses, daß Eigentumsentziehungen nach Völkerrecht nur im öffentlichen Interesse vorgenommen werden dürfen, sollte nicht unterschätzt werden. Selbst wenn das Völkerrecht nur negativ umschreibt, was n i c h t ein öffentliches Interesse ist, so schließt das die Anwendbarkeit auf konkrete Fälle nicht aus. Friedman bezeichnet daher zu Unrecht diese Voraussetzung als praktisch wertlos[272]). Richtig ist allerdings, daß es wie immer, wenn das Recht auf Zielsetzung und Intention eines Verhaltens abstellt, sehr oft in konkreten Fällen schwierig sein wird, einem Staat zu beweisen, daß er eine Eigentumsentziehung nicht im öffentlichen Interesse, sondern aus anderen Motiven vorgenommen hat. Da der Staat eine weite Ermessens-

---

[269]) So in der Präambel des ersten Nationalisierungsgesetzes, Gesetz No. 86 von 1958 (Statutes 1958, No. 162): "The President of the Republic of Indonesia, Considering: a) that the measures taken by the government within the framework of the struggle for the liberation of Irian Barat (= West Neu-Guinea, der Verf.) against Dutch-owned enterprises within the territory of the Republic of Indonesia are in line with the conduct of affairs in regard to the abrogation of the R.T.C. (Round Table Conference) agreements; b) that in the present phase of the struggle relating to the abrogation of the R.T.C. agreements and the struggle for the liberation of Irian Barat referred to above, the time has come to settle the status of Dutch-owned enterprises within the territory of the Republic of Indonesia by nationalizing these Dutch-owned enterprises in order to make them the property of the State; . . ." (zitiert nach Nederlands Tijdschrift 1959, Appendix, 291).

[270]) Berichtet nach dem vervielfältigten ungekürzten Text des Urteils des US District Court, Southern District, New York, vom 31. März 1961 (No. 728, 60, Civ. 3929) im *Falle Banco Nacional de Cuba v. Sabbatino, Parr, a. o.*, von dem Auszüge in American Journal 1961, 1741 ff. abgedruckt sind.

[271]) So US District Court, Southern District, New York, im *Falle Banco Nacional de Cuba v. Sabbatino, Parr, a. o.* vom 31. März 1961 (American Journal 1961, 744).

[272]) *Expropriation in International Law,* 141.

sphäre hinsichtlich des öffentlichen Interesses besitzt, ist der Mißbrauch hier besonders schwer festzustellen.

b) Verbot der entschädigungslosen Enteignung

aa) Die Anerkennung der grundsätzlichen Entschädigungspflicht

Obwohl die Frage der Entschädigung bei Eigentumsentziehungen wohl eine der meisterörterten im modernen Völkerrecht ist, hat man die Geltung des Verbots der entschädigungslosen Enteignung bis in die neueste Zeit hinein verhältnismäßig selten bestritten. Es kann sogar gesagt werden, daß sich selbst in der Zeit nach dem Zweiten Weltkrieg, einer Periode, die mit ihren innerstaatlichen Umwälzungen große Unsicherheit in den internationalen Vermögensschutz gebracht hat, die grundsätzliche Pflicht zur Entschädigung bei staatlichen Eigentumsentziehungen ihre allgemeine Anerkennung erhalten hat. Es ist de Nova[273]) zuzustimmen, daß sich die Frage der Entschädigung von Zweifeln an der Existenz einer solchen Verpflichtung – soweit solche in der früheren völkerrechtlichen Meinungsbildung überhaupt bestanden – zu dem Problem von Ausmaß und Modalitäten der zu leistenden Entschädigung verlagert hat. Davon geht man selbst in den östlichen Rechtsauffassungen sehr nahestehenden Institutionen aus[274]).

Immerhin ist die gegenteilige Rechtsauffassung hin und wieder vertreten worden. Die Sowjetunion hat sich bis heute geweigert, für die Eigentumswerte von ausländischen Staatsangehörigen, die nach 1917 im Rahmen der inneren Reformen entzogen wurden, auch nur eine teilweise Entschädigung zu zahlen. Auch die mexikanische Regierung hat in den Dreißigerjahren einmal die Auffassung zum Ausdruck gebracht, das Völkerrecht kenne keinerlei Entschädigungspflicht für staatliche Eingriffe in ausländisches Vermögen[275]). In der Literatur haben Sir John Fischer Williams in seinem berühmten Streitgespräch mit Fachiri im British Yearbook[276]) und Marburg[277]) diese Meinung vertreten. Ihre These findet aber in der Staatenpraxis außer den zwei erwähnten Ausnahmefällen und in der internationalen Judikatur überhaupt keine Stütze. Die weit-

---

[273]) Friedenswarte 1954, 134 f.

[274]) Siehe International Association of Democratic Lawyers, Proceedings of the Commission on Private International Law, 6th Congress, Brüssel, 1956, 43: "But although the principle of compensation is accepted practically everywhere, the methods of settlement and the question of 'just and prompt compensation' allows infinate room for discussion."

[275]) 1938, Foreign Relations, USA, Bd. V, 680.

[276]) 1928, 1 ff. — Die Gegendarstellungen Fachiris siehe in British Yearbook 1925, 159 ff. (*Expropriation and International Law*) und 1929, 32 ff. (*International Law and the Property of Aliens*).

[277]) *Wörterbuch des Völkerrechts, III, 280.*

aus überwiegende Auffassung im Völkerrechtsschrifttum[278]), die sich auf die Autorität aller einschlägigen Entscheidungen[279]) stützen kann, erkennt das Gebot der Respektierung wohlerworbener Rechte und als dessen wichtigste Konsequenz die grundsätzliche Pflicht zur Entschädigung bei Entziehungen ausländischen Eigentums an.

bb) „Minimum Standard" oder „National Treatment"?

Die Pflicht zur Entschädigung der Ausländer besteht auch dann, wenn die Inländer keinerlei Entschädigung erhalten. Das war früher sehr streitig. Insbesondere auf dem amerikanischen Kontinent wurde sehr lange die These vertreten, für alle Aspekte des völkerrechtlichen Fremdenrechts gelte der Satz, daß in keinem Falle von einem Staat mehr verlangt werden könne, als die Ausländer wie seine eigenen Staatsange-

---

278) Vgl. z. B.: Becker, *Gerechte Entschädigung bei Enteignungsfällen = Niedergang und teilweiser Aufstieg,* Inv. Ges. Heft 3, 77 ff. Berber, 399. Bindschedler, 8 ff. (insbes. 13 u. 18 f.). Brandon, Transactions 1957, 43 ff. Ders., Business Law 1959, 13 f. Carlston, American Journal 1958, 267 ff. Dahm, Bd. I, 514 ff. Delson, Columbia Law Review 1957, 763 ff. De Nova, Friedenswarte 1954, 126 ff. Doman, Int. Law Qu. 1950, 323 ff., 330 ff. Fachiri, British Yearbook 1925, 169 f. Fatouros, in Friedmann-Pugh, *Legal Aspects of Foreign Investment,* 726 ff. Fawcett, British Yearbook 1950, 368 ff. Foighel, 75 ff. Frisch, 316 ff. Garcia Amador, UN Doc. A/CN. 4/106 vom 15. Februar 1957, 115 ff. Ders., UN Doc. A/CN. 4/119 vom 26. Februar 1959, 45 ff. Gesellschaft zur Förderung des Schutzes von Auslandsinvestitionen, Inv. Ges. Heft 2, 32 f. Dies., Inv. Ges. Heft 3, 15 f. Guggenheim, Schweizerisches Jahrbuch 1956, 58 f. Harvard Law School, *Convention on the International Responsibility of States for Injuries to Aliens,* Draft No. 12, 1961, Art. 10 Abs. 2. Heiz, 194 ff. International Law Association, US Branch, in Inv. Ges. Heft 3, 96. Niederer, in Festschrift für Hans Lewald, 547 ff. Oppenheim-Lauterpacht, Vol. I, 318. Rolin, Nederlands Tijdschrift 1959, 270 ff. Schwarzenberger, Vol. I, 203. Ders., Current Legal Problems 1952, Vol. 5, 309 ff. Seidl-Hohenveldern, Friedenswarte 1956, 4 f. Ders., Int. R. u. Dipl. 1957, 329. Ders., Int. R. u. Dipl. 1958, 207 f. Steinbach, 34 u. 52 ff. Vannod, 17. Verdross, Recueil des Cours 1931, III, 360 ff. Ders., Lehrbuch, 289 ff. Ders., Nederlands Tijdschrift 1959, 280 ff. Vereinte Nationen, UN Doc. A/AC. 97/5, vom 15. Dezember 1959, 260 ff.

279) *Sulphur Monopoly in Sicily Case,* Großbritannien/Sizilien (Königreich Venedig), 1839—42, British State Papers: Vol. 28, 1163 ff.; Vol. 29, 175 ff.; Vol. 30, 111 ff. *Religious Property Case,* Portugal/England, Frankreich, Spanien, 1910/1920, Scott, *The Hague Court Reports,* 2nd Series, 3 f. *Spanish Zone of Marocco Case,* England/Spanien, 1927, bei Steinbach, 69 ff, *Norwegian Claims Case,* Norwegen/USA, 1922, Scott, *The Hague Court Reports,* 2nd Series, 69. *Chorzow Factory Case,* Deutsches Reich/Polen, 1927, PCIJ, Series A, No. 9, 21 u. 46. *Certain German Interests in Upper Silesia Case,* Deutsches Reich/Polen, PCIJ, Series A, No. 7, 19 ff. *Goldenberg Case,* Rumänien/Deutsches Reich, 1928, ZöRVR 1929, I, 93 f. *Kulin a. o. Case* (Optantenstreit), Ungarn/Rumänien, 1927, Annual Digest 1927/28, case No. 59. *De Sabla Case,* USA/Panama, 1933, American Journal 1934, 611. *The Rose Mary Case,* Aden, Anglo-Iranian Oil Co. Ltd./ Faffrate a. o., 1953, Archiv des Völkerrechts 1960, 476. Und andere.

hörigen zu behandeln. Diese sog. Doktrin vom „National Treatment" wurde erstmalig 1889/90 auf der ersten internationalen Konferenz amerikanischer Staaten in einer Resolution[280]) zum Ausdruck gebracht, und auf den späteren dieser zu einer ständigen Einrichtung gewordenen Konferenzen mehrmals ausdrücklich wiederholt[281]). Diese These fand auch in die Völkerrechtswissenschaft Eingang und wurde insbesondere von Alvarez[282]) und Strupp[283]) vertreten. Noch 1928 wurde an ihr von der Mehrheit des Wirtschaftsausschusses im Völkerbund festgehalten, und der aus den dortigen Verhandlungen hervorgegangene Konventionsentwurf über die Behandlung von Ausländern[284]), der in Vorbereitung der Haager Kodifikationskonferenz ausgearbeitet wurde, bestimmte dann auch in seinem Artikel 11 ausdrücklich, daß die Staaten hinsichtlich der Entschädigung bei Eigentumsentziehungen die Angehörigen der anderen Konventionsstaaten nur wie die Inländer behandeln müßten[285]). Als Begründung wurde in den Verhandlungen des Wirtschaftsausschusses

---

[280]) The International Conferences of American States, 1889—1928, 45. Die Resolution hat folgenden Wortlaut: "The International American Conference recommends to the Governments of the countries therein represented the adoption, as principle of American international law, of the following: 1)Foreigners are entitled to enjoy all the civil rights enjoyed by natives; and they shall be accorded all the benefits of said rights in all that is essential as well as in the form or procedure, and the legal remedies incident thereto, absolutely in a like manner as said natives. 2) A nation has not, nor recognizes in favor of foreigners, any other obligation or responsibilities than those which in favor of the natives are established, in like cases, by the constitution and the laws."

[281]) Konferenz von Mexico City, 1902, op. cit., 91. Konferenz von Havanna, 1928, in Harvard Law School, Research in International Law, II, *Responsibility of States,* 1929, Appendix No. 7, 234 f. Konferenz von Montevideo, 1933, The International Conferences of American States, First Supplement, 1933—40, 91 f. — Erst nach dem Kriege ging man von dieser These auch bei dieser Staatenkonferenz ab: Das auf der Konferenz von 1948 unterzeichnete *„Economic Agreement of Bogota"* ging in seinen Artikeln 22—25 weit über die Inländerbehandlung hinaus und gewährte den ausländischen Investitionen einen nicht nur relativen, sondern absoluten Schutz (Ninth International Conference of American States, Bogota, 1948, US Dept. of State Publ. No. 3263, 201 ff., insbes. 214 ff.). Siehe vor allem Art. 25, der Eigentumsentziehungen behandelt.

[282]) *La Reforme Agraire en Roumanie,* 1927, 35 ff.

[283]) *Le Litige Roumain-Hongrois Concernant les Optants Hongrois en Territoire Roumain,* in la Reforme Agraire en Roumainie, 450.

[284]) LoN, Economic Committee, *Draft Convention on the Treatment of Foreigners,* April 1928, LoN Doc. C 174, M. 53, 1928. II. 14.

[285]) Der entsprechende Teil des Art. 11 hat folgenden Wortlaut: "4. Nationals of each of the High Contracting Parties may not, in the territory of the other, be expropriated of their property, nor deprived even temporarily of the enjoyment of such property, except for legally recognised reasons of public utility and in accordance with the legal procedure in force.

5. Each of the High Contracting Parties shall accord to the nationals of the other High Contracting Party, as regards compensation for the exactions, requi-

vorgebracht, daß erstens eine Bevorzugung des ausländischen Eigentums ungerecht gegenüber den Inländern sei, und daß zweitens ein Ausländer, wenn er sein Vermögen in ein fremdes Land bringe, in Kauf nehme, daß er dieselben Vermögensopfer wie alle anderen Bewohner dem Staat gegenüber bringen müsse[236]).

Diese Argumente können nicht überzeugen. Die Annahme, ein Ausländer bringe dadurch, daß er sich auf das Territorium eines fremden Staates begebe, zum Ausdruck, er stimme mit seiner inländergleichen Behandlung überein, so schlecht diese auch sein möge, tut den Dingen Zwang an. Man stelle sich den extremen Fall vor, ein Ausländer besuche einen Staat, in dem noch Sklaverei besteht, und wird in Übereinstimmung mit den diesbezüglichen innerstaatlichen Vorschriften zum Sklaven gemacht. Sollte das völkerrechtliche Fremdenrecht wirklich in einem solchen Falle die Sklaverei als rechtmäßig anerkennen, nur weil die Inländerbehandlung gewahrt ist und nach noch traditioneller Völkerrechtslehre das allgemeine Völkerrecht den Staaten über die Behandlung ihrer eigenen Angehörigen keine Vorschriften machen kann? – Die Lehre vom „National Treatment" leitet logisch, wie Roth zutreffend feststellt[237]), in unzulässiger Weise das Völkerrecht aus dem Landesrecht ab; denn, so schlecht dieses letztere für Inländer geschaffene Recht auch sein möge, das Völkerrecht soll sich damit begnügen. Dies steht in Gegensatz zu dem anerkannten Völkerrechtsprinzip, daß das Völkerrecht höherrangig ist und keine Berufung auf das innerstaatliche Recht als Rechtfertigung eines völkerrechtlichen Unrechts anerkennt[238]).

Auch von einer Ungerechtigkeit gegenüber den Inländern kann keine Rede sein, wenn das Völkerrecht bestimmte absolute Regeln über die Behandlung von Ausländern unabhängig von der Stellung der Inländer enthält. Es denkt z. B. auch niemand daran, wegen des Ausschlusses der Ausländer von den politischen Bürgerrechten von einer ungerechten Bevorzugung der Inländer zu sprechen. Vom Standpunkt des Völkerrechts haben In- und Ausländer notwendigerweise eine verschiedene Stellung. Die Existenz selbst eines völkerrechtlichen Fremdenrechts zeigt das schon, denn sie bringt zum Ausdruck, daß sich das Völkerrecht mit dem Ausländer befaßt, was ihm hinsichtlich der eigenen Angehörigen eines Staates – jedenfalls nach der überkommenen Doktrin – verwehrt ist[239]). Grund dafür ist, daß ein Staat in einem Ausländer die personale

---

sitions, expropriations and temporary deprivations referred to in paragraphs 3. and 4. above, treatment equal to that which it grants to its own nationals."

[236]) Op. cit. 19 ff, Bericht über die Verhandlungen zu Art. 11 auf S. 29.

[237]) S. 81 f.

[238]) Ebenso argumentiert der Bericht für die International Law Commission, UN Doc. A/CN. 4/119, S. 49.

[239]) So das Urteil der United States-Mexican Claims Commission in *George Hopkins Fall* (UNRIAA, Vol. IV, 47): "... the answer is that it not infrequently happens that under the rules of international law applied to controversies of an

Hoheitsgewalt von dessen Heimatstaat berücksichtigen muß, eine Tatsache, die mit der unbedingten Inländerbehandlung nicht vereinbar ist[290]).

Aus diesen Gründen ist daher mit der weitaus überwiegenden Mehrheit aller Äußerungen[291]) in diesem Theorienstreit[292]) unter Ablehnung der Doktrin vom „National Treatment" die Anerkennung eines sog. „Minimum Standard of International Justice" im Völkerrecht anzunehmen, welchen ein Staat in der Behandlung der Ausländer nicht unterschreiten darf. Die Tatsache, daß er seine eigenen Staatsangehörigen genauso behandelt, berechtigt daher einen Staat nicht, Ausländern Eigentum entschädigungslos zu entziehen[293]). Selbst bei Konfiszierung gleichartigen Inländervermögens verlangt das Völkerrecht für den Ausländer eine Entschädigung[294]).

---

international aspect a nation is required to accord to aliens broader and more liberal treatment than it accords to its own citizens under its municipal laws. ... There is no ground to object that this amounts to a discrimination by a nation against its own citizens in favor of aliens. It is not a question of discrimination, but a question of difference in their respective rights and remedies. The citizens of a nation may enjoy many rights which are withheld from aliens, and conversely, under international law aliens may enjoy rights and remedies which the nation does not accord to its own citizens." A. M. aber anscheinend die Reparationskommission im *Standard Oil Company Tankers Fall,* UNRIAA, Vol. II., 794 f.

290) Ebenso Dahm, 503 f.

291) So speziell zum Fall der staatlichen Eigentumsentziehung gegen Ausländer: Bindschedler, 12 f. Brandon, Transactions 1957, 48. Dahm, 503 ff. (insbes. 504 und 506). Delson, Columbia Law Review 1957, 765. Doman, Int. Law. Qu., 1950, 324 ff. Fachiri, British Yearbook 1925, 160 ff. Foighel, 48 ff. Institut de Droit International, Kodifikationsentwurf über *„International Responsibility of States ...,* in Yearbook of the International Law Commission, 1956, Vol. II, 229, Art. IV. International Bar Association, Report, 7th Conference 1958, 469 f. Makarov, in Festgabe für Erich Kaufmann, 264. Roth, insbesondere 62, 81, 111. Schwarzenberger, *International Law,* Vol. I, 200 ff., insbes. 207. Verdross, Lehrbuch, 286 f.

292) Eine ausführliche Darstellung und Erörterung des Theorienstreits gibt Roth, *The Minimum Standard of International Law Applied to Aliens,* Den Haag, 1949.

293) So auch der Ständige Internationale Gerichtshof in den zwei Urteilen zum *Fall bestimmter deutscher Interessen in Polnisch Oberschlesien* (PCIJ, Series A, No. 7, S. 33) und zum *Fall der Peter Pazmany Universität* (PCIJ, Series A/B, No. 61, S. 243): "Expropriation without indemnity is certainly contrary to Head III of the (Geneva) Convention; and a measure prohibited by the Convention cannot become lawful under this instrument by reason of the fact that the State applies it to its own nationals."

294) Bindschedler, 13. Niederer, in Festschrift für Lewald, 548. Vannod, 18 f. Siehe auch die in Fußnote (291) zitierten Stellen.

cc) Art. 1 ZPMK und Entschädigungspflicht

Wenn Art. 1 ZPMK auf die allgemeinen Grundsätze des Völkerrechts über Eigentumsentziehung verweist, so geht er davon aus, daß diese Prinzipien unter anderem die absolute – nicht unter dem Vorbehalt der Inländerbehandlung stehende – Pflicht zur Leistung einer Entschädigung enthalten. Wie weiter oben ausgeführt, war die Annahme dieser Formulierung eines Verweises ein Kompromiß in der Entschädigungsfrage. Einerseits bedeutete diese Formel, daß die Inländer der Unterzeichnerstaaten insofern von dem Schutz des Artikels ausgenommen waren, denn – wie bereits mehrfach erwähnt – betrifft das allgemeine Völkerrecht nach heute noch herrschender Auffassung die Stellung des Inländers nicht[295]). Andererseits sicherte die Formel aber den Ausländern für jeden Fall der Eigentumsentziehung eine Entschädigung. Eine dahingehende Auslegung erkannte auf Antrag zunächst der deutschen und dann auch der belgischen Regierung der Ministerrat des Eurcparates in einer einstimmigen Resolution bei der Unterzeichnung des Zusatzprotokolls ausdrücklich an. Dort heißt es[296]):

„Reconnaissant, en ce qui concerne l'article ler du Protocole, que les principes généraux du droit international, dans leur acceptation actuelle, comprennent l'obligation de verser aux non-nationaux une indemnité en cas d'expropriation.“

dd) Ausnahmen von der Entschädigungspflicht

Weiter oben wurde dargestellt, daß das Recht des Staates zur Regelung von Inhalt und Schranken des Eigentums vom Völkerrecht – außer durch das Verbot des Rechtsmißbrauchs[297]) – nicht beschränkt wird. Derartige Regulierungen stellen gar keine Entziehung dar und unterliegen daher auch nicht den für diese geltenden Völkerrechtsgrund-

---

[295]) So auch ausdrücklich zur Auslegung des Verweises in Art. 1 ZPMK auf die allgemeinen Völkerrechtsgrundsätze das Gutachten des Generalsekretariats für den Rechtsausschuß der Beratenden Versammlung: «... En outre, l'expression 'dans les conditions prévues ... par les principes généraux du droit international' garantirait le paiement d'une indemnité aux étrangers, même si les nationaux n'étaient pas admis à en bénéficier.“ (Eur. Doc. AS/JA [3] 13, 2 ff.) Die schwedische Delegation hatte bei den Verhandlungen im Ministerrat ausdrücklich darauf hingewiesen, daß dies die einzig zulässige Auslegung des Verweises sei, was daraufhin von den anderen Delegationen anerkannt wurde. Daher spricht die unten zitierte Resolution des Ministerrates auch nur von der Entschädigungspflicht gegenüber Ausländern. — Im gleichen Sinne Urteil der Europäischen Menschenrechtskommission vom 20. Dezember 1960 im *Falle Gudmundsson u. a. gegen Island* (Beschwerde 511/59; Entscheidung bei Abschluß des Manuskripts noch nicht veröffentlicht).

[296]) Zitiert nach Adam, 348.

[297]) Zum Rechtsmißbrauch siehe unten S. 136 ff.

sätzen[298]). Ausnahmsweise läßt das allgemeine Völkerrecht aber auch Entziehungen von Eigentum zu, ohne den Staat zur Entschädigung zu verpflichten.

Art. 1 Abs. 2 ZPMK erwähnt selbst schon, daß „die vorstehenden Bestimmungen", d. h. also auch der Verweis auf die allgemeinen Grundsätze des Völkerrechts, das Recht des Staates unberührt lassen, in Gesetzen Geldstrafen vorzusehen. Das hätte aber auch ohne diese ausdrückliche Bestimmung außer Zweifel gestanden, denn nach allgemeinem Völkerrecht sind die üblichen Entziehungen mit Strafcharakter wie Geld- und andere Vermögensstrafen und die Einziehung der producta et instrumenta sceleris ohne Entschädigung zulässig[299]). Auch Teilkonfiskationen als Strafen läßt der Art. 1 z. B. zu, obwohl er ausdrücklich nur von G e l d strafen spricht[300]).

Außer dem in Art. 1 ZPMK genannten Fall nimmt das Enteignungsvölkerrecht aber noch andere Entziehungen von der Entschädigungspflicht aus, und diese sind durch den Verweis auf die allgemeinen Grundsätze des Völkerrechts gleichermaßen in den Art. 1 inkorporiert. Soweit aus Gründen der öffentlichen Sicherheit und Ordnung Entziehungen absolut notwendig werden, sind der Polizei und anderen zuständigen Behörden in dem üblichen Rahmen solche Eingriffe erlaubt[301]).

---

[298]) Siehe oben im Abschnitt über den Begriff der Entziehung (S. 37 ff.).

[299]) Vgl. aus der internationalen Judikatur hierzu z. B. den *Louis Chazen Fall* von 1930 (UNRIAA, Vol. VI, 564; eine Zollhinterziehung betreffend) und den *Robert Wilson Fall* von 1841 (Moore, *History and Digest of Arbitration*, 1898, Vol. IV, 3373). Ebenso im Schrifttum: Dahm, 507. Gesellschaft zur Förderung des Schutzes von Auslandsinvestitionen, Inv. Ges., Heft 2, 31 f. Garcia Amador, UN Doc. A/CN.4/119, 28 f. — Hierher gehört auch das Verfahren, das die Schweizer *Retimag AG gegen die Bundesrepublik* vor der Europäischen Kommission für Menschenrechte mit der Petition No. 712/60 vom 13. 2. 1960 angestrengt hat, die sich unter Hinweis auf Art. 1 ZPMK gegen die von einem Strafsenat des BGH am 22. 10. 1959 ausgesprochene Konfiskation von Grundvermögen der Gesellschaft wendet. Die Konfiskation wurde ausgesprochen, weil die einzige Tätigkeit der Retimag in der Bundesrepublik in der Verwaltung des Vermögens der 1956 als verfassungswidrig aufgelösten KPD bestand (vgl. Nouvelles du Conseil de l'Europe 1961, 78). Bei Abschluß des Manuskripts hatte zwar schon eine streitige Verhandlung vor der Kommission über die Zulässigkeitsfrage stattgefunden (18. — 22. 9. 1961; siehe 31e Session, Conclusions, Eur. Doc. DH [61] 10, déf. 3 f vom 25. 10. 1961), war jedoch noch keine Entscheidung der Kommission ergangen (Auskunft des Sekretariats des Europäischen Menschenrechtsgerichtshofs vom 7. 11. 1961).

[300]) Vgl. Urteil Nr. 323/57 der Europäischen Menschenrechtskommission vom 19. Dezember 1957 (Yearbook HR, 241).

[301]) OVG Danzig, ZöRVR, 1929, II, 506. Internationales Schiedsurteil im *Parson Fall* von 1925 (Großbritannien/USA), Nielsen, *American-British Claims Arbitrations*, 1926, 587. Garcia Amador, op. cit., 29. Dahm, 507. Insbesondere zur Sicherung der Volksgesundheit vergl.: *Hardmann Fall* (USA/Großbritannien), 1913, UNRIAA, Vol. VI, 25.

Bei der Prüfung der Erforderlichkeit ist jedoch ein strenger Maßstab anzulegen[302]), und der Ausschluß der Entschädigungspflicht kann wohl auch völkerrechtlich nur gelten, wenn sich das entzogene Eigentumsstück selbst in ordnungswidrigem Zustand befunden hat[303]). Von selbst versteht sich, daß der Staat entschädigungslos Eigentum zum Zwecke der Zwangsvollstreckung entziehen darf, denn hier nimmt er nur die Durchsetzung bestehender Ansprüche wahr, und da die letzteren bei Vollendung der Vollstreckung wegfallen, entsteht dem betroffenen Ausländer im Ergebnis gar kein Vermögensverlust. Die Einsetzung einer Zwangsverwaltung über Teile des Eigentums im wohlverstandenen Interesse des Eigentümers selbst oder zur Sicherung von Drittinteressen entzieht zwar eines der wesentlichsten aus dem Eigentum fließenden Rechte, ist aber auch ohne Entschädigung zulässig. Schließlich steht die Entschädigungspflicht bei Entziehungen wie alle anderen völkerrechtlichen Verpflichtungen unter dem Vorbehalt der höheren Gewalt und des Notstandes. Die Konfiskation von Ausländereigentum ist dann ausnahmsweise gestattet, wenn für den Staat keinerlei andere Möglichkeit besteht – und hierbei sind besonders strenge Maßstäbe anzulegen[304]) –, seinen Bestand oder die Erhaltung lebenswichtiger Einrichtungen zu sichern[305]).

Diese nach allgemeinem Völkerrecht bestehenden Ausnahmefälle einer zulässigen entschädigungslosen Entziehung von Eigentum unterliegen aber sämtlich dem Verbot des Rechtsmißbrauchs[306]).

c) Höhe der Entschädigung

Läßt sich für die grundsätzliche Entschädigungspflicht bei staatlichen

---

[302]) Vgl. Garcia Amador, ibidem.

[303]) Hat das betreffende Eigentumsstück (oder sein Eigentümer) in keiner Weise zur Entstehung der Gefahr für die öffentliche Sicherheit und Ordnung beigetragen, ist aber seine Entziehung trotzdem unter den gegebenen Umständen das einzige Mittel zur Gefahrenabwehr, so kann nach dem auch in der völkerrechtlichen Betrachtungsweise hier zugrundezulegenden Aufopferungsgedanken nicht die entschädigungslose Hingabe des Eigentums verlangt werden. Denn nach dem Grundsatz der Respektierung wohlerworbener Rechte ist es schon der vom Staat verursachte Rechtsverlust beim einzelnen, der die Entschädigungspflicht entstehen läßt, nicht erst ein entsprechender Vermögensvorteil beim entziehenden Staat.

[304]) Vgl. Urteil des Ständigen Internationalen Schiedsgerichtshof im *Russischen Entschädigungsfall* 1912, zitiert in Inv. Ges., Heft 3, 30.

[305]) So erlaubt z. B. auch der von der Bundesregierung 1959 der damaligen OEEC unterbreitete Entwurf einer *„Konvention über Vermögen im Ausland"* den Staaten das Abgehen von der Entschädigungspflicht, „wenn sie sich in einem Krieg oder in Feindseligkeiten befinden oder in einem sonstigen öffentlichen Notstand, der ihren Bestand bedroht" (Art. 5; Inv. Ges. Heft 3, 10). Ähnlich Anzilotti als Richter des Ständigen Internationalen Gerichtshofs im *Oscar Chinn Fall*, vgl. PCIJ, Series A/B, No. 63, 114.

[306]) Siehe unten im Abschnitt über das Verbot des Rechtsmißbrauchs (S. 143 ff.).

Eigentumsentziehungen gegen Ausländer noch eine verhältnismäßig große Übereinstimmung in der modernen völkerrechtlichen Meinung feststellen, so kann davon hinsichtlich der Höhe der Entschädigung, welche der Staat nach Völkerrecht schuldet, keine Rede mehr sein. Es herrscht große Rechtsunsicherheit auf diesem Gebiet.

Grund dafür ist nicht nur die auch aus dem innerstaatlichen Recht bekannte Schwierigkeit, die vom Recht gegebenen Kriterien über den Umfang von Entschädigung, Schadensersatz, Wiedergutmachung, etc. im konkreten Fall anzuwenden und zu festen Summen zu kommen. Diese Problematik ergibt sich zwar im Völkerrecht naturgemäß auch. Sie gewinnt gerade im Enteignungsvölkerrecht oft eine besondere Bedeutung, da bei Eigentumsentziehungen, die Teil einer umfassenden wirtschaftlichen Strukturänderung des Staates sind, die bisher geltenden Bewertungsmaßstäbe für Vermögensstücke und vor allem für das wirtschaftlich arbeitende Vermögen meist nicht mehr gelten können oder zumindest stark verschoben sind[307]). Trotzdem sind diese Schwierigkeiten im modernen Völkerrecht nur sekundär. Die Meinungsverschiedenheiten beginnen schon bei der Frage, wie hoch die Entschädigung bei Eigentumsentziehungen im Prinzip sein sollte und an welche Kriterien das Völkerrecht anzuknüpfen gebietet.

Diese Auseinandersetzungen sind charakterisiert dadurch, daß sie nicht im Rahmen eines rein juristischen Streitgesprächs bleiben. Die immense wirtschaftliche Bedeutung der in Frage stehenden Vermögenswerte und die Tatsache, daß eine Reihe von Staaten in ihrem Verhalten in der jüngsten Vergangenheit von diesen Rechtsfragen betroffen sind, geben dem Meinungsstreit politische Akzente und eine der Sachlichkeit feindliche Aktualität. Dazu kommt, daß im Zusammenhang mit der rechtlichen Beurteilung der umfassenden Überführung privater Vermögenswerte in Staatseigentum weltanschauliche Argumentation in diesen völkerrechtlichen Meinungsstreit eingeführt wird. – Die Frage nach der Höhe der Entschädigung ist zur Zeit der umstrittenste Punkt des gesamten Enteignungsvölkerrechts[308]).

aa) Der traditionelle Stand

Nach den überkommenen Regeln des Enteignungsvölkerrechts hat

---

[307]) Darauf weist Guggenheim (Schweizerisches Jahrbuch 1956, 58) mit Recht hin. Diese Schwierigkeiten haben auch bei den Verhandlungen westlicher Staaten mit osteuropäischen Regierungen nach den in diesen Ländern vorgenommenen umfangreichen Nationalisierungsmaßnahmen eine bedeutende Rolle gespielt. Ob sie allerdings das entscheidende Moment waren, weswegen von dem bis dahin üblichen System der Individualentschädigungen zu dem der sog. Globalentschädigungsabkommen übergegangen wurde, erscheint zweifelhaft.

[308]) Es war diese Frage, die im Institut de Droit International in den Sitzungen von 1950 und 1952 zum Scheitern der Verhandlungen über einen Kodifikationsentwurf zum Völkerrecht der Eigentumsentziehung führte (Vgl. Annuaire, 43, Session de Bath, I, 54 ff. und 44, Session de Sienne, II, 251 ff.).

der Staat „gerechte" *(just)* oder „angemessene" *(adequate)* Entschädigung zu leisten[309]). Die internationale Gerichtspraxis, die sich zu der Frage äußert, ist insofern eindeutig und ohne Ausnahme, wenn auch hin und wieder die Wortwahl verschieden ausfällt. Schon in dem Urteil zu dem berühmten Streitfall von 1891/1900 über die Delagoa Bay Railway war von „la réparation integrale"[310]) die Rede. In einer Entscheidung zu (aus Eigentumsentziehungen stammenden) norwegischen Ansprüchen gegen die Vereinigten Staaten stellte der Ständige Internationale Schiedsgerichtshof fest, daß „just compensation" sowohl nach dem amerikanischen als auch nach dem Völkerrecht zu zahlen sei[311]). Dasselbe verlangen die Entscheidungen im sog. Goldenberg-Fall über deutsche Requisitionen[312]) und das Schiedsgerichtsurteil im Streit zwischen England und Spanien über Entziehungen in der damaligen spanischen Zone von Marokko[313]). Im Raissis-Fall zwischen den USA und der Türkei sagte die Claims Commission, daß „inadequate compensation" die Entziehung zu einer völkerrechtswidrigen Konfiskation mache[314]). Auch der Ständige Internationale Gerichtshof nahm so Stellung. In einem seiner Urteile zur Fabrik in Chorzow erklärte er „fair compensation"[315]) als völkerrechtlich geschuldet.

Diese Qualifizierungen der Entschädigung sind in sich selbst naturgemäß nur ein kleiner Schritt zur konkreten Bestimmung der völkerrechtlich geschuldeten Entschädigung. Sie lassen immer noch offen, was nun „angemessen" oder „gerecht" ist. Darüber geben aber auch Urteile internationaler Gerichte Auskunft: In dem schon erwähnten Fall norwegischer Reeder von 1922 stellt der Ständige Schiedsgerichtshof ausdrücklich fest, daß eine gerechte Entschädigung die völlige Wiederherstellung des ursprünglichen Vermögensstandes, d. h. den Ersatz des Wertes aller

---

[309]) So der vierte Bericht für die International Law Commission über *„International Responsibility"* (UN Doc. A/CN.4/119), 60: "According to the doctrine which has long been upheld by States and which has comparatively recently acquired some currency in legal writings, international law not only imposes an obligation to pay compensation but also requires that compensation must, in order to be internationally valid, be 'just' (or 'adequate'), 'prompt' and 'effective'."

[310]) Siehe in La Fontaine, *Pasicrisie Internationale,* 402.

[311]) Scott, *The Hague Court Reports,* 2nd Series, 69.

[312]) UNRIAA, Vol. II, 909.

[313]) UNRIAA, Vol. II, 647.

[314]) Nielsen, *American-Turkish Claims Settlement,* 1937, 343. Das Urteil führt diesbezüglich u. a. aus: "Land and other property may of course be taken by public authority in the proper exercise of the right of expropriation. However, a government may properly insist that just compensation should be paid for property taken its nationals, and that a taking of property without compensation or with an inadequate compensation is a form of confiscation violative of international law ..."

[315]) PCIJ, Series A, No. 17, 46 (1928).

entzogenen Eigentumsstücke beinhalten müsse, wobei etwaige besondere den Wert beeinflussende Umstände zu berücksichtigen seien[316]). In einer Reihe von Schiedsentscheidungen zwischen der Türkei und den Vereinigten Staaten wird zur Erläuterung dessen, was unter gerechter Entschädigung zu verstehen ist, einfach auf den Wert des entzogenen Eigentums oder den Marktwert, falls ein solcher besteht, verwiesen. Es wird ausgeführt, daß es Ziel der Entschädigung sein müsse, für das entzogene Eigentum den Gegenwert in Geld in die Hände des betroffenen Einzelnen zu bringen[317]). Die aufschlußreichste Äußerung in der internationalen Judikatur über den traditionellen Völkerrechtsstand hinsichtlich der Anknüpfungspunkte für die Entschädigungshöhe findet sich in einem der Chorzow-Urteile des Ständigen Internationalen Gerichtshofs[318]). In dieser Entscheidung wird gewissermaßen nebenbei[319]) ausgeführt, daß die Entschädigung zu bemessen sei nach dem Wert des entzogenen Vermögensstückes im Augenblick der Entziehung, und daß darüberhinaus Zinsen bis zum Tag der effektiven Auszahlung der Entschädigungssumme an den Betroffenen zu entrichten seien. Im Urteil zum Korfu-Kanal-Fall hat dann auch 1949 der Internationale Gerichtshof auf den Wiederanschaffungswert im Zeitpunkt des Verlustes abgestellt[319a]).

Diese Beispiele aus der internationalen Judikatur zeigen, daß nach dem traditionellen Stand des Völkerrechts der entziehende Staat eine Entschädigung zu leisten hat, welche dem enteigneten Vermögenswert ganz entspricht. Es muß volle Entschädigung bei Eigentumsentziehungen gezahlt werden[320]). Das wird auch von solchen Autoren als überkommene Lage des Völkerrechts zugegeben, die glauben, für das heutige Recht Einschränkungen machen zu müssen[321]).

---

316) UNRIAA, Vol. I, 334 und 338.

317) Vgl. z. B. *Fall der American Tobacco Company*, Nielsen, op. cit., 144, und *Fall der Mc Andrews and Forbes Co.*, Nielsen, op. cit., 92.

318) PCIJ, Series A, No. 17 (1928).

319) Das Gericht hatte sich mit einer von vornherein völkerrechtswidrigen Entziehung und deren Folgen (siehe unten den Abschnitt über die Abgrenzung zur völkerrechtlichen Schadensersatzpflicht) zu befassen. Während es ausführt, daß dieser Fall von der an sich kein Völkerrechtsdelikt darstellenden Entziehung (mit der wir uns hier befassen) zu unterscheiden sei, erwähnt das Urteil, was nach seiner Ansicht für diese andere Art von Entschädigung gilt (S. 46 f.): "It follows that the compensation due to the German Government is not necessarily limited to the value of the undertaking at the moment of dispossession, plus interest to the day of payment. This limitation would only be admissable if the Polish Government had the right to expropriate, and if its wrongful act merely in not having paid to the two Companies (um deren entzogene Vermögenswerte es sich handelt) the just price of what was expropriated."

319a) ICJ-Reports 1949, 244, 249.

320) So z. B. auch: Verdross, Nederlands Tijdschrift 1959, 286 f. Schwarzenberger, Journal of Public Law, 1960, 161.

321) Vgl. z. B. Garcia Amador, UN Doc. A/CN.4/119, S. 51 ff.

bb) Neuere Versuche der Sonderbehandlung von Nationalisierungen

In der Zeit nach 1945 ist eine Tendenz in der Völkerrechtswissenschaft festzustellen, die den traditionellen Stand mit seinem Erfordernis der angemessenen, d. h. vollen Entschädigung bei Nationalisierungen nicht für anwendbar hält[322]). Diese neue Doktrin nimmt damit eine Rechtsauffassung an, die vor dem Zweiten Weltkrieg ohne Erfolg schon vertreten worden ist[323]), und baut diese weiter aus. Danach soll zwar bei Einzelentziehungen – nur diese werden von den betreffenden Autoren noch als „Enteignungen" bezeichnet[324]) – auch heute noch die Pflicht zu angemessener Entschädigung gelten; für Entziehungen genereller Art, eben Nationalisierungen, erlege das moderne Völkerrecht den Staaten diese Verpflichtung jedoch nicht mehr auf. Diese Versuche, zu einer völkerrechtlichen Sonderbehandlung der Nationalisierung zu kommen, bilden trotz mancher Gleichmäßigkeit in der Betrachtungsweise noch kein einheitliches Argumentationssystem. Von verschiedenen Ansatzpunkten aus wird die Sonderstellung der Nationalisierung postuliert.

Die grundsätzlichen Argumente werden in dieser Hinsicht aus den kommunistischen Staaten vorgetragen. Sie sind Ausdruck einer ganz bestimmten Auffassung vom Recht selbst und vom Völkerrecht im besonderen, außerdem der von den Verfechtern als richtig angesehenen Weltanschauung. Es ist in gewissem Sinne nur die logische Konsequenz der Anschauung über die Stellung des Gemein-, d. h. Staats-Eigentums, wenn in diesen Ländern die Ansicht vertreten wird, daß die Nationalisierung völlig eigenständigen Rechtsregeln unterliegt. So ist es hier nicht verwunderlich, wenn z. B. der tschechoslowakische Völkerrechtler Bystricky[325]) ausführt, daß „sozialistische Nationalisierungen" ein völlig neues, bisher

---

322) Zur Abgrenzung Enteignung — Nationalisierung siehe oben den Abschnitt über den Begriff der Entziehung (S. 31 ff.).

323) Im Streitfall mit den Vereinigten Staaten über die Nationalisierung des Eigentums von Ölgesellschaften vertrat 1938 die Regierung von Mexiko die Auffassung, daß „es im Völkerrecht keinen Grundsatz gäbe, der durch die Staaten oder durch Autoren von Abhandlungen über dieses Thema allgemein anerkannt und nach dem die Zahlung angemessener Entschädigung für generelle und unpersönliche Enteignung obligatorisch sei", Foreign Relations 1938, Bd. V, 680 (zitiert nach der Übersetzung in Inv. Ges., Heft 3, 79).

324) Die oben zitierte Erklärung der mexikanischen Regierung gebraucht noch den umfassenden Begriff der „Enteignung" und unterscheidet zwischen Einzelenteignungen einerseits und unpersönlichen generellen Enteignungen andererseits. — Eine interessante Ausnahme bildet auch Garcia Amador, der nach seiner Meinungsänderung und seinem Einschwenken in die neue Doktrin zwar einerseits Nationalisierungen als ein von der Enteignung verschiedenes Institut betrachtet, andererseits aber noch von „generellen Enteignungen" spricht (z. B. UN Doc. A/CN.4/119, S. 43 f.).

325) International Association of Democratic Lawyers, Proceedings of the Commission on Private International Law, VIth Congres in Brussels, 15 ff.

gänzlich unbekanntes Rechtsinstitut seien. Sie könnten mit den Maßnahmen in westlichen Ländern nicht verglichen werden und hätten weder mit Enteignungen noch mit Konfiskationen, noch selbst mit Nationalisierungen der westlichen Staaten Wesentliches gemein. Sie setzten nicht einfach an die Stelle des früheren Eigentümers einen neuen, den Staat, sondern schüfen ein neues Rechtsgut – sozialistisches Staatseigentum. Für diesen Prozeß, der quantitativ und qualitativ anders sei, könnten die überkommenen Völkerrechtsregeln über Enteignung und Konfiskation keine Anwendung finden[326]), insbesondere nicht das Gebot zur Zahlung einer angemessenen Entschädigung[327]).

Ähnlich ist aber auch die Ausgangsbasis, von der manche Autoren aus westlichen Ländern ausgehen, um die völkerrechtliche Sonderbehandlung von Nationalisierungen zu begründen. Der italienische Rechtslehrer Natoli hat z. B. in den Diskussionen der östlichen Auffassungen nahestehenden International Association of Democratic Lawyers eine Konzeption von jeder Nationalisierung (einschließlich solcher in nicht-sozialistischen Ländern) dargelegt, die sich von der Bystrickys kaum unterscheidet[328]). Wenn auch nicht ganz so weit gehend, so ist doch auch die Betrachtungsweise La Pradelles im Prinzip ähnlich[329]). Beide meinen, die überkommene Regel von der Respektierung wohlerworbener Rechte habe mit ihrer Konsequenz, der Pflicht zu voller Entschädigung, seit jeher nur Einzelentziehungen, d. h. nach dem Sprachgebrauch dieser Autoren Enteignungen, betroffen. Die internationale Judikatur, die dieses Entschädigungsgebot so oft anerkannt habe, bestehe ausschließlich aus Entscheidungen zu Enteignungen, nicht aber Nationalisierungen. So widerspreche das Enteignungsvölkerrecht nicht einer nur teilweisen Entschädigung des betroffenen Ausländers im Fall der Nationalisierung[330]).

---

[326]) a. a. O., 18. [327]) a. a. O., 19 f.

[328]) International Association of Democratic Lawyers, Study Circle on Nationalisation, Round Table Meeting, Rom, 1957, 35 ff.

[329]) Siehe das Gutachten La Pradelles für die Baseler Sitzung des Institut de Droit International, Annuaire, 43, I, 48 ff.

[330]) Vgl. z. B. den Art. 11 des von La Pradelle dem Institut de Droit International unterbreiteten Kodifikationsentwurfs, der diese Auffassung besonders klar zum Ausdruck bringt: «D'inégale force dans leur atteinte à la propriété, droit naturel de l'homme, l'expropriation et la nationalisation ne sont pas, devant le droit des gens, sous la même lois. Pour l'expropriation, incident isolé de l'administration locale, la propriété demeure le droit dont nul de peut être privé si ce n'est quand la necessité publique, légalement constaté, l'exige sous la condition d'une just et préalable indemnité. — Pour la nationalisation dont l'élevation des buts, l'ampleur des moyens, la grandeur des perspectives, en vue des rendements espérés que de la paix sociale dans la progression du bien-être humain, demandent â la perte des droits acquis, des conditions plus accessibles pour ne pas être prohibitives, il suffira de l'utilité publique, d'une indemnité bassée sur les possibilités du debiteur, raisonablement considerées, dans un paiement réduit échelonné sur un delai normal.» (Annuaire 43, I, 128.)

Von anderer Seite[331]) wird zwar nicht bestritten, daß die traditionelle Völkerrechtsregel von der angemessenen Entschädigung für jede Art von Entziehung – einschließlich der generellen – gegolten habe, jedoch habe die Staatenpraxis inzwischen diesem Satz, soweit er Nationalisierungen betreffe, durch eine entgegengesetzte Übung seine Gültigkeit entzogen. Man könne ihn nicht mehr als Teil des allgemeinen Völkerrechts auf generelle Maßnahmen der Entziehung im Rahmen einer Umordnung der Wirtschaft anwenden. Diese neue Praxis drücke sich vor allem in den vielen Staatsverträgen aus, welche im Anschluß an die wirtschaftlichen Neuordnungen in den osteuropäischen und einigen westeuropäischen Ländern von deren Regierungen abgeschlossen wurden. In diesen Verträgen hätten auch die westlichen Staaten sich oft mit teilweisen Entschädigungen begnügt. – Das entspricht den Tatsachen. Viele westliche Staaten haben über die Entschädigung ihrer durch die osteuropäischen Nationalisierungen betroffenen Staatsangehörigen Abkommen geschlossen. Diese Abkommen, deren erste noch die Entschädigung jedes einzelnen Betroffenen durch den entziehenden Staat vorsahen[332]), folgten später durchweg dem System der sogenannten Globalentschädigungen[333]) und gewährten im Ergebnis nur eine Teilentschädigung. – Außer diesen Globalentschädigungsabkommen wird auch der Friedensvertrag mit Italien für die von der vollen Entschädigung abgehende Staatenpraxis

---

[331]) Garcia Amador nach seinem Meinungswechsel (in seinem dritten Bericht für die International Law Commission der Vereinten Nationen und vor allem in dem beigefügten Kodifikationsentwurf hatte er die Sonderbehandlung der Nationalisierung noch nicht anerkannt; UN Doc. A/CN.4/111, Annex., S. 5), UN Doc. A/CN.4/119, 58 u. 62. Ähnlich Dahm, 516 (mit Anmerkung 22), zu dem Friedensvertrag mit Italien.

[332]) Der überwiegende Teil dieser Abkommen bestimmt, daß die Höhe der Entschädigung angemessen sein muß, folgt also der traditionellen Praxis: Belgien/Tschechoslowakei (19. 3. 1947), Belgien/Frankreich (18. 2. 1949), Kanada/Frankreich (26. 1. 1951), Tschechoslowakei/Schweiz (18. 12. 1946), Frankreich/Schweiz (21. 11. 1949), Frankreich/England (21. 4. 1951), Polen/Schweden (28. 2. 1947), Polen/England (24. 1. 1948), Polen/Dänemark (12. 5. 1949), Mexiko/Holland (7. 2. 1946), Italien/Jugoslawien (23. 5. 1949).

[333]) Die Globalentschädigungsabkommen führten im Ergebnis ausnahmslos nur zu Teilentschädigungen, selbst wenn ihr Wortlaut diese Frage offen ließ. Sie wurden zwischen folgenden Ländern geschlossen: Dänemark/Polen (26. 2. 1953), Frankreich/Bulgarien (27. 2. 1959), Frankreich/Tschechoslowakei (6. 6. 1956), Frankreich/Rumänien (9. 2. 1959), Frankreich/Jugoslawien (2. 8. 1958), Schweden/Ungarn (31. 3. 1951), Schweden/Polen (16. 11. 1949), Schweiz/Bulgarien (26. 11. 1954) Schweiz/Tschechoslowakei (22. 12. 1949), Schweiz/Ungarn (19. 7. 1950) Schweiz/Polen (25. 6. 1949), Schweiz/Rumänien (3. 8. 1951), Schweiz/Jugoslawien (27. 9. 1948), England/Bulgarien (23. 9. 1955), England/Tschechoslowakei (28. 9. 1949), England/Polen (14. 1. 1949), in Fortsetzung des Vertrages vom 1. 9. 1939, dann in neuer Form am 11. 11. 1954), England/Jugoslawien (23. 12. 1948 und 26. 12. 1949), USA/Jugoslawien (19. 7. 1948).

angeführt[334]), denn in ihm begnügten sich die USA mit zwei Dritteln des Wertes eingezogener Vermögenswerte[335]).

De Nova[336]) vertritt die Auffassung, daß das geltende Völkerrecht keine prinzipielle, sondern nur eine faktische Andersbehandlung der Nationalisierung hinsichtlich der Entschädigung erfordere. Das Völkerrecht dürfe den Staat nicht hindern, die von ihm als gut erachteten sozialen und wirtschaftlichen Umformungen seiner inneren Ordnung durchzuführen. Dazu könne es aber kommen, wenn ein Staat in jedem Fall volle Entschädigung für die entzogenen Werte zahlen müsse. Habe er nämlich nicht die finanziellen Mittel zum vollen Wertersatz, so stehe er vor der Alternative: Völkerrechtsverletzung oder Unterlassung der beabsichtigten Entziehungsmaßnahmen. Es müsse daher hinsichtlich der Entschädigungshöhe kein absoluter Maßstab festgesetzt, sondern vielmehr auf die Leistungsfähigkeit des Staates abgestellt werden. Das bedeute im Ergebnis, daß in Anbetracht des relativ geringen Wertes des entzogenen Eigentums bei Einzelenteignungen wohl immer volle Entschädigung zu zahlen sei, lasse aber bei umfassenden Nationalisierungen die Möglichkeit einer teilweisen Entschädigung offen.

Gleichermaßen vertritt Dahm[337]) die Auffassung, unter Berücksichtigung des immer mehr vordringenden Opfergedankens dürfe bei Nationalisierungen nicht mehr streng am Prinzip der vollen Entschädigung festgehalten werden. Innerstaatliches und internationales Recht hätten sich in jüngster Zeit diesbezüglich geändert, und es sei heute bei generellen Entziehungen auf die Zumutbarkeit zur Feststellung der völkerrechtlich notwendigen Entschädigungshöhe abzustellen[338]).

---

[334]) So z. B. von Dahm, 516 (mit Anmerkung 22).

[335]) Art. 78, Ziff. 4 des Friedensvertrages.

[336]) Friedenswarte 1956, 137 ff.

[337]) Lehrbuch, 516 ff. Ähnlich auch: Berber, 399 ff. Lapradelle, Annuaire 1950, I, 67. Lauterpacht (bereits 1937!), Recueil des Cours 1937, IV, 346. Kaeckenbeeck (im gleichen Jahr), Recueil des Cours 1937, I, 405.

[338]) Die Schwierigkeit, daß es nicht eine einzige Entscheidung eines internationalen Gerichts gibt, die hinsichtlich der Entschädigungshöhe bei Eigentumsentziehungen diese These stützt, und auf die Zumutbarkeit abstellt, versucht Dahm (S. 517 mit Anm. 24) dadurch zu umgehen, daß er ausführt, die in der internationalen Gerichtspraxis gebrauchte Formel von der „just compensation" oder „just indemnité" sei als Anerkennung der Möglichkeit einer nach Zumutbarkeit zu bemessenden, nur teilweisen Entschädigung zu verstehen. Das ist unzutreffend, und die internationale Judikatur gibt zu dieser Auslegung oder auch nur zu Zweifeln über den Inhalt dieser Formel keinen Anlaß. Die Cour Permanente d'Arbitrage in Den Haag spricht in einer Entscheidung unzweideutig aus: "Just compensation implies a complete restitution of the status quo ante, based ... upon the loss of profits of the ... owners as compared with other owners of similar property." (Scott, *The Hague Court Reports,* 2nd Series, 1932, 73).
Abgesehen von Dahm gehen sowohl Verfechter der Teilentschädigung (z. B. Garcia Amador, UN Doc. A/CN.4/119, S. 53) als auch der ausnahmslosen vollen Entschädigung (z. B. Verdross, Nederlands Tijdschrift 1959, 286 f.) ohne weiteres

cc) Der gegenwärtige Rechtsstand

Bei der Frage, welche Entschädigungshöhe das derzeitige Völkerrecht bei Eigentumsentziehungen verlangt, ist die Behandlung der Einzelentziehung – von manchen Autoren als einzige unter den Begriff „Enteignung" fallende Maßnahme verstanden – nicht problematisch. Für sie gilt weiter der oben dargestellte Stand des traditionellen Völkerrechts, d. h. das Gebot zu voller Entschädigung. Das erkennen auch alle die Autoren an, die im vorangehenden Abschnitt als Verfechter einer Sonderbehandlung für Nationalisierungen genannt wurden. Fraglich erscheint daher nur, ob der Grundsatz der vollen Entschädigung auch für generelle, wirtschaftsumordnende Entziehungen, eben die Nationalisierungen gilt. Hierzu werden die diesbezüglichen Argumente, die für eine Sonderstellung dieser Maßnahmen im heutigen Völkerrecht vorgebracht werden, zu prüfen sein.

Zunächst ist auf die Behauptung einzugehen, der Grundsatz der vollen Entschädigung habe sich nur an Einzelenteignungen entwickelt, und dieses Gebot des traditionellen Völkerrechts könne daher heute wie früher auf Nationalisierungen als generelle Umformungen der Wirtschaftsstruktur keine Anwendung finden. Es wird selbst von sehr prominenten Verfechtern der teilweisen Entschädigung[339]) anerkannt, daß jedenfalls mit dieser Argumentation die These nicht gehalten werden kann. Mehrere Fälle der internationalen Judikatur betreffen die Entziehung ausländischen Eigentums im Rahmen einer das ganze Land umfassenden Änderung der Wirtschaftsstruktur; in keinem der diesbezüglichen Urteile wird aber der generelle Charakter zum Anlaß genommen, irgendeine von dem überkommenen Enteignungsvölkerrecht verschiedene rechtliche Würdigung vorzunehmen. In dem zum ungarisch-rumänischen Optantenstreit gehörenden Fall Kulin[340]) von 1927 kam das Gemischte Schiedsgericht nur zu einem Kompetenzurteil[341]). Es maß aber der Tatsache, daß es sich um eine Entziehung im Rahmen einer umfassenden Agrarreform handelte, keine Bedeutung bei und bejahte unter Verwerfung des diesbezüglichen Vorbringens Rumäniens seine Zuständigkeit, da nur darauf abzustellen sei, daß die betreffenden ungarischen Staats-

---

davon aus, daß eine „gerechte Entschädigung" nach dem geltenden völkerrechtlichen Sprachgebrauch eine volle Entschädigung ist. Dasselbe gilt für den Ausdruck „adäquate Entschädigung" (vgl. Guggenheim, Annuaire, 43, I, 78, der mit Recht darauf hinweist, daß damit ein «paiement d'une indemnité à l'Etat national après estimation des valeurs nationalisées» gemeint ist.)

[339]) So insbesondere Lauterpacht gegen die von La Pradelle verfochtene Sonderstellung von Nationalisierungen (Annuaire, 43, I, 93).

[340]) Annual Digest 1927/28, case No. 59.

[341]) Materiell wurde die Streitigkeit, bevor es zum Sachurteil des Schiedsgerichts kam, durch die Haager Vereinbarungen vom 20. 1. 1930 und die Pariser Schlußabkommen vom 28. 4. 1930 beigelegt (Texte in Revue La Pradelle 1930, 600 ff. und in American Journal 1931, Supplement, 19 ff.).

bürger ihr Eigentum verloren hätten. Sehr aufschlußreich ist auch das zwischen Ungarn und der Tschechoslowakei ergangene Schiedsurteil im Pallavicini-Fall[342]) von 1929. Hier berief sich der tschechische Vertreter ausdrücklich darauf, daß es sich um eine generelle Revision der Verteilung von Grundeigentum handele. Das Urteil ging darauf ein und sah darin keinen Grund, die Entziehung verschieden von Einzelmaßnahmen zu behandeln. Auch die in demselben Jahr ergangene Entscheidung gegen Jugoslawien im Falle Lelbach folgte dieser Auffassung. Sie stellte fest, die Tatsache, daß es sich um Eigentumsentziehungen innerhalb einer Agrarreform handele, schließe nicht aus, daß Beschlagnahmen oder Liquidationen („saisie ou liquidation", beides typische Einzelmaßnahmen!) im Sinne des Vertrages von Trianon vorlägen[343]). Schließlich weist Lauterpacht mit Recht darauf hin, daß auch die in den Jahren 1937 und 1938 in Mexiko durchgeführten Entziehungen des Eigentums der Ölgesellschaften Nationalisierungen im Sinne der neuen These waren, trotzdem aber allgemein wie Einzelenteignungen hinsichtlich ihrer Rechtsfolgen betrachtet wurden[344]).

Man sieht, das traditionelle Völkerrecht mit seinem Gebot der vollen Entschädigung hat sich keineswegs nur an Einzelenteignungen herausgebildet. Es betraf alle Entziehungen, seien sie einzelne oder generelle Maßnahmen, sei ihr Zweck die Entziehung eines bestimmten Vermögensstückes oder die Umordnung der gesamten Wirtschaft eines Landes oder eines Teiles derselben. Diese Feststellung ist wichtig, denn aus ihr ergibt sich, daß es zu einer Sonderbehandlung der Nationalisierungen im heute geltenden Recht nur noch durch eine Änderung des bisher geltenden allgemeinen Völkerrechts gekommen sein kann.

Die insbesondere von den östlichen Ländern vertretene These, die Nationalisierung sei etwas wesensmäßig von den anderen Entziehungsarten Verschiedenes, kann auf keinen Fall als Nachweis dafür dienen, daß das heutige Völkerrecht sie anders behandelt. Wie in den oben angeführten Urteilen zum Ausdruck kommt, ist das entscheidende Moment, welches sowohl einzelne wie generelle Eingriffe charakterisiert, der Verlust wohlerworbener Rechte auf Seiten des Ausländers. Die von den betreffenden Autoren vorgebrachten besonderen, einen Wesensunterschied begründenden Eigenheiten der Nationalisierung sind sämtlich dem Bereich der sozialistischen Ideologie entnommen. Da diese Betrachtungsweise von der Mehrheit der Staaten der Völkergemeinschaft nicht geteilt wird, erscheint ihre Verwendung als völkerrechtliches Argument unmöglich. Das Völkerrecht ist weltanschaulich neutral.

Auch das Vorbringen, ein Festhalten an der vollen Entschädigung hindere finanzschwache Staaten am sozialen und wirtschaftlichen Fort-

342) Revue La Pradelle 1929, 279 ff. (englische Übersetzung des im Original französischen Urteilstextes in American Journal 1929, 851 ff.).

343) Urteil in: Ostrecht 1929, 1058 ff.

344) Annuaire, 43, I, 93.

schritt, weil es ihnen praktisch die Möglichkeit nehme (völkerrechtlich legal) zu nationalisieren, kann nicht überzeugen. Einmal ist ohne weiteres ersichtlich, daß dieselbe Argumentation auch zur Verneinung jedweder Entschädigungspflicht benutzt werden könnte. Auf dieselbe Weise könnte ein Land außerdem gegen einen ihm mittlerweile unangenehme Verpflichtungen auferlegenden Handelsvertrag argumentieren, diese völkerrechtliche Bindung hindere seinen wirtschaftlichen Forschritt; es brauche sich daher nicht daran zu halten, denn das Völkerrecht könne ein Land nicht von seiner Wirtschaftsentwicklung abhalten. Darüberhinaus setzt die auf die Zumutbarkeit der Entschädigungshöhe abstellende These als in völkerrechtlich erheblicher Weise erwiesen voraus, daß Nationalisierungen als dem Fortschritt eines Landes nützlich anerkannt werden müssen. Die in den Äußerungen Bystrickys, aber auch z. B. in denen La Pradelles[345]) zum Ausdruck kommende Idealisierung der Verstaatlichung kann zu einer Zeit, in der noch nicht einmal eine Staatenmehrheit vom Nutzen der Nationalisierungen überzeugt ist, nicht als anerkannter Beweis dafür angesehen werden, daß sich das allgemeine Völkerrecht geändert hat[346]). In der Sicht des derzeitigen Völkerrechts stehen sich daher sowohl bei Einzelenteignungen wie bei Nationalisierungen das (vom Staat in großer Freiheit im Rahmen der oben aufgezeigten weiten Ermessensgrenzen definierte) öffentliche Interesse an der Entziehung einerseits und das Eigentumsrecht des Einzelnen andererseits gegenüber. Gemäß dem Aufopferungsgedanken wird der Konflikt vom Völkerrecht derart gelöst, daß der Einzelne sein Eigentum dem höherwertigen Interesse der Gemeinschaft überlassen, die letztere aber dafür wenigstens den Wert durch volle Entschädigung ersetzen muß.

Schließlich kann unter Hinweis auf eine Reihe von den nach 1945 abgeschlossenen bilateralen Globalentschädigungsabkommen nicht auf eine Änderung des allgemeinen Völkerrechts zu einer teilweisen Entschädigung geschlossen werden. Die westlichen Staaten begnügten sich – was übrigens auch Anhänger der Teilentschädigung bei Nationalisierun-

---

[345]) So z. B. La Pradelle: «... Pour la nationalisation dont l'élévation des buts, l'ampleur des moyens, la grandeur des perspectives, en vue des rendements espérés que de la paix sociale dans la progression du bien-être humain, demandent, à la perte des droits acquis, des conditions plus accessibles pour ne pas être prohibitives, il suffira de l'utilité publique, d'une indemnité bassée sur les possibilités du debiteur, raisonablement considerées, dans un paiement réduit échelonné sur un delai normal» (aus dem Art. 11 seines Kodifikationsentwurfs, Annuaire 43, I, 128).

[346]) Mit Recht International Law Association, Amerikanische Gruppe, in Beantwortung eines Fragebogens des Internationalen Verstaatlichungsausschusses: „Die Errungenschaften, die durch eine Verstaatlichung erzielt werden können, sind zu sehr umstritten, um das Ansinnen gelten zu lassen, eine umfangreiche Entziehung sei notwendigerweise eine soziale Wohltat, die eine Sonderdispenz verdiene" (zitiert nach der deutschen Übersetzung in Inv. Ges. Heft 3, 97).

gen anerkennen[347]) – in den Globalentschädigungsabkommen mit weniger als dem vollen Wert des entzogenen Eigentums ihrer Staatsbürger, weil sie als Alternative nur das Ausbleiben jeder Entschädigung sahen. Dieser Vertragspraxis lagen ausschließlich politisch-praktische Erwägungen zugrunde, nicht aber eine (zur Begründung neuen Völkergewohnheitsrechts notwendige) entsprechende Überzeugung, daß sie völkerrechtlich nicht auf mehr Anspruch hätten[348]). Ebenso lagen der im Friedensvertrag mit Italien festgesetzten Zweidrittelentschädigung nur politische, keine einer bestimmten neuen Völkerrechtsauffassung entspringenden Motive zugrunde[349]). Im übrigen gibt es genügend Gegenbeispiele aus der Staatsvertragspraxis der Nachkriegszeit, die ausdrücklich am Prinzip der angemessenen Entschädigung für jede Art von Entziehung festhalten[350]).

Eine Änderung des Völkerrechts dahingehend, daß heute Staaten bei Nationalisierungen nicht mehr angemessene, d. h. volle Entschädigung zu leisten haben, läßt sich daher nicht feststellen. Es muß vielmehr mit der wohl noch immer überwiegenden Völkerrechtsmeinung[351]) davon

---

[347]) So z. B. Dahm, 516.

[348]) Das zeigt sich besonders deutlich im Verhältnis zwischen der Schweiz und der Tschechoslowakei. Am 18. 12. 1946 schloß die Schweiz mit der tschechoslowakischen Regierung ein Abkommen, welches volle individuelle Entschädigung der von Nationalisierungen betroffenen Schweizer vorsah. Auf Grund der schlechten Erfahrungen mit der praktischen Durchführung dieses Abkommens durch die tschechoslowakischen Behörden sah sich dann die Schweiz genötigt, am 22. 12. 1949 ein neues Abkommen nach dem Prinzip der Globalentschädigung abzuschließen, um so ihren Staatsangehörigen wenigstens eine teilweise Entschädigung zu sichern.

[349]) Dieses Zugeständnis hat ausschließlich politische Gründe; siehe Schwarzenberger, Current Legal Problems 1952, 303. Auch anerkannt von Verfechtern der Teilentschädigung: De Nova, Friedenswarte 1954, 134.

[350]) Das erkennt auch Garcia Amador an (4. Bericht für die International Law Commission, UN Doc. A/CN.4/119, 52). — Vgl. z. B.: Freundschafts-, Handels- und Schiffahrtsvertrag vom 3. 8. 1951 zwischen Griechenland und den USA (Art. 7: "The full equivalent of the property taken ..."). Der Vertrag Japan/USA vom 2. 4. 1958 enthält eine ähnliche Bestimmung. Für Verträge mit osteuropäischen Ländern vergl. z. B. das Abkommen über Handelspolitik der Tschechoslowakei mit den USA vom 14. 11. 1946 ("adequate and effective compensation"). Siehe auch die weiter oben aufgezählten Entschädigungsabkommen nach dem System der Individualentschädigung, Anm. 332).

[351]) Vgl. z. B.: Adam, Revue DPSP 1953, 348. Becker, *Gerechte Entschädigung bei Enteignungsfällen, Niedergang und teilweiser Auftieg*, Inv. Ges. Heft 3, 7 ff. Bindschedler, 69 (Bindschedler wird zu Unrecht hin und wieder als Vertreter der Gegenmeinung zitiert, so z. B. in International Association of Democratic Lawyers, Proceeding of the Commission on Private International Law, VIIth Congress 1956, 25. Bindschedler, 111, rät „unbeschadet des Rechtsanspruchs auf gerechte Entschädigung zu Kulanz in konkreten Verhandlungen). Foighel, 115. Garcia Amador, in dem seinem zweiten Bericht für die International Law Commission angefügten Kodifikationsentwurf, Yearbook of the ILC, 1957, Vol. II,

ausgegangen werden, daß bei jeder Art von Entziehung angemessene Entschädigung zu zahlen ist. Die Vereinten Nationen haben 1950 in einer Resolution der Vollversammlung ebenfalls dieses Prinzip ausgedrückt[352]), und sie bekennen sich nach zeitweiligem Zögern – wie oben dargestellt[353]) – heute wieder zu den sich aus dem Enteignungsvölkerrecht ergebenden Verpflichtungen. Auch die International Bar Association[354]) und die International Law Association[355]) haben in den letzten Jahren wiederholt mit überwiegenden Mehrheiten ausdrücklich die Pflicht zu angemessener Entschädigung bei jeder Art von Entziehung anerkannt und damit ebenfalls die Versuche einer Sonderbehandlung von Nationalisierungen als dem gegenwärtigen Rechtsstand nicht entsprechend zurückgewiesen. Trotzdem ist nicht zu verkennen, daß unter dem Einfluß dieser Versuche in der Wissenschaft und der Praxis mancher nationalisierender Staaten in der Nachkriegszeit immer noch Unsicherheit die Frage nach der Höhe der völkerrechtlich geschuldeten Entschädigung charakterisiert.

dd) Abgrenzung zur völkerrechtlichen Schadensersatzpflicht

Das allgemeine Völkerrecht verbietet die Eigentumsentziehung eines Staates gegen Ausländer nicht. Soweit er sich an die völkerrechtlich

---

130. Guggenheim, Annuaire, 43, I, 77 f. Harvard Law School, *Convention on the International Responsibility of States for Injuries to Aliens*, Draft No. 11, 1960, Art, 10, Abs. 2 b. Mc Nair, Nederlands Tijdschrift 1959, 251. Schwarzenberger, Current Legal Problems 1952, 309 ff. Ders., Journal of Public Law 1960, 161. Verdross, Nederlands Tijdschrift 1959, 280 ff, insbes. 286. Verzijl, Annuaire, 43, I, 103 ff. Wehberg, Annuaire, 43, I, 111. — Siehe außerdem die vielen Schrifttumsstellen, die Verdross, ibidem, anführt.

[352]) Resolution 390 A (V) der Vollversammlung vom 2. Dezember 1950 (betreffend Regeln für die Behandlung von Ausländern in Eritrea); es wird „just and effective compensation" verlangt. — Zur Auslegung des Begriffes „just" siehe Haager Schiedsgerichtshof, Scott, *The Hague Court Reports*, 2nd Series, 73.

[353]) Siehe oben im Abschnitt über *„Permanent Sovereignty over Natural Wealth and Resources"* (S. 53 ff.).

[354]) Konferenz der IBA von 1958, Report, 485: Resolution auf Anregung des Verstaatlichungsausschusses. Darin heißt es u. a.: "This conference of the International Bar Association ... Records the following as being an undoubted part of the rule of international law as at present accepted by civilized countries ... V) The provision of prompt, adequate and effective compensation is a condition of the taking of proprietary interests without which such taking is not entitled to international recognition."

[355]) Die Konferenz der ILA von 1958 beschloß nur gegen die Stimmen der Teilnehmer aus dem Ostblock und aus Indonesien eine Resolution, in der es u. a. heißt: „Die Konferenz der International Law Association ... erklärt, daß die Grundsätze des internationalen Rechts ... verlangen: (1) daß ein Staat bei der Entziehung des Vermögens eines Ausländers u. a. ... (b) an den dadurch betroffenen Ausländer volle Entschädigung zahlt, ..." (zitiert nach der deutschen Übersetzung der Resolution in Inv. Ges. Heft 3, 36).

notwendigen Voraussetzungen hält, kann ein Staat jederzeit die Entscheidung treffen, bestimmte Vermögensstücke zu enteignen. Die Entziehung als solche ist völkerrechtlich zulässig. Die Entschädigung ist lediglich eine der Voraussetzungen, an die der Staat sich halten muß. Von ihr zu unterscheiden ist die Schadensersatzpflicht, die einen Staat bei einer völkerrechts w i d r i g e n Behandlung des Ausländers, d. h. als Folge eines Völkerrechtsdeliktes trifft. Im ersteren Fall verstößt der Staat erst gegen das Völkerrecht, wenn er die erforderliche Entschädigung nicht zahlt, im letzteren ist jedoch unabhängig von der Entschädigungsfrage das Völkerrecht schon verletzt[356]). Der Staat ist dann verpflichtet, den aus seinem Rechtsbruch entstandenen Schaden wiedergutzumachen[357]).

Auch eine Eigentumsentziehung kann aber natürlich ein Völkerrechtsdelikt sein, so z. B. wenn sie im Gegensatz zu vertraglichen Verpflichtungen des Staates steht oder etwa das Diskriminierungsverbot verletzt. In solchen Fällen ist es eigentlich der Vertragsbruch oder die Diskriminierung, die die Wiedergutmachungspflicht begründet, die Entziehung selbst kommt erst bei der Feststellung des aus dem Delikt entstandenen Schadens in Betracht. Wie bei den anderen Völkerrechtsdelikten[358]) ist auch bei der völkerrechtswidrigen Eigentumsentziehung der Staat nach allgemeinem Völkerrecht verpflichtet, den ursprünglichen Zustand wieder herzustellen. Naturalrestitution bedeutet in diesem Falle die Rückgabe des eingezogenen Eigentums. Nur wenn oder soweit das nicht mehr möglich ist, muß der Staat Schadensersatz leisten[359]).

Diese Schadensersatzpflicht ist von der oben behandelten Entschädigungspflicht bei allen Eigentumsentziehungen streng zu unterscheiden. Sie ist wesensmäßig etwas Anderes[360]). Was oben für die Höhe der

---

[356]) Die klarste Unterscheidung dieser beiden eine völkerrechtliche Ersatzpflicht nach sich ziehenden Verhaltensweisen findet sich in einem Urteil des Ständigen Internationalen Gerichtshofs zum *Chorzow Fall* (PCIJ Series A, No. 17).

[357]) Das ist allgemeine Ansicht. Der ständige Internationale Gerichtshof sagt z. B. im Kompetenzurteil zu dem *Chorzow-Fall:* « C'est un principe du droit international que la violation d'un engagement entraîne l'obligation de réparer dans une forme adequate. » (PCIJ Series A, No. 9, 21.) Siehe i. e. z. B. Lais, *Die Rechtsfolgen völkerrechtlicher Delikte.* Oder auch Verdross, Lehrbuch, 318 ff. A. M. jedoch: Kelsen, ZöR 1932, 545 ff.

[358]) Vgl. Verdross, op. cit., 320 f.

[359]) Vgl. Urteil des Ständigen Internationalen Gerichtshofs im *Chorzow-Fall,* PCIJ Series A, No. 17, 47: "The essential principle contained in the actual notion of an illegal act — a principle which seems to be established by international practice and in particular by the decisions of arbitral tribunals — is that reparation must, as far as possible, wipe out all the consequences of the illegal act and re-establish the situation which would, in all probability, have existed if that act hat not been committed."

[360]) Vierter Bericht für die International Law Commission, UN Doc. A/CN.4/119, 34. — Vgl. aber Bindschedler, 55, der trotzdem glaubt, man könne

Entschädigung bei rechtmäßigen Entziehungen gesagt wurde, gilt hier nicht, bzw. reicht für den Schadensersatz nicht aus. Die Entschädigung braucht nur dem vollen Wert des eingezogenen Vermögensstückes zu entsprechen. Der Staat, der für eine völkerrechtswidrige Enteignung Schadensersatz zu leisten hat, muß für mehr Sorge tragen.

Die Schadensersatzpflicht umfaßt grundsätzlich die Entschädigung des betroffenen Ausländers hinsichtlich aller Vermögensnachteile, für die die gegen das Völkerrecht verstoßende Entziehung kausal war. Dazu gehört zunächst wie bei zulässigen Entziehungen der volle Wert des entzogenen Eigentums. Darüberhinaus muß jedoch auch der entgangene Gewinn ersetzt werden, wenn nachgewiesen wird, daß der Einzelne ihn ohne die Entziehung nach dem gewöhnlichen Verlauf der Dinge gemacht haben würde[361]). Außerdem muß der Staat die geschuldete Geldsumme verzinsen[362]).

d) Effektivität der Entschädigung

Selbst wenn die Höhe der Entschädigung den völkerrechtlichen Anforderungen entspricht, kann es vorkommen, daß der betroffene Einzelne in Wahrheit nicht den Wert des entzogenen Eigentums erhält. Das sind die Fälle, in denen der erstattete Vermögenswert aus irgendwelchen Gründen nicht die wirtschaftlichen Eigenschaften besitzt, die das Enteignungsobjekt auszeichneten. Der Entschädigung fehlt dann die „Effektivität".

Das allgemeine Völkerrecht enthält nicht nur bestimmte Anforderungen über die Höhe von Entschädigung und Schadensersatz; es gibt dem Staat außerdem die Verpflichtung auf, bei Eigentumsentziehungen hinsichtlich der Form der Entschädigung und des Schadensersatzes einen gewissen Minimum-Standard einzuhalten, damit die mit diesen Maßnahmen bezweckte Wirkung auch erreicht wird. Beim Schadensersatz für von sich aus schon völkerrechtswidrige Eigentumseingriffe ergibt sich das ohne weiteres aus dem primären Erfordernis der genauen Wiederherstellung des früheren Zustandes der Vermögenslage. Deshalb hat

---

die Grundsätze über den Schadensersatz bei Völkerrechtsdelikten analog auf die Entschädigung bei völkerrechtlich zulässigen Eigentumsentziehungen anwenden.

[361]) Vgl. z. B. das Schiedsurteil im *Falle der Schiffe Cape Horn Pigeon etc.* vom 29. 11. 1902: «Le principe général du droit civil, d'après lequel les dommages intérêts doivent contenir une indemnité, non seulement pour le dommage qu'on a souffert, mais aussi pour le gain dont on a été privé, est également apliquable aux litiges internationaux. ... Il suffit de démontrer que dans l'ordre naturel des choses, on aurait pu faire un gain dont on se voit privé par le fait qui donne lieu à la réclamation.» (La Pradelle et Politis, Recueil des arbitrages internationaux, II, 285). Ebenso das Urteil im *Shufeldt Fall vom* 24. 7. 1930,American Journal 1930, 819.

[362]) Vgl. z. B. das Urteil im *Alabama Fall* (La Pradelle et Politis, Recueil des arbitrages internationaux, II, 893): «Considérant qu'il est juste et équitable d'allouer des intérêts dans une proportion raisonnable.»

sich nur bei den an sich rechtmäßigen Eigentumsentziehungen der Grundsatz herausgebildet, daß das allgemeine Völkerrecht den Staat zur Leistung einer effektiven[363]) oder wirksamen[364]) Entschädigung verpflichtet.

Das bedeutet, daß ein Staat nicht schon dann dem Völkerrecht genügt hat, wenn er den betreffenden Ausländern Vermögensstücke übergibt, deren formeller Wert dem vollen Wert des entzogenen Eigentums entspricht. Insbesondere die Entschädigung durch Wertpapiere wird hiervon betroffen. Ein Staat, der Grundstücke enteignet und dafür entschädigungshalber Kommunalobligationen ausgibt, deren Nennwert dem Marktpreis der Grundstücke zwar entspricht, deren Verwendbarkeit aber darauf beschränkt ist, von der öffentlichen Hand frei zum Verkauf angebotene Grundstücke zu erwerben, leistet keine effektive Entschädigung[365]). Das gleiche gilt für Schuldverschreibungen, wie sie z. B. die rumänische Regierung im Anschluß an in ihrem Land vorgenommene Nationalisierungen ausgab, und die praktisch nicht mehr als das Versprechen einer Entschädigung aus den eventuellen zukünftigen Gewinnen der verstaatlichten Unternehmen darstellten[366]). Hinsichtlich der Nationalisierung von Wirtschaftsunternehmen läßt sich allgemein sagen, daß Wertpapiere, die lediglich gewisse Anrechte auf die späteren Erträge der Betriebe verkörpern, keine Form effektiver Entschädigungen sind[367]), denn

---

[363]) Vgl. z. B.: Amsterdamer Oberlandesgericht, bei Domke, American Journal 1960, 318. Brandon, Transactions 1957, 39 ff, insbes. 48. Becker, *Gerechte Entschädigung bei Enteignungsfällen,* Inv. Ges. Heft 3, 76 ff., insbes. 89. Bindschedler, 58 ff. International Bar Association, Conference 1958, Report, 472. International Chamber of Commerce, *Code of Fair Treatment ...,* UN Publ. Sales No. 1949, II. B. 4, 160. *International Agreement of Bogota,* Report of the US Delegation with Related Documents, US Dept. o. State Publ. No. 3263, 209. International Law Commission der Vereinten Nationen, Vierter Bericht zur „State Responsibility", UN Doc. A/CN.4/119, 54 ff. Heiz, 197. Vannod, 17 (Haltung der schweizerischen Regierung). — Siehe auch: *Goldenberg Fall,* op. cit., 94. Fatouros, in Friedmann-Pugh, *Legal Aspects of Foreign Investment,* 731 ff. Makarov, in Festgabe für Erich Kaufmann, 256 u. 263.

[364]) Diesen gleichbedeutenden Ausdruck benutzt Heiz, 197.

[365]) Siehe Urteil des Schiedsgerichts zwischen der Türkei und den USA im *Raissis Fall, Nielsen, American-Turkish Claims Settlement,* 1937, 343 (Die Klage der USA in Wahrnehmung der Interessen von Raissis wurde im Ergebnis jedoch abgewiesen, da der Amerikaner gewisse Beweise schuldig blieb).

[366]) Die britische Regierung übermittelte am 7. Dezember 1948 dem rumänischen Außenminister eine Note, in der es u. a. diesbezüglich heißt: "His Majesty's Government considers that compensation in the form of bonds on the fund of nationalized industry aparently redeemable from the eventuel profits of the individual nationalized undertakings, cannot be considered to provide the prompt, adequate and effective compensation which accepted principles of international law require" (zitiert nach Current Legal Problems 1952, 311).

[637]) Ebenso Brandon, Transactions 1957, 39 ff.

sie stellen keinen festen gegenwärtigen Vermögenswert dar, der den Eigentumsverlust des betroffenen Einzelnen wirksam ausgleicht.

Unter dem Gesichtspunkt, ob für die Entziehung ein verwertbarer Vermögensausgleich in die Hände des Betroffenen kommt, ist auch die Frage zu betrachten, inwieweit Ausfuhr- und Transferbestimmungen eines Staates – wenn sie die Enteignungsentschädigung miterfassen – mit dem Erfordernis der Effektivität vereinbar sind. Im Grundsatz überläßt das Völkerrecht[368]) den Staaten die freie Bestimmung ihrer Währungs- und Devisenwirtschaft. Bei der Entschädigung stehen sich dieses Prinzip und das Erfordernis der Effektivität gegenüber. Dabei geht der Satz von der effektiven Entschädigung als die speziellere Regel vor und schränkt im Ergebnis insofern die Währungssouveränität des enteignenden Staates ein. Denn für einen Ausländer stellt normalerweise eine Entschädigung nur dann einen wirksamen Vermögensausgleich dar, wenn sie nicht in der Währung des betreffenden Aufenthaltslandes blockiert ist. Eine Entschädigung ist nur dann effektiv, wenn sie in transferierbarer Form geleistet wird[369]), sei es, daß sie in eine international konvertierbare Währung oder wenigstens in die Währung des Heimatstaates des Ausländers umgetauscht werden kann. Insbesondere in Fällen der Nationalisierung von ganzen Industriezweigen steht jede Entschädigung, die nicht aus dem Lande ausgeführt werden kann, für den ausländischen Investor trotz formeller Gleichwertigkeit in keinem Verhältnis zu dem Wert, den das entzogene Eigentum in Anbetracht seiner wirtschaftlichen Nutzbarkeit darstellt[370]).

---

[368]) Von dem Währungsabkommen von Bretton Woods und dem Internationalen Währungsfond sei hier abgesehen, da es sich um (allerdings multilaterales) Völkervertragsrecht handelt.

[369]) Ebenso: Resolution des Dritten Internationalen Kongresses für Rechtsvergleichung von 1950 in London, Revue ID Comparé, 2, 1950, 535. Domke, *On the Exterritorial Effects of Foreign Expropriation Decres, 15 f.* Heiz, 198. Seidl-Hohenveldern, *Internationales Konfiskations- und Enteignungsrecht,* 174. Vgl. auch Art. 3 des 1959 von der Bundesregierung der damaligen OEEC übermittelten Entwurfs einer *„Konvention über Vermögen im Ausland"* (Inv. Ges. Heft 3, 10).

[370]) So z. B. auch: der Kommentar zu dem neuen Harvard Draft (12. Fassung, American Journal 1961, 562) und Berber, 401, der zwar hinsichtlich der Höhe der Entschädigung bei Nationalisierungen Zugeständnisse machen, aber an der Effektivität „unter allen Umständen" festhalten will und dazu insbesondere die Transferierbarkeit rechnet. — Man denke etwa daran, daß in einem Lande die Ölindustrie verstaatlicht und dabei das Eigentum einer ausländischen Ölgesellschaft entzogen wird. Die Entschädigung hat für die Ölgesellschaft nur Wert, wenn sie sie aus dem Lande ausführen kann; denn da eine Investierung in der Ölindustrie innerhalb des Landes nicht mehr möglich ist, hat sonst die Gesellschaft das Kapital für den sie ausschl. interessierenden Wirtschaftsbereich verloren.

e) Zeitpunkt der Entschädigung

Eine Pflicht zur Entschädigung, mag sie auch Höhe und Effektivität bestimmen, ist praktisch wertlos, wenn dem Staat freigestellt wird, wann er die Auszahlung vornehmen will. Das Völkerrecht legt daher auch fest, zu welchem Zeitpunkt die Entschädigung für Eigentumsentziehungen zu leisten ist. Allerdings wird der gegenwärtige Rechtsstand nicht ganz einheitlich beurteilt. Teils verlangt man, daß die Entschädigung schon vor oder zumindest Zug-um-Zug mit der Entziehung geleistet wird[371]), teils läßt man eine „prompte" Entschädigungszahlung, d. h. eine der Entziehung unmittelbar folgende genügen[372]), teils meinen Anhänger der ersten oder zweiten Lösung, daß aber im Falle von Nationalisierungen noch weniger strenge Maßstäbe anzulegen seien[373]).

Daß eine Sonderbehandlung der Nationalisierungen nach dem derzeitigen allgemeinen Völkerrecht nicht gerechtfertigt ist, wurde weiter oben ausführlich dargestellt. Da hinsichtlich des Entschädigungszeitpunktes insofern keine neuen Argumente vorgebracht werden, und auch jede Bestätigung aus der internationalen Judikatur fehlt, möge hier ein Verweis auf die diesbezüglichen obigen Ausführungen genügen. Was das Völkerrecht als Zeitpunkt für die Entschädigungsleistung bei anderen Eigentumsentziehungen festlegt, gilt auch für Nationalisierungen[374]).

---

[371]) Diese Auffassung vertreten besonders einige amerikanische Staaten (so z. B. in den Verhandlungen der Konferenz von Bogota 1948).

[372]) Z. B. Urteil im *Goldenberg-Fall,* ZöRVR, 1929, I, 94.

[373]) Z. B. La Pradelle, Annuaire 43, I, 128.

[374]) A. M. der neue Entwurf der Harvard Law School für eine "*Convention on the International Responsibility of States for Injuries to Aliens*" (Draft No. 11, 1960), S. 103, der — soweit ersichtlich — die einzige Meinungsäußerung darstellt, die hinsichtlich des Entschädigungs z e i t p u n k t e s (nicht aber z. B. hinsichtlich der Entschädigungshöhe) unter gewissen Voraussetzungen eine Sonderbehandlung der Nationalisierungen postuliert: "If property is taken by a State in furtherance of a general program of economic and social reform, the just compensation required by this Article may be paid over a reasonable period of years, provided that: (a) the method and modalities of payment to aliens are no less favorable than those aplicable to nationals; (b) a reasonable part of the compensation due is paid promptly; (c) bonds bearing a reasonable rate of interest are given to the alien and the interest is paid promptly; and (d) the taking is not in violation of an express undertaking by the State in reliance on which the property was aquired or imported by the alien" (Art. 10, Abs. 4). — Als Grund für diese Sonderbehandlung von Nationalisierungen hinsichtlich des Zeitpunktes der Entschädigung gibt der Kommentar zu dem 12. Entwurf (American Journal 1961, 559 ff.) an, daß ein Staat nationalisiere wegen der Schwierigkeiten in seiner Wirtschaft oder seinem Haushalt. Verlange man dann eine sofortige Zahlung der Entschädigung, so zwinge man den Staat zum wirtschaftlichen Zusammenbruch. — Daß diese Argumentation nicht völkerrechtliche Anerkennung finden kann, wurde oben im Text bereits dargelegt (S. 90 f.). Vgl. auch die Kritik von Stevenson an dieser Bestimmung des Entwurfs auf dem

Obwohl hin und wieder postuliert, findet die These, das allgemeine Völkerrecht verpflichte den Staat zur Vorauszahlung der Entschädigung, keine Stütze in Staatenpraxis und Judikatur. Dagegen haben mehrere Entscheidungen internationaler Gerichte ausgeführt, die Entschädigung müsse in voller Höhe unmittelbar im Anschluß an die Entziehungsmaßnahmen an die betroffenen Einzelnen (oder zumindest ihren Heimatstaat) geleistet werden[375]). Das schließt die Möglichkeit von auf eine Reihe von Jahren verteilten Ratenzahlungen aus. Dieses Teilzahlungssystem hat zwar in mehreren nach 1945 abgeschlossenen Entschädigungsabkommen[376]) eine gewisse praktische Bestätigung gefunden, jedoch können diese Verträge – wie oben ausgeführt – nicht als Ausdruck einer bestimmten Rechtsauffassung angesehen werden, sind daher keine Anzeichen eines Wandels im Völkergewohnheitsrecht. Dementsprechend erkennen dann auch multilaterale Abkommen[377]) der Nachkriegszeit, eine Resolution der International Bar Association von 1958[378]) und die überwiegende Mehrheit des Schrifttums[379]) einschließlich allerneuester Stellungnahmen[380]) an, daß nach allgemeinem Völkerrecht die Entschädigung „prompt" oder „sofort" zu zahlen ist, nachdem der Staat die Entziehung des Eigentums vorgenommen hat. Im deutschen Sprachgebrauch drückt

---

Kongreß der American Society of International Law vom 28. bis 30. April 1960 (Proceedings, 111 f.).

[375]) So z. B. *Norwegians Claims Case*, Scott, *The Hague Court Reports*, 2nd Series, 66: "just compensation in due time". *Goldenberg Case*, ZöRVR, 1929, I, 94: «Toute fois, si le droit des gens autorise un Etat, pour des motivs d'utilité publique, à déroger au principe du respect de la propriété privé des étrangers, c'est à la condition sine qua non que les biens réquisitionés seront équitablement payés les plus rapidement possible.»

[376]) Es findet sich z. B. in folgenden Verträgen: Sowjetunion/Schweden vom 30. 5. 1941 und 7. 10. 1946. USA/Mexico vom 7. 2. 1946. Großbritannien/Mexico vom 7. 2. 1946. Schweiz/Jugoslawien vom 27. 9. 1948. Schweiz/Polen vom 25. 6. 1949. Großbritannien/Tschechoslowakei vom 28. 9. 1949. Schweden/Polen vom 16. 11. 1949. Frankreich/Tschechoslowakei vom 2. 6. 1950. Frankreich/Ungarn vom 19. 7. 1950. Schweden/Ungarn vom 31. 3. 1951. Schweiz/Rumänien vom 3. 8. 1951. Belgien/Luxemburg/Ungarn vom 1. 2. 1955. Großbritannien/Bulgarien vom 20. 9. 1955. Norwegen/Bulgarien vom 2. 12. 1955.

[377]) In Art. 25 des *Agreement of Bogota* von 1948 wird verlangt, daß eine "payment of ... compensation in a prompt ... manner" von dem entziehenden Staat an die Ausländer gezahlt wird (US Dept. o. State Publ. No. 3263, 209).

[378]) In einer Resolution der IBA-Konferenz von 1958 wird u. a. anerkannt, daß "the provision of prompt ... compensation" als Bedingung einer völkerrechtlich zulässigen Eigentumsentziehung anzusehen ist (Report, 485).

[379]) Siehe etwa: Heiz, 197. International Law Commission, 4. Bericht über "International Responsibility", UN Doc. A/CN.4/119, 54. Vannod, 17 (zur Stellung des Schweizer Bundesrates). Foighel, 120 (der aber die oben schon abgelehnte Unterscheidung bei Nationalisierungen machen will). Verdross, *Völkerrecht*, 289.

[380]) Siehe z. B. Schwarzenberger. JPL 1960, 161.

wohl das Wort „unverzüglich" am genauesten den Inhalt der völkerrechtlichen Verpflichtung aus[381]). Ratenzahlungen, das bloße Versprechen[382]) oder das Verschieben der Entschädigungsregelung auf einen unbestimmten Zeitpunkt in der Zukunft[383]) – wie etwa bei den indonesischen Nationalisierungen von 1958[384]) oder der Landreform auf Kuba von 1959[385]) – genügen daher den völkerrechtlichen Anforderungen nicht.

Kapitel III

Verbot der Rechtsverweigerung bei Entziehungen

Art. 1 ZPMK bestimmt vor seinem Verweis auf die allgemeinen Völkerrechtsgrundsätze, daß Eigentum nur unter den „durch Gesetz" vorgesehenen Bedingungen entzogen werden darf. Es ist Adam[386]) sicherlich zuzustimmen, daß diese Formulierung zu einer Reihe von Fragen Anlaß gibt; unzutreffend ist aber seine Meinung, dieser Verweis stehe

---

[381]) Das Wort „sofort" (wie es Verdross, Heiz und Vannod vorschlagen) trägt in seinem deutschen Sprachgebrauch nicht notwendigerweise den unumgänglichen und völkerrechtlich entschuldigten Verzögerungen Rechnung, die sich z. B. wegen Bewertungsschwierigkeiten des entzogenen Eigentums, laufenden Gerichtsverfahren, etc. ergeben können. — Der deutsche *Konventionsentwurf über Vermögen im Ausland* benutzt daher mit Recht die elastischere Formulierung „ohne ungebührliche Verzögerung" in seinem Art. 3 (Inv. Ges., Heft 3, 10). In diesem Sinne spricht sich auch der Ausschuß für den Schutz von Auslandsinvestitionen der International Bar Association aus: „Nach überwiegender Meinung des Komitees ist eine Entschädigungsleistung nur dann als prompt anzusehen, wenn sie zwar nicht sofort Zug um Zug mit der Eigentumsentziehung erfolgt, aber innerhalb kurzer angemessener (reasonable) Frist danach ... So auch die herrschende völkerrechtliche Auffassung" (Report der 1958er Konferenz der IBA, 417 mit Anmerkung 16).

[382]) Ebenso Brandon, Transactions 1957, 47.

[383]) Ebenso: Mc Nair, Nederlands Tijdschrift 1959, 252. Domke, American Journal 1960, 316 ff. Urteil des OLG Amsterdam, Außenwirtschaftsdienst, 1959, 208.

[384]) In der diesbezüglichen indonesischen Regierungsverordnung, die im Anschluß an das Nationalisierungsgesetz erging, heißt es: "The Committee for the Fixation of Compensations may propose to the Board for the Nationalisation of Dutch owned enterprises that part of the revenues obtained from enterprises which are nationalized will be reserved for the payment of the compensation at the appropriate time" (zitiert nach der Übersetzung in American Journal 1960, 488).

[385]) Das kubanische Landreformgesetz vom 3. Juni 1959 bestimmte, daß die Entschädigung in „Landwirtschaftsreform-Obligationen" mit zwanzigjähriger Laufzeit und einem Zinssatz bis zu $4^1/_2$ % gezahlt werden solle und daß die genauen Ausgabebedingungen „zu gegebener Zeit" festgesetzt würden. Bis zum Sommer 1961 waren jedoch noch keine dieser Obligationen emittiert worden. (Berichtet nach Domke, American Journal 1961, 605.)

[386]) Revue DPSP 1953, 346.

im Gegensatz zu dem Prinzip der Überstaatlichkeit der Grundrechte und zum Zweck der Konvention und ihres Zusatzprotokolls, die Menschenrechte vor unzulässigen Eingriffen aller drei Formen der staatlichen Gewalt – einschließlich der Legislativen – zu schützen[387]). Der Verweis auf das Gesetz – und damit kann in Anbetracht der nachfolgenden Verweisung auf das Völkerrecht nur das innerstaatliche Recht gemeint sein – gewährt einen keineswegs zu unterschätzenden relativen Schutz des Privateigentums, selbst wenn theoretisch für seine Aufhebung nicht mehr als ein Änderungsgesetz des nationalen Gesetzgebers des Aufenthaltsstaates notwendig ist.

Hinsichtlich der Stellung der Ausländer ergibt sich durch diesen Hinweis ähnlich wie bei dem Erfordernis des öffentlichen Interesses eine doppelte, d. h. wiederholte Sicherung, diesmal aber, was das Verfahren bei der Eigentumsentziehung und nachher bei der Festsetzung der Entschädigung anbetrifft. Denn zu den allgemeinen Grundsätzen des Völkerrechts über Eigentumsentziehung gehört auch das Verbot der Rechtsverweigerung[388]) bei Entziehungen, welches — wie weiter unten noch auszuführen – unter anderem dem entziehenden Staat auch die Pflicht auferlegt, bei Entziehungen und eventuellen anschließenden Gerichtsverfahren die durch das eigene innerstaatliche Recht aufgestellten Regeln einzuhalten. Für Ausländer ist das Privateigentum also auch auf diesem Wege durch die Bindung an „das Gesetz" geschützt. Dies ist jedoch nur ein Aspekt des Verbots der Rechtsverweigerung; denn dies enthält auch vom Stand der nationalen Gesetze unabhängige absolute Mindestgrundsätze.

Das Verbot der Rechtsverweigerung legt in seiner Anwendung auf die Eigentumsentziehung dem Staat in zwei Stufen des Enteignungsprozesses bestimmte, aus dem allgemeinen Völkerrecht erwachsende Pflichten auf. Es enthält einmal Regeln darüber, in welcher Form dem Ausländer Teile seines Eigentums entzogen werden dürfen; außerdem gibt es Auskunft darüber, an welche Mindestgrundsätze sich ein Staat bezüglich der gegen die Entziehung und für die Geltendmachung der Entschädigung zur Verfügung stehenden Rechtsbehelfe halten muß.

---

[387]) Ibidem.

[388]) Vgl. etwa den Schiedsspruch im *Falle Fabiani* zwischen „Venezuela und Frankreich" "En consultant les principes généraux du droit des gens concernant le déni de justice ..." (Lafontaine, 336). — Der deutsche Ausdruck „Rechtsverweigerung" ist nach dem normalen Sprachgebrauch nicht genau inhaltsgleich mit den in der internationalen Judikatur und im ausländischen Schrifttum gebrauchten Begriffen "denial of justice" oder "déni de justice". Unter Rechtsverweigerung sei hier das verstanden, was unter diese — ihrerseits auch teils in einem engeren, teils in einem weiteren Sinne verstandenen — Begriffe in ihrem weiten Sinne fällt.

1. Ordnungsmäßiges Verfahren der Entziehungbehörde

a) *Nichtgerichtliches staatliches Handeln als Rechtsverweigerung im völkerrechtlichen Sinne*

Das völkerrechtliche Verbot der Rechtsverweigerung (denial of justice) betrifft nicht nur das Verhalten der rechtsprechenden Gewalt eines Staates, gebietet also nicht lediglich, daß Ausländer Zugang zu den innerstaatlichen Gerichten zur Verteidigung ihrer Interessen haben sollen und dort unparteiisch behandelt werden müssen. Der Völkerrechtsgrundsatz, daß den Staaten gegenüber Fremden Rechtsverweigerung verboten ist, umfaßt auch das Handeln anderer staatlicher Organe, insbesondere der Verwaltung[389]).

Das Völkerrecht betrachtet die Verantwortlichkeit des Rechtssubjekts Staat als Ganzes. Grundsätzlich wertet es alles von den Organen der Staatsmaschinerie ausgehende Handeln mit gleichen Maßstäben und macht keinen Unterschied danach, wie der Staat intern seine Gewalten- und Funktionsteilung vorgenommen hat. Genausowenig, wie das Völkerrecht anerkennt, daß ein Staat sich durch Hinweis auf sein nationales Recht oder auf schlechte innere Ordnung seinen Völkerrechtsverpflichtungen entzieht, kann es gestatten, daß ein Staat die Anwendbarkeit eines wichtigen Grundsatzes des völkerrechtlichen Fremdenrechts dadurch verhindert, daß er – was ihm jederzeit frei steht – mit den betreffenden Maßnahmen nicht die rechtsprechende Gewalt, sondern die Verwaltung befaßt. Dieser Ausweg wäre aber den Staaten zur Umgehung ihrer Verpflichtungen eröffnet, wenn das völkerrechtliche Verbot der Rechtsverweigerung schematisch nur auf die innerstaatliche Justiz anwendbar wäre[390]). Die internationale Judikatur hat daher diesen Völkerrechtsgrundsatz auch dann angewendet, wenn die Exekutive eines

---

[389]) Vgl. z. B. Hackworth: "In a broad sense denial of justice may result from acts or omissions of authorities of any one or more of the three branches of government, i. e. the executive, legislative, or judicial." *Digest of International Law,* Vol. V, 526). Ähnlich das Urteil im *Janes Case* zwischen den USA und Mexiko: "... Denial of justice in its broader sense, may cover even acts of the executive and the legislative"; (op. cit., 531) (1937).

[390]) Die einzige Alternative wäre, daß ein inhaltsgleicher Völkerrechtssatz unter anderem Namen für nichtgerichtliches Handeln anerkannt würde. Diese Erwägung bestimmt auch die internationale Judikatur. Im Urteil zum *Neer Case* heißt es mit Recht: "It is immaterial whether the expression 'denial of justice' be taken in that broad sense in which it applies to executive and legislative authorities as well as to acts of the courts, or whether it be used in a narrow sense which confines it to acts of judicial authorities only; for in the latter case a reasoning, identical to that which — under the name of 'denial of justice' — applies to acts of judiciary, will apply — be it under a different name — to unwarranted acts of executive and legislative authorities ..." (zitiert nach Hackworth, Vol. V, 528) (1927).

Staates das für die betreffende Verwaltungstätigkeit gebotene Verfahren nicht ordnungsgemäß eingehalten hat[391]). Das gilt auch für das Verfahren bei Eigentumsentziehungen[392]).

b) Bindung an innerstaatliche Verfahrensregelungen

Oben wurde bereits darauf hingewiesen, daß nicht nur nach dem ausdrücklichen Verweis auf „das Gesetz“ in Art. 1 ZPMK, sondern auch nach dem allgemeinen Völkerrechtsgrundsatz, welcher die Rechtsverweigerung verbietet, die Staaten sich bei der Durchführung von Eigentumsentziehungen gegen Ausländer an die im nationalen Recht kodifizierten Verfahrensregeln halten müssen.

Schon in dem Konventionsentwurf zum völkerrechtlichen Fremdenrecht, den 1928 der Wirtschaftsausschuß des Völkerbundes ausarbeitete, wurde anerkannt[393]), daß ein Staat unter anderem dafür völkerrechtlich hafte, daß die geltenden Verfahrensvorschriften bei der Enteignung von Ausländern nicht eingehalten worden seien. In ähnlicher Weise transformiert der zur Zeit der International Law Commission vorliegende Kodifikationsentwurf die Verletzung innerstaatlichen Rechts zum Entziehungsverfahren in eine Völkerrechtsverletzung[394]).

---

[391]) Vgl. z. B.: *Interoceanic Railway of Mexico Case* (England / Mexiko): “... The Commission deem it necessary to lay down their opinion as to the character of the authorities who can become guilty of a denial or undue delay of justice. They do not concur in the view that the judicial authorities can only be the ones, in other words, that only the courts can be made responsible for the international delinquency of this description. They are undoubtedly aware that denial of justice or its undue delay will, in a majority of cases, be an act or an omission of a tribunal, but cases in which administrative, or rather non-judicial authorities, can be blamed for such acts or omissions are equally existent.“ (British-Mexican Claims Commission, *Further Decisions and Opinions of the Commissioners,* 1933, 126 f.). Ebenso: *El Triunfo Case* (USA/Salvador), 1902, US Foreign Relations, 870. Vgl. auch das unter Anm. 390 angeführte Zitat aus dem Urteil zum *Neer Case.*

[392]) Einen derartigen Entziehungsfall betraf z. B. das Urteil im *Fall Robert E. Brown* (USA / England), Anglo-American Tribunal nach dem Sonderabkommen vom 18. 8. 1910, Nielsen's Report, 1926, 198 f.

[393]) *Draft Convention on the Treatment of Foreigners,* April 1928, LoN, Doc. C. 174. M. 53. 1928. II. 14. Der Art. 11 bestimmte u. a.: “4. Nationals of each of the High Contracting Parties may not, in the territory of the others, be expropriated of their property, nor deprived even temporarily of the enjoyment of such property, except for legally recognized reasons of public utility and in accordance with the legal procedure in force.“

[394]) UN Doc. A/CN. 4/125, 9. Februar 1960, 74. In dem Art. 7 heißt es u. a.: “The State is responsible for the expropriation of the property of an alien if the measure in question does not conform to the provisions of the domestic law . . .“.

In einem von einem internationalen Schiedsgericht entschiedenen Streitfall[395]) wurde einem Ausländer Grundeigentum durch Verfügung einer unteren Staatsstelle vorläufig entzogen, diese sogenannte vorläufige Verfügung aber sofort in einer Weise durchgeführt, die eine Rückgabe unmöglich machte. Die innerstaatlichen Gesetze sahen die Kompetenz zum Ausspruch der betreffenden Verwaltungsdekrete anders vor und verlangten ein bestimmtes Verfahren. Die Verfassung des Landes[396]) forderte außerdem, daß vor Durchführung der Entziehung Entschädigung zu zahlen sei. All diese Voraussetzungen waren nicht erfüllt, und das Urteil des internationalen Schiedsgerichts sah ausdrücklich deshalb[397]) die Enteignung als völkerrechtswidrig an. – Ein anderes Urteil spricht sich ähnlich aus[398]).

Während sonst auf Grund von Transformationsformeln im innerstaatlichen Recht[399]) ein Völkerrechtsbruch oft eine Verletzung auch des Landesrechts darstellt, findet sich also hier ein Fall, wo die Verletzung von Landesrecht zugleich gegen das allgemeine Völkerrecht verstößt. Die Tatsache, daß es dem betreffenden Staat jederzeit freisteht, seine eigenen Gesetze zu ändern, hat darauf keinen Einfluß. So lange innerstaatliche Verfahrensregeln über Eigentumsentziehungen in Kraft sind, ist ein Staat völkerrechtlich verpflichtet, sie gegenüber Ausländern anzuwenden.

c) Absoluter Mindeststandard des Entziehungsverfahrens

Über die Bindung an das innerstaatliche Verfahrensrecht hinaus kennt das allgemeine Völkerrecht aber noch eine gewisse minimale Ordnungsmäßigkeit des Entziehungsverfahrens. Diesen Mindeststandard gegenüber ausländischem Eigentum einzuhalten, ist völkerrechtliche Pflicht des Staates, ganz gleich, wie es um das diesbezügliche Landesrecht bestellt ist. Gibt die Bindung an das nationale Verfahrensrecht einen relativen, so handelt es sich hier um einen absoluten Schutz hinsichtlich der Form der Enteignung, an den sich ein Staat selbst dann halten muß,

---

395) *Walter Smith Case* (Kuba/USA), UNRIAA Vol. II, 913 ff. (1929).

396) Der betreffende Art. 32 der kubanischen Verfassung bestimmte, daß "no one shall be deprived of his property except by competent authority upon the justified proof that the condemnation is required by public utility and p r e v i o u s (Sperrung vom Verf.) indemnification" (zitiert nach der Übersetzung in Nederlands Tijdschrift 1959, 244).

397) Das Urteil sah vor allem aus folgenden Gründen diese Enteignung als völkerrechtswidrig an: "From a careful examination of the testimony and of the records, the Arbitrator is impressed that the attempted expropriation of the claimant's property was not in compliance with the constitution, nor with the laws of the Republic;" (s. Anm. 10, 917).

398) Rudloff American Venezuelan Claims Commission, Ralston, *Venezuelan Arbitrations of 1903*, 194.

399) So z. B. Art. 25 GG.

wenn sein eigenes Recht entgegensteht[400]). Insofern geht wieder Völkerrecht vor Landesrecht.

An den Eigentümer dürfen durch das vom Staat gewählte Verfahren keine unbilligen Anforderungen gestellt werden. Sieht das innerstaatliche Recht vor, daß jede beliebige Person fremdes Grundeigentum beanspruchen kann, welches dann von Verwaltungsstellen öffentlich als beansprucht ausgeschrieben und dann – wenn der Eigentümer nicht in jedem einzelnen derartigen Beanspruchungsfalle bei der Verwaltung Einspruch erhebt – von Amts wegen dieser Person endgültig zugesprochen wird, so handelt es sich um ein Entziehungsverfahren, das dem völkerrechtlichen Mindeststandard nicht genügt[401]). Das gleiche gilt, wenn dem Eigentümer über die Entziehung nicht so früh Mitteilung gemacht wird, daß ihm noch die Zeit bleibt, vor der endgültigen Entscheidung bei der betreffenden Behörde auf besondere Umstände hinzuweisen, Änderungen des Beschlusses vorzuschlagen oder sonstige Gegenvorstellungen zu erheben, er vielmehr vor vollendete Tatsachen gestellt wird[402]). Bei einer vorläufigen Inbesitznahme von Eigentumsstücken, deren Entziehung geplant ist, hat die verfügende Behörde dafür Sorge zu tragen, daß Beschädigungen oder Diebstähle vermieden werden[403]). Besondere Eigenheiten des zu entziehenden Eigentums können hinsichtlich des Entziehungsverfahrens spezielle Zugeständnisse verlangen. So müssen bei der Enteignung ganzer Wirtschaftsunternehmen genügende Abwicklungsfristen und die Zeit zur Abwicklung bestehender Dienstverhältnisse gewährt werden[404]), ein Erfordernis, das sich wohl auch schon aus dem völkerrechtlichen Treu- und Glaubenssatz ergibt.

Dies sind elementare Verfahrensgrundsätze, die das Völkerrecht bei Eigentumsentziehungen unabhängig vom einschlägigen Landesrecht vorschreibt. Wann sie verletzt sind, wird sich nur jeweils im konkreten

---

[400]) Die völkerrechtliche Geltung eines solchen Mindeststandards der "machinery" der Entziehung erkennt selbst Friedman an, der sonst dem Staat gegenüber dem ausländischen Eigentum weitgehende Freiheit lassen will *(Expropriation in International Law,* 136). Ebenso der vierte Bericht über "State Responsibility" für die International Law Commission der Vereinten Nationen: "It would therefore seem clear that the test of 'arbitrariness' can also be applied to the methods and procedures employed in expropriating alien property. Like any other measure affecting the patrimonial rights of aliens taken by the State, expropriation may in the course of the procedure by which it is affected result in a 'denial of justice' and in such case the international responsibility of the State is undoubtedly involved" (UN Doc. A/CN. 4/119, 43).

[401]) So das Urteil des Internationalen Schiedsgerichts im *de Sabla Fall,* UNRIAA Vol. VI, 363 (1933).

[402]) *Walter Smith Fall,* op. cit., 917.

[403]) *Venable Fall* (USA/Mexiko), Opinions of the Commissioners, 1927, 365 f.

[404]) So der Ausschuß der International Bar Association der auf der Konferenz von 1958 diese Fragen untersuchte, in seinem Bericht (7th Conference, Report, 468 mit Anmerkung).

Einzelfall bestimmen lassen. Von diesem Mindeststandard abgesehen ist aber der Staat in der Wahl der Form der Entziehung frei, soweit sich nicht aus anderen Völkerrechtsgrundsätzen wie etwa dem Diskriminierungsverbot oder dem Verbot des Rechtsmißbrauchs ein anderes ergibt.

2. Gerichtliche Verfahren über Entziehung oder Entschädigungsfestsetzung

Nach allgemeinem Völkerrecht kann grundsätzlich ein Staat erst dann eine gegen das Fremdenrecht verstoßende Behandlung seiner Staatsangehörigen in einem anderen Land gegen den betreffenden Staat geltend machen, wenn der angeblich in seinen Rechten verletzte Einzelne die ihm nach dem nationalen Recht des Aufenthaltsstaates zur Verfügung stehenden Rechtsmittel erschöpft hat (Grundsatz der „exhaustion of local remedies")[405]). Das gilt auch im Enteignungsvölkerrecht – ganz abgesehen von den besonderen Anforderungen, die diesbezüglich in der Europäischen Menschenrechtskonvention ausdrückliche Erwähnung finden. Ein Eigentümer (bzw. sein Heimatstaat) kann erst dann geltend machen, ihm sei in gegen das allgemeine Völkerrecht verstoßender Weise Eigentum entzogen worden, wenn er ohne Erfolg mit den entsprechenden Behelfen vor der nationalen Justiz dagegen vorgegangen ist oder wenn von vornherein klar ist (etwa wegen zwischenzeitlicher Verarbeitung oder Zerstörung des Eigentumsstückes), daß ein derartiges Vorgehen keinen Erfolg haben kann[406]).

Als Kehrseite dieser Pflicht zur Erschöpfung örtlicher Rechtsmittel enthält das völkerrechtliche Verbot der Rechtsverweigerung bestimmte Regeln, an die sich ein Staat in Ausübung seiner Gerichtsbarkeit gegenüber Ausländern halten muß. Diese Grundsätze gelten für jeden Prozeß vor einem staatlichen Gericht, an dem ein Ausländer beteiligt ist. Im Zusammenhang mit Eigentumsentziehungen betreffen sie insbesondere Gerichtsverfahren, die über die Zulässigkeit der Enteignung, und solche, die über die vom Staat an den Betroffenen zu zahlende Entschädigung befinden.

a) Prozessuale Rechtsverweigerung

Das Verbot der Rechtsverweigerung enthält einmal gewisse Regeln hinsichtlich des Verfahrens vor Gericht, d. h. prozessuale Mindestanforderungen, welche das Völkerrecht von den innerstaatlichen Gerichten –

---

[405]) Siehe dazu ausführlich: Accioly, 408 ff. Vannod, 24. Wortley, 140. — Auch: Art. 4, beschlossen vom Dritten Komitee der Haager Kodifikationskonferenz, LoN Doc. C. 351 (c). M. 145 (c). 1930. V. Und: Law, *The Local Remedies Rule in International Law*, Genf, 1961.

[406]) Vgl. etwa: Accioly, 408 ff. Vannod, 24. Wortley, 140. Siehe auch Art. 4, beschlossen von der Haager Kodifikationskonferenz, LoN Doc. C. 351 (c). M. 145 (c). 1930. V.

jedenfalls, soweit Ausländer als Parteien beteiligt sind – verlangt. Jedoch handelt es sich hier nur um ganz wesentliche Verfahrenserfordernisse. Im Grundsatz steht es dem Staat frei, wie er die Prozeßordnungen für seine Gerichte gestaltet, und inwieweit er dem Richter Abweichungen vom normalen Verfahrensschema erlaubt. Nur wenn elementare Grunderfordernisse eines geordneten gerichtlichen Verfahrens nicht vorgeschrieben oder in der Praxis nicht eingehalten werden, kann von einer völkerrechtswidrigen Rechtsverweigerung die Rede sein[407]).

So ist insbesondere der Völkerrechtsgrundsatz verletzt, wenn dem Ausländer der Zugang zu den Gerichten in irgendeiner Weise versagt ist[408]), mag es daran liegen, daß Gerichte zur Zeit nicht existieren oder nicht arbeiten[409]), oder daran, daß gerade die Ausländer ausgeschlossen sind[410]). Ein Eigentümer, dem von vornherein die Möglichkeit genommen ist, sein Recht durch Anrufen der Gerichte zu schützen, ist Opfer einer völkerrechtswidrigen Rechtsverweigerung. Dasselbe gilt, wenn man ihm zwar die Klageerhebung gestattet, das Gericht aber das Verfahren in ungebührlicher Weise verzögert[411]) und ihm so in Wahrheit doch keine Möglichkeit gibt, zu seinem Recht zu kommen. Auch grobe Formfehler bei der Beweiserhebung des Gerichts können eine Rechtsverweigerung im völkerrechtlichen Sinne darstellen. Wenn ein Gericht die ihm obliegende Untersuchung der tatsächlichen Umstände der Entziehung unzulänglich durchführt oder dem Ausländer nicht die zur Verteidigung

---

407) In dem Bericht einer Gruppe von Völkerrechtlern, der im Rahmen der Harvard Law School ausgearbeitet wurde, heißt es diesbezüglich: "The regularity of a court's practice and procedure are to be judged in first instance by the local law. ... Provided the system of law conformes with reasonable principles of civilized justice and provided that it is fairly administered, aliens have no cause for complaint in the actual absence of a denial of justice." (Research in International Law, *The Law of Responsibility of States for Damage Done in their Territory to the Person or Property of Foreigners*, Kommentar, 178.)

408) Siehe z. B.: Die vom Vorbereitenden Komitee der Haager Kodifikationskonferenz nach einer Umfrage unter den Völkerbundsstaaten als von der überwiegenden Mehrheit der Regierungen akzeptiert aufgestellte „Diskussionsgrundlage" No. 5, Abs. 1 (*Bases of Discussion. Vol. III, Responsibility of States*, LoN Doc. C. 75. M. 69. 1929. V.). Ebenso Art. 9 des Kodifikationsentwurfs der Harvard Law School von 1929 (*Responsibility of States*, 173) und Ross, 164.

409) Vgl. Kodifikationsentwurf des Institut de Droit International, Art. V, Abs. 1; Annuaire 1927, III, 331.

410) Vgl. den vom Dritten Komitee der Haager Kodifikationskonferenz ausgearbeiteten Art. 9 Abs. 2 (LoN Publ. V. Legal. 1930, 17, S. 237).

411) So z. B.: Harvard Research, op. cit., Art. 9 des Kodifikationsentwurfs, 173. Bases of Discussion, Preparatory Committee zur Kodifikationskonferenz, No. 5, Abs. 3, LoN Doc. op. cit. Art. 9 Abs. 2. Drittes Komitee der Haager Kodifikationskonferenz, op. cit., 237. Ross, 164. *Chattin Case* (USA/Mexiko), Opinions of the Commissioners, 1927, 440. *John W. Haley Case*, ibidem, 469. *C. W. Parrish Case*, ibidem, 477.

seines Eigentums notwendigen Auskünfte erteilt[412]), oder wenn es ihm die Möglichkeit verweigert, durch Zeugen oder Aktenmaterial für den Prozeßausgang erhebliche Beweise zu erbringen[413]), so sind völkerrechtlich erforderliche elementare Verfahrensweisen nicht eingehalten. Dazu zählt der zur Zeit der International Law Commission der Vereinten Nationen vorliegende Kodifikationsentwurf des einschlägigen Völkerrechts auch das Erfordernis der Öffentlichkeit des Verfahrens[414]).

Das sind nur einige eklatante Beispiele. Man wird allgemein sagen können, daß das Verfahren der nationalen Gerichte die angemessene und wirksame Verteidigung des Eigentumsrechts gegen den staatlichen Zugriff ermöglichen[415]), und daß es die für eine unparteiische Rechtsfindung unumgänglichen prozessualen Garantien enthalten muß[416])[417]).

b) Sachlich falsche Urteile

Jedoch schützt das völkerrechtliche Verbot der Rechtsverweigerung den Eigentümer nicht nur davor, daß in dem von ihm im Anschluß an die oder gegen die Entziehung angestrengten Prozeß die nationalen Gerichte des Aufenthaltstaates ihn rein verfahrensmäßig nicht benach-

---

412) So Urteil zum *Chattin Case* (USA/Mexiko), Opinions of the Commissioners, 1927, 440.

413) So Ross, 164.

414) Art. IV Abs. 2 i. V. m. Art. VI Abs. 1 g (UN Doc. A/CN. 4/106, Annex, 2 ff.).

415) So Garcia Amador, UN Doc. ibidem.

416) So Institut de Droit International, Kodifikationsentwurf, Art. V Abs. 3, ibidem. Ähnlich in Art. 9 des Kodifikationsentwurfes der Harvard Law School: "... failure to provide those guarantees which are generally considered indispensable to the proper administration of justice (ibidem).

417) Der neuere Entwurf der Harvard Law School einer "*Convention on the International Responsibility of States for Injuries to Aliens*" (1960, Draft No. 11) zählt in seinem Art. 7 hierzu folgende konkreten Erfordernisse für den prozessualen Schutz des Ausländers auf: "... (a) specific information in advance of the hearing of any claim or charge against him; (b) adequate time to prepare his case; (c) full opportunity to know the substance and source of evidence against him and to contest its validity; (d) full opportunity to have compulsory process for obtaining witnesses and evidence; (e) full opportunity to have legal representation of his own choice; (f) free or assisted legal representation on the same basis as nationals of the State concerned or on the basis generally recognized by municipal legal systems, whichever standard is higher; (g) the services of a competent interpreter during the proceedings if he cannot fully understand or speak the language used in the tribunal; (h) full opportunity to communicate with a representative of the government of the State entitled to extend its diplomatic protection to him; and full opportunity to have such a representative present at any judicial or admistrative proceeding in accordance with the rule of procedure of the tribunal or admistrative agency; (i) disposition of his case with reasonable dispatch at all stages of the proceedings; or (j) any other procedural rights conferred by international law or a treaty."

teiligen. Unter gewissen Umständen kann eine innerstaatliche Gerichtsentscheidung selbst bei Beachtung aller Verfahrenserfordernisse eine Rechtsverweigerung im völkerrechtlichen Sinne sein, dann nämlich, wenn das Urteil seinem Inhalt nach eine ganz grobe Fehlentscheidung darstellt. Das verstößt an sich gegen den Grundsatz, daß aus völkerrechtlicher Sicht nicht nachprüfbar ist, ob innerstaatliches Recht richtig oder falsch angewendet wird. Das Völkerrecht verlängert grundsätzlich nicht den Instanzenweg über die Rechtsfindung im innerstaatlichen Raum. Trotzdem ist anerkannt[418]), daß unter Umständen auch die falsche Anwendung innerstaatlichen Rechts und die darauf zurückzuführende materielle Unrichtigkeit des Urteils eines nationalen Gerichts vom Völkerrechtsverbot der Rechtsverweigerung erfaßt werden kann.

Von einer Völkerrechtsverletzung in diesem Sinne kann aber nur bei außerordentlich schwerwiegenden materiell-rechtlichen Fehlern die Rede sein. Ein Ausländer kann nicht bei jedem Urteil eines innerstaatlichen Gerichts mit der Behauptung, die Entscheidung sei falsch, einen völkerrechtlichen Unrechtstatbestand geltend machen. Grundsätzlich akzeptiert das Völkerrecht Entscheidungen über innerstaatliches Recht und nimmt selbst in Kauf, daß das erkennende Gericht sich geirrt haben mag. Nur bei offensichtlich ungerechten Urteilen kann nach der internationalen Judikatur[419]) und der Völkerrechtswissenschaft[420]) eine Rechtsverweigerung anerkannt werden.

---

[418]) Z. B.: Ross, 164. Institut de Droit International, Kodifikationsentwurf, Art. 6: «L'Etat est également responsable si la procedure ou le jugement constituent un manquement manifeste à la justice, ...» (besonders klar in der Gegenüberstellung Verfahren-Urteil) (op. cit. 332). Harvard Law School, Kodifikationsentwurf, Art. 9: "A manifestly unjust judgement" (ibidem). Dies., Neuer Kodifikationsentwurf, op. cit., Art. 8: "A decision or judgement ... is wrongful: a) if it is a clear and discriminatory violation of the law of the State concerned; b) if it unreasonably departs from the principles of justice generally recognized by municipal legal systems". Schiedsspruch vom 30. Juli 1930 zwischen Portugal und dem Deutschen Reich zu einem vorangegangenen Prisengerichtsurteil über den Rechtsschutz portugiesischen Auslandsvermögens: «Si la décision d'un tribunal de prises est contraire au droit des gens ou si elle est manifestement injuste, ..., elle peut engager la responsabilité de l'Etat capteur et faire l'objet d'une réclamation de l'Etat dont depend la chose capturée.» (ZöRVR 1933, III, Teil II, 21) Hier kommt besonders klar zum Ausdruck, daß es sich um sachlich falsche Anwendung des innerstaatlichen Rechts handelt, denn ihm wird die Völkerrechtsverletzung gegenübergestellt. Ähnlich Schiedsurteil zwischen Ägypten und den USA im *Salem Fall* (UNRIAA Vol. II, 1202) von 1932.

[419]) "In consequence international law has from the beginning conceived under the notion of 'denial of justice' only exorbitant cases of judicial injustice" (Urteil zum *Salem Fall,* ibidem). Siehe auch das in der vorangehenden Anmerkung zitierte Schiedsurteil Portugal / Deutsches Reich. Außerdem Urteil der General Claims Commission zwischen USA und Mexiko im *Fall Teodow Garcia*

Derartige Fälle werden naturgemäß – jedenfalls nachweisbar – nur selten vorkommen. Am ehesten kommen Urteile in Betracht, in denen der oder die nationalen Richter erkennbar parteiisch entschieden und somit den ausländischen Eigentümer bewußt benachteiligt haben[421]). Mag der Verstoß gegen die Unparteiischkeit auf politische Abhängigkeit, auf Befangenheit oder auf Bestechung beruhen, das darauf zurückzuführende sachlich falsche Urteil macht den Staat völkerrechtlich verantwortlich[422]). Im übrigen wird sich nur jeweils im konkreten Einzelfall entscheiden lassen, ob die Unrichtigkeit eines Urteils derart offensichtlich ist, daß dem Gericht eine Rechtsverweigerung im völkerrechtlichen Sinne vorgeworfen werden muß.

Kapitel IV

Verbot diskriminatorischer Enteignung

Während Art. 14 MK, der gemäß Art. 5 ZPMK auch für den Eigentumsschutz des Zusatzprotokolls gilt, die Generalklausel gegen Diskriminierung im Bereich der Menschenrechtskonvention enthält[423]), po-

---

und M. A. Garza (auszugsweise zitiert in Hackworth, Digest, Vol. V, 536).

[420]) Kommentar der Gruppe von Völkerrechtlern in Harvard Law School: "As already observed, when the court merely errs as to fact or the interpretation of municipal law there appears to be, on principle, no ground for asserting responsibility, provided the court was competent and observed the regular forms of law. . . .Responsibility because of a manifestly unjust judgement reached by the observance of regular forms of law is not common, . . . It may be said that before an international claim ought to be considered well-founded, it should be shown that the decision was so palpably injust that the good faith of the court is open to suspicion." (American Journal 1929, Special Supplement, 186). Institut de Droit International, ibidem. Ross, 164.

[421]) Rudloff American Venezuelan Claims Commission, Ralston, *Venezuelan Arbitrations,* 197. *Barron, Forbes & Co. Case* (England/USA), Moore, Arbitrations, 2525. Völkerbund, *Bases of Discussion,* Preparatory Committee, No. V, Abs. 4 (LoN Doc. C. 75. M. 69. 1929. V). Haager Kodifiktationskonferenz, Drittes Komitee, Art. 9, Abs. 2, (LoN Doc. C. 351c. M. 145c. 1930. V.; auch in: LoN Publ. V. Legal. 1930. 17, 237). Harvard Law School Research in International Law, *Responsibility of States for Damage Done to Foreigners,* 173. Ross, 164.

[422]) Ross, 164. *Barron, Forbes & Co. Case,* ibidem.

[423]) Art. 14 MK: „Der Genuß der in der vorliegenden Konvention festgelegten Rechte und Freiheiten muß ohne Unterschied des Geschlechts, der Rasse, Hautfarbe, Sprache, Religion, politischen oder sonstigen Anschauungen, nationaler oder sozialer Herkunft, Zugehörigkeit zu einer nationalen Minderheit, des Vermögens, der Geburt oder des sonstigen Status gewährleistet werden."

Zu Art. 14 MK im allgemeinen siehe Guradze, 165 u. 220 ff. Zur Anwendung des Art. 14 bei Eigentumsentziehungen siehe Entscheidung der Europäischen Menschenrechtskommission vom 20. 12. 1960 im *Falle Gudmundsson gegen Island* (511/59; bei Abschluß des Manuskripts noch nicht veröffentlicht), die unterschiedliche Besteuerung betrifft.

sitiviert Art. 1 ZPMK das dem allgemeinen Fremdenvölkerrecht angehörende Diskriminierungsverbot nur, soweit es Eigentumsentziehungen betrifft[424]). Das ist deshalb von Bedeutung, weil im Gegensatz zum generellen Diskriminierungsverbot die besondere Anwendung des Grundsatzes auf Enteignungen allgemein anerkannt ist; lediglich auf diesen Anwendungsbereich bezieht sich das folgende Kapitel[425]). Dabei spricht man im neueren völkerrechtlichen Sprachgebrauch nicht mehr bei jeder unterschiedlichen Behandlung von Diskriminierung, sondern nur bei ungerechtfertigten Unterscheidungen. Das schließt jedoch nicht aus, daß oft der Klarheit wegen in Verträgen und Schrifttumsstellen von „willkürlicher" oder „böswilliger" Diskriminierung die Rede ist[426]).

1. Verbot der Benachteiligung von Angehörigen bestimmter Auslandsstaaten

Die Frage, wie bei Eigentumsentziehungen die Ausländer im Verhältnis untereinander gestellt werden, berührt zwei Problemkreise des Völkerrechts: die Gleichheit der Staaten und das völkerrechtliche Fremdenrecht. Der erste Aspekt ist derjenige, der dem Diskriminierungsverbot seine politische Bedeutung für die jungen Staaten Afrikas, Asiens und Lateinamerikas gibt, denn insofern könnte man auch von der Gleichberechtigung der Staaten hinsichtlich des Rechtsschutzes ihrer Angehörigen sprechen. Dieser die Gefahr der Politisierung des gesamten Rechtsgebietes enthaltende Gesichtspunkt darf aber nicht zu einer Fehlinterpretation des gegenwärtig geltenden Standes des Völkerrechts führen. Weiter unten soll darauf eingegangen werden, daß das Völkerrecht eine Reihe von Unterscheidungen sowohl unter den Ausländern als auch zwischen In- und Ausländern hinsichtlich ihrer Stellung bei

---

[424]) Auf die Frage, ob etwa Art. 14 MK die von dem Verweis auf die allgemeinen Völkerrechtsgrundsätze in Art. 1 ZPMK ausgehende Schutzwirkung gegen Diskriminierung der Ausländer schon ganz oder zum Teil enthält, kann im Rahmen dieser Studie, die sich auf den Inhalt der Verweisung in Art. 1 ZPMK zu beschränken hat, nicht eingegangen werden. Eine Entscheidung dieser Frage erscheint ohne eingehende Prüfung des Art. 14 MK angesichts seines mehrdeutigen Wortlauts nicht möglich. Vgl. zu Art. 14 MK auch Guradze, 165 u. 220 ff.

[425]) Auf diesen Unterschied weist mit Recht Schwarzenberger (JPL 1960, 158) hin.

[426]) Vgl. auch Jaenicke: „Die böswillige Diskriminierung" (163 ff.). Ihm kann nicht zugestimmt werden, daß die Beifügung derartiger Adjektive den spezifischen juristischen Sinn haben soll, die Diskriminierung innerhalb der Ausländer von der zwischen In- und Ausländern zu unterscheiden. Wendungen wie "arbitrary discrimination" oder «discrimination arbitraire» finden sich für beide Arten der Diskriminierung (Vgl. z. B. schon Vattel, Buch II, Kapitel 7, § 84 und Annuaire 1927, I, 479 ff. und III, 332).

Eigentumsentziehungen zuläßt[427]). Hier genügt die Feststellung, daß der Völkerrechtsgrundsatz, daß diskriminatorische Eigentumsentziehungen verboten sind, kein Gebot der unbedingten Gleichbehandlung aller Ausländer darstellt. Wie oben schon angedeutet, ist im modernen Völkerrecht das Schwergewicht im Diskriminierungsverbot von der Unterscheidung als solcher auf die Unrechtmäßigkeit der verschiedenen Behandlung verschoben worden.

Kann so von einem unbedingten Gleichbehandlungsgebot aller Ausländer auf dem Gebiet eines Staates weder allgemein noch auch nur für die spezielle Frage der Eigentumsentziehungen die Rede sein, so steht andererseits aber außer Zweifel, daß ein Staat bei Enteignungen nicht befugt ist, Angehörige bestimmter Staaten von der Behandlung auszunehmen, die er den Ausländern im allgemeinen hinsichtlich ihres Eigentums gewährt. Das haben schon Grotius[428]) 1625 und Vattel[429]) 1758 anerkannt, und das gilt heute noch in gleichem Maße[430]). Soweit ersichtlich, hat in der Tat bisher nur ein einziger Autor die Geltung dieses Völkerrechtssatzes bestritten[431]).

Aus der allerneuesten Praxis ist in diesem Zusammenhang vor allem auf die Nationalisierungsgesetzgebung von 1958/59 in Indonesien hinzuweisen. Dort wurden alle Betriebe, die sich in der Hand holländischer natürlicher oder juristischer Personen befanden, verstaatlicht[432]).

---

[427]) Siehe S. 119 ff.

[428]) II. Buch, 2. Kapitel, XXII. Dort heißt es u. a.: «Ex suppositione jus commune est adactus, quos populus aliquis externis, promiscue permittit. Nam tunc si unus populus excludatur, ei fit injuria.»

[429]) Buch II, Kapitel 10, § 137, wo Vattel u. a. sagt: «D'ailleurs, défendre sans aucun sujet à un peuple, ce que l'on permet indifféremment à tous, c'est une distinction injurieuse, puisqu'elle ne peut procéder que de haine, ou de mépris.»

[430]) Siehe: Laun, Recueil des Cours 1926, V, 31. De Louter, I, 288 und 293. Dickinson, 229. Kelsen, Recueil des Cours 1932, IV, 249. Barthélémy, Revue Sibert 1907, 656 f. Fauchille, 938. Strupp, Recueil des Cours 1934, I, 540; er erklärt z. B.: «Un Etat peut faire des discriminations vis-à-vis d'étrangers en général (in dieser allgemeinen Formulierung sehr fraglich, siehe unten Abschnitt über das Verhältnis Inländer — Ausländer), mais s'il n'agissait ainsi qu'à l'encontre de nationaux d'un certain autre Etat, il se rendrait coupable d'un délit international, engageant sa responsabilité.»

[431]) Es handelt sich um Thomas, der das unzutreffende Argument a majore ad minus zieht: «Il est contradictoire et antijuridique de soutenir qu'un Etat, qui peut méconnaître le droit de tous les étrangers ne peut méconnaître le droit de certains étrangers seulement» (Revue Sibert 1897, 629). Er verkennt damit den Charakter des Diskriminierungsverbots als solchem, denn mit dieser Argumentation ließe sich jede Diskriminierung halten. Das Verwerfliche der Diskriminierung ist nicht quantitativ, sondern liegt gerade im Verschiedenbehandeln selbst als Ausdruck einer Ungerechtigkeit.

[432]) Gesetz No 86 vom 31. 12. 1958 (Staatsblatt 1958, No. 162) und die anschließende Regierungsverordnung No. 2 vom 23. 2. 1959 (Staatsblatt 1959, No. 5), welche vor allem genau den Anwendungsbereich des Gesetzes festlegt.

Ein später einzusetzender Ausschuß soll über die Entschädigung „zu einem angebrachten Zeitpunkt“ entscheiden. Diese Nationalisierungen, die auch noch andere Fragen des Enteignungsvölkerrechts aufwerfen, sollen hier nur vom Gesichtspunkt der Diskriminierung betrachtet werden. Von zwei deutschen Gerichten, die sich mit den Rechtsfolgen dieser indonesischen Maßnahmen zu befassen hatten[433]), geht eines auf die Frage der Diskriminierung ein, und glaubt, keine solche feststellen zu können, da „die Einstellung des ehemaligen Kolonialvolkes zu seinem ehemaligen Kolonialherrn naturgemäß eine andere als zu anderen Ausländern ist“[434]). Das Urteil übersieht damit, daß nicht jeder mögliche Anlaß für eine besondere Einstellung gegenüber einem bestimmten Lande vom Völkerrecht als Grund für eine Diskriminierung zugelassen werden kann. Die indonesische Regierung gab offen zu, daß die Nationalisierungsmaßnahmen ausschließlich zum Zwecke des Druckes in der Auseinandersetzung um West Neu-Guinea durchgeführt wurden und die Niederländer von der normalen Ausländerbehandlung ausnehmen sollten[435]). Wollte das Völkerrecht derartige politische Motive als Rechtfertigung der Diskriminierung anerkennen, bliebe vom Grundsatz der Nichtdiskriminierung wenig übrig. Es gestattet die Diskriminierung aus solchen Gründen nicht[436]). Daher hat die Argumentation des deutschen Gerichts auch allgemeine Ablehnung gefunden und sind in Judikatur[437]) und Schrifttum[438]) diese indonesischen Nationa-

[433]) Sog. "Bremer Tabakstreit". Es handelte sich um Sequestrierungsanträge zweier holländischer Gesellschaften, von deren nationalisierten Plantagen in Indonesien Tabak auf deutsches Staatsgebiet gekommen war, gegen eine deutsch-indonesische Handelsgesellschaft in Bremen. Die Antragsteller bestritten das Eigentum der letzteren. Das LG Bremen (Außenwirtschaftsdienst 1959, 105 f.) wies die Anträge zurück. Das Instanzurteil des Hanseatischen OLG Bremen (Außenwirtschaftsdienst 1959, 207 f.) bestätigte diese Entscheidung.

[434]) Hanseatisches OLG Bremen, ibidem.

[435]) So in der Präambel des Nationalisierungsgesetzes, in der ausdrücklich die Nationalisierungen als „Maßnahmen der Regierung im Rahmen des Kampfes um die Befreiung von Irian Barat (= West Neu-Guinea) gegen Unternehmen im holländischen Eigentum“ bezeichnet werden (Übersetzung aus Staatsblatt 1958, No. 162). Daß es sich um offene Diskriminierung handelt, kommt besonders deutlich in den offiziellen Erläuterungen zu Art. 1—3 der obenerwähnten Regierungsverordnung zum Ausdruck, in denen es u. a. heißt: „Der Zweck dieser Bestimmung ist, ... die Stellung niederländischer Staatsbürger von der Stellung anderer Staatsbürger zu unterscheiden, gemäß der in der allgemeinen Erläuterung zum ... Nationalisierungsgesetz enthaltenen Absicht“ (Übersetzung aus Staatsblatt 1959, No. 5).

[436]) Ebenso Verdross, Nederlands Tijdschrift 1959, 284.

[437]) So Urteil des Appellationsgerichtes Amsterdam vom 4. 6. 1959 (zusammenfassende Darstellung in Außenwirtschaftsdienst 1959, 208). Diese Entscheidung betraf einen fast gleichliegenden Fall wie der Bremer Tabakstreit.

[438]) Siehe vor allem Seidl-Hohenveldern, Außenwirtschaftsdienst 1959, 106 f. und 272 ff.

lisierungen als klare Verletzungen des völkerrechtlichen Verbots der diskriminatorischen Eigentumsentziehung angesehen worden.

Die Nationalisierungen in Indonesien sind nur der neueste Fall von Eigentumsentziehungen, bei denen in völkerrechtswidriger Weise zwischen Ausländern verschiedener Staatsangehörigkeit diskriminiert wurde. Ein Dreierkomitee und der Völkerbundsrat hatten sich 1927 mit ähnlichen Fragen zu befassen. Dort handelte es sich um staatliche Eingriffe von Seiten der rumänischen Regierung ausschließlich in das Eigentum der ehemaligen ungarischen Oberschicht in Siebenbürgen. Obwohl diese Maßnahmen, die in den Rahmen des Optantenstreites fielen, weit weniger offensichtliche Benachteiligungen bestimmter Ausländer darstellen als im Falle Indonesiens, sah man sie doch als Verstoß gegen das Verbot diskriminatorischer Enteignungen an[439]). Auch die diskriminatorische Besteuerung bestimmter Ausländer im Vergleich zu anderen ist in der Vergangenheit als völkerrechtswidrig betrachtet worden und Anlaß zu diplomatischen Interventionen gewesen[440]).

Man sieht, bei jeder Art von staatlichen Eingriffen in das Eigentum gilt, daß nach allgemeinem Völkerrecht eine Benachteiligung der Ausländer bestimmter Staatsangehörigkeit verboten ist. Die (weiter unten behandelten) völkerrechtlich zulässigen Unterscheidungen zwischen verschiedenen Ausländern laufen auf den Satz hinaus, daß dagegen unter bestimmten Voraussetzungen die Bevorzugung (nicht die Benachteiligung) gewisser Heimatstaaten gestattet sein kann. Das Benachteiligungsverbot gilt also insofern ausnahmslos[441]). Es ist übrigens nicht nur auf das Unterscheidungskriterium Staatsangehörigkeit beschränkt, sondern verbietet – was allerdings seit Ende des zweiten Weltkrieges wohl von niemandem mehr bestritten wird[442]) – auch die Diskriminierung auf Grund der Rasse oder Religion[443]).

---

[439]) LoN Official Journal, Minutes of the Council, 46th and 47th Sessions, insbesondere 4th meeting, 19. September 1927, 1408 ff.

[440]) Borchard, 96. Cutler, American Journal 1933, 236. Fenwick, 299. Hackworth, I, 141 und III, 575 f. Moore, Digest, II, 57.

[441]) Die von Schindler (85 f.) genannten beiden angeblichen Ausnahmen sind in Wahrheit keine. Denn beim Abstellen auf die Reziprokität handelt es sich dem Wesen nach um eine Bevorzugung der Ausländer, deren Heimatstaaten den Anforderungen der Reziprokität genügen, gegenüber den Ausländern im allgemeinen. Wenn wirklich (nicht nur vorgeschobenermaßen) rein zufällig nur die Angehörigen eines bestimmten Staates von staatlichen Maßnahmen betroffen werden, liegt ebenfalls keinerlei Benachteiligung vor. — Im letzteren Fall sind aber strenge Maßstäbe anzulegen, wie der obenerwähnte Fall des Optantenstreites zeigt.

[442]) Im Prinzip auch nicht von der gegenwärtigen Regierung der Südafrikanischen Republik — trotz ihrer Apartheid-Gesetzgebung.

[443]) Vgl. dazu näher Schindler, 86 ff.

2. Verhältnis zwischen Ausländer- und Inländerbehandlung

a) *Abgrenzung zur Theorie vom „National Treatment"*

Wenn man aus völkerrechtlicher Sicht die Stellung der Ausländer in einem Staat mit der der Inländer vergleicht, müssen zwei Fragen scharf unterschieden werden: 1. Ist die maximal beste Behandlung, die ein Staat einem Ausländer und seinem Eigentum zu gewähren verpflichtet ist, die Gleichbehandlung mit den Inländern? und 2. Ist ein Staat völkerrechtlich grundsätzlich verpflichtet, die Ausländer im Verhältnis zu der Behandlung, die er Inländern gewährt, nicht zu benachteiligen? Diese beiden Fragen sind unabhängig voneinander und haben im System des völkerechtlichen Fremden- und Enteignungsrecht einen verschiedenen Platz[444]). Die erste ist die Kernfrage in dem Theorienstreit zwischen den Lehren vom „National Treatment" und vom „Minimum Standard of International Justice". Die zweite gehört in den Rahmen des völkerrechtlichen Diskriminierungsverbotes und bezeichnet dessen Anwendungsbereich auf das Verhältnis zwischen In- und Ausländern.

Auf den Streit zwischen Gleichheits- und Mindeststandardstheorie ist oben[445]) in anderem Zusammenhang schon eingegangen worden. Es wurde festgestellt, daß jedenfalls für das Völkerrecht der Gegenwart nur die Doktrin vom Mindeststandard den Rechtsstand richtig wiedergibt, und daß die Lehre vom „National Treatment" insbesondere durch die immer weiter vordringende internationale Anerkennung der Menschenrechte ihre Berechtigung verloren hat. Das moderne Völkerrecht enthält einen absoluten Mindeststandard, den ein Staat in der Behandlung der Fremden und ihres Eigentums nicht unterschreiten darf; selbst dann nicht, wenn er seine eigenen Staatsangehörigen in einer Weise behandelt, die unter diesem Standard liegt. Um ein Beispiel aus einem der vorigen Abschnitte zu nehmen: Ein Staat muß z. B. bei Eigentumsentziehungen selbst dann prompte, angemessene und effektive Entschädigung zahlen, wenn er das Eigentum seiner eigenen Staatsangehörigen ohne jede Gegenleistung konfisziert.

Diese Anerkennung des Minimum-Standards läßt aber die zweite Frage noch völlig offen und schließt insbesondere ihre Bejahung in keiner Weise aus. Mit der Ablehnung der Doktrin vom „National Treatment" ist nur gesagt, daß die Gleichbehandlung nicht auf jeden Fall das Höchste ist, was das Völkerecht verlangen kann, daß es vielmehr Fälle geben kann, wo die Gleichbehandlung nicht ausreicht, wo also im Ergebnis das Völkerrecht verlangt, daß der Staat die Ausländer besser behandelt, als er es in diesem konkreten Fall mit den Inländern

---

[444]) Ebenso Schindler, 54 ff. — Vgl. auch Art. 14 MK.

[445]) Vgl. oben Abschnitt "Minimum Standard" oder "National Treatment" (S. 75 ff.).

tut. Im Rahmen des Diskriminierungsverbots taucht jedoch nun – und so stellt sich die zweite Frage bei der Bejahung des Minimum-Standards – das Problem auf, ob es, wenn ein Staat seinen eigenen Staatsangehörigen und ihrem Eigentum eine Behandlung zukommen läßt, die über dem Mindeststandard liegt, ihm dann nicht völkerrechtlich verboten ist, die Ausländer schlechter als die Inländer zu behandeln. Es kommt also darauf an, ob in einem solchen Fall wegen des Diskriminierungsverbots die Behandlung nach dem Minimum-Standard nicht genügend ist[446]).

b) Verbot der Schlechterbehandlung der Ausländer bei Entziehungen

aa) Die Diskriminierung im engeren Sinne

Wie oben schon mehrfach betont, liegt das Gewicht im völkerrechtlichen Diskriminierungsverbot bei der Unsachlichkeit, der Willkürlichkeit der Unterscheidung, weniger bei der Unterscheidung selbst[447]). Im besonderen Bereich der Anwendung des Verbots auf das Verhältnis In- und Ausländer gilt das nicht in ganz so starkem Maße, wie weiter unten noch zu zeigen sein wird. Immerhin ist auch hier zu bemerken, daß die Untersagung der Diskriminierung und das Gebieten der Gleichbehandlung nicht dasselbe sind[448]). Genau genommen ist die letztere ein Schritt mehr. Daher ist es auch erklärlich, daß der eine Grundsatz

---

[446]) Besonders klar hierzu der ehemalige Präsident des Internationalen Schiedsgerichtshofs für Oberschlesien und Richter am Ständigen Internationalen Gerichtshof, der Belgier Kaeckenbeeck: «Loin de s'exclure mutuellement, le principe de nondiscrimination, et celui de standard minimum civilisé se complètent utilement. Ils possèdent chacun un noyau de vérité ... Une discrimination est une inconsequence, et cette inconsequence fait que l'Etat n'est plus couvert par le principe de liberté d'organisation. Il en résulte le droit pour un autre Etat d'intervenir en faveur de ses citoyens lésés par la discrimination et, si celle-ci n'est pas justifiée par les intérêts superieurs reconnus ou par une coutume conforme assez générale, de mettre en jeu la responsabilité internationale de l'Etat discriminant. Notons biens que le fait de la discrimination ne fait pas encore jouer le principe du standard minimum. Il peut rendre responsable tout à fait indépendamment de ce standard, à un niveau même très superieur à ce standard» (Recueil des Cours 1937, I, 366).

[447]) Vgl.: Vierter Bericht für die International Law Commission über "International Responsibility", UN Doc. A/CN. 4/119, 20.

[448]) So erkennt z. B. auch Jaenicke, der grundsätzlich das Diskriminierungsverbot als bloße negative Formulierung eines Gleichbehandlungsgebots betrachtet, an, daß es im konkreten Fall sehr wohl eine Rolle spielen kann, ob in einem Staatsvertrag die Pflicht zur Inländerbehandlung oder zur Nichtdiskriminierung bestimmt ist (*Wörterbuch des Völkerrechts*, I, 1960, 390). Ebenso auch Sauer, welcher einerseits ein generelles Inländerbehandlungsgebot verneint (S. 185), andererseits jedoch ohne Bedenken die Geltung des Diskriminierungsverbots zu den „klar liegenden Fällen" eines völkerrechtlichen Unrechts zählt (S. 250). Vgl. auch Sir John Fischer Williams, British Yearbook 1928, 28 f.

allgemein anerkannt ist, der andere aber auf Widerstand stößt. Im Ergebnis dürfte aber nur ganz selten ein Unterschied bestehen[449]).

Für das Gebiet der Eigentumsentziehungen ist das grundsätzliche Verbot der Diskriminierung der Ausländer völlig ausnahmslos anerkannt. Die üblichen Ausnahmen hinsichtlich anderer Gebiete des völkerrechtlichen Fremdenrechts (z. B. bei den politischen Rechten und bei dem Vermögenserwerb) kommen für die Frage, unter welchen Modalitäten schon dem Ausländer gehöriges Eigentum vom Aufenthalts- oder Niederlassungsstaat entzogen werden darf, nicht in Betracht. Rechtsprechung[450]) und Schrifttum[451]) haben für den Bereich des Enteignungsvölkerrechts das Diskriminierungsverbot eindeutig als geltend angesehen.

Schwierigkeiten macht nur hin und wieder die Frage der verschleierten Diskriminierung. Hier zeigt sich die Schwäche des Diskriminierungsverbot im engeren Sinne einerseits und die Stärke eines Gleichbehandlungsgebots andererseits. Es ist einem Staat wesentlich schwieriger nachzuweisen, daß eine getroffene Unterscheidung auf unsachlichen Gesichtspunkten beruht, als die Tatsache, daß überhaupt eine unterschiedliche Behandlung zwischen in- und ausländischem Eigentum vorliegt. Deshalb müssen bei Anwendung des Diskriminierungsverbots strenge Maßstäbe an die Unterscheidungskriterien, welcher sich der entziehende Staat bedient, angelegt werden. Diesem sich aus der Natur des Diskriminierungsverbots ergebenden Erfordernis hat der Ständige Internationale Gerichtshof auch Rechnung getragen[452]). Die Tatsache,

---

[449]) Der Unterschied ist wohl vor allem auch durch die psychologisch verschiedene Aufnahme der Formulierung der völkerrechtlichen Verpflichtung gekennzeichnet: Kein Staat wird normalerweise darauf bestehen, „diskriminieren zu dürfen“.

[450]) Vgl. z. B. Urteil des Ständigen Internationalen Gerichtshofs im *Oscar Chinn Fall,* wo es im Zusammenhang mit den belgischen Maßnahmen, die zu Chinns Vermögensverlusten führten, ganz grundsätzlich heißt: “The form of discrimination which is forbidden is therefore discrimination based upon nationality and involving differential treatment by reason of their nationality as between persons belonging to different national groups.“ (Im Ergebnis lehnte der Gerichtshof die vom Kläger vorgebrachte Behauptung, es handele sich um Entziehungen wohlerworbener Rechte, ab) (PCIJ Series A/B, No. 63, Zitat auf S. 87).

[451]) Vgl. etwa Fachiri, British Yearbook 1925, 160. Fischer-Williams, British Yearbook 1928, 28.

[452]) Vgl. Gutachten des Gerichtshofs zum *Fall der deutschen Siedler in Polen* (PCIJ Series B, No. 6, S. 24). Es sah den Art. 5 des in Frage stehenden polnischen Gesetzes als diskriminierend gegen deutsche Siedler an, obwohl er nur vorsah, daß alle Grundbesitzer enteignet würden, die ihr Eigentum auf Grund von Verträgen mit Rechtssubjekten erlangt hätten, an deren Stelle der polnische Fiskus getreten sei. Im Zusammenhang mit Art. 8 des Genfer Minoritätenvertrages hatte das Gutachten schon folgendes ausgeführt: “The fact that no racial discrimination appears in the text of the law of July 14, 1920, and that in a few

daß ein Staat nach außen hin nicht auf die Ausländereigenschaft als Kriterium abstellt, schließt das Vorliegen einer völkerrechtswidrigen Diskriminierung der Ausländer noch nicht aus. Auch im Völkerrecht gilt die Auslegung nach Treu und Glauben, und entscheidend ist für die Beurteilung aus völkerrechtlicher Sicht der Geist der Entziehungsmaßnahmen.

bb) Das Gebot der Gleichbehandlung mit Inländern

Ob über die negative Pflicht zur Nichtdiskriminierung hinaus eine positive völkerrechtliche Pflicht der Staaten besteht, Ausländer gleich gut zu behandeln wie Inländer, ist weniger eindeutig anerkannt. Verdross[453]) und Sauer[454]) lehnen z. B. eine solche Verpflichtung uneingeschränkt ab. Ob eine umfassende Gleichbehandlung verlangt werden kann (von den politischen Rechten und ähnlichen Ausnahmen sei ohnehin abgesehen), mag in der Tat fraglich erscheinen. Was aber speziell die Stellung der Ausländer bei Eigentumsentziehungen angeht, so muß davon ausgegangen werden, daß zu der auch von Verdross zugegebenen praktischen Übung der Gleichbehandlung[455]) auch die entsprechende opinio juris vorhanden ist und daher jedenfalls insofern eine sich aus dem Völkergewohnheitsrecht ergebende Gleichbehandlungspflicht bei Enteignungen besteht.

Schon 1928 wurde in einem vom Wirtschaftsrat des Völkerbundes beschlossenen Kodifikationsentwurf[456]) in Artikel 10 anerkannt, daß die Ausländer den gleichen Eigentumsschutz verlangen könnten, wie ihn die Inländer gewährt bekämen. In Art. 11 des Entwurfs wurde die Gleichbehandlung mit Inländern in Bezug auf Enteignungen und die dafür auszuzahlende Entschädigung ausdrücklich aufgenommen[457]). Gleichermaßen drückte sich z. B. der schweizerische Bundesrat in der Beantwortung eines vom Völkerbund über die Verantwortlichkeit der

---

instances the law applies to non-German Polish nationals who took as purchasers from original holders of German race, make no substantial difference. ... There must be equality in fact as well as ostensible legal equality in the sense of the absence of discrimination in the words of the law."

[453]) *Völkerrecht*, 286.

[454]) S. 185.

[455]) Verdross, ibidem.

[456]) LoN Doc. C. 174.53.1928.II.14. Auch in: LoN Doc. C. 36.M.21.1929.II.

[457]) In dem Art. 11 heißt es u. a.: «4. Les ressortissants de chacune des Parties contractantes ne pourront, sur le territoire de l'autre, être expropriés de leurs biens, ni privés, même temporairement, de la jouissance de leurs biens, que pour une cause légalement recunnue d'utilité publique et suivant la procedure légale en vigeur.

5. Chacune des Hautes Parties contractantes devra accorder aux ressortissants des autres Hautes Parties contractantes, en ce qui concerne les indemnités pour les prestations, réquisitions ou privations temporaires visées aux aliénas 3 et 4 ci-dessus, un traitement égal à celui qu'elle accorde à ses propres nationaux.»

Staaten ausgesandten Fragebogens aus[458]). Auf der Pariser Fremdenrechtskonferenz von 1929 nahm die zuständige Kommission in ihrem Kodifikationsentwurf unter Art. 11 Ziff. 5 ausdrücklich den Grundsatz auf, daß Ausländer bei der Entschädigung für Eigentumsentziehungen den Inländern gleich behandelt werden müßten[459])
Bereits 1926 hatte sich eine Resolution der International Law Association im gleichen Sinne ausgesprochen[460]). Sie gab damit einer Auffassung Ausdruck, die vorher und nachher bis in die jüngste Gegenwart von der überwiegenden Mehrzahl der Völkerrechtler als geltendes Völkergewohnheitsrecht angesehen worden ist, daß nämlich Eigentumsentziehungen, die ausschließlich gegen Ausländer gerichtet sind, oder bei denen hinsichtlich der Entschädigung keine inländergleiche Behandlung gewährt wird, gegen das geltende allgemeine Völkerrecht verstoßen[461]).

Im Hinblick auf all diese Äußerungen von Regierungen und Wissenschaftlern kann das Bestehen einer opinio juris nicht in Frage gestellt werden. Es muß daher als Teil des geltenden Völkergewohnheitsrechts angesehen werden, daß jedenfalls für das spezielle Gebiet der Eigentumsentziehungen die Staaten verpflichtet sind, die betroffenen Ausländer nicht schlechter als ihre eigenen Staatsangehörigen zu behandeln.

3. Gerechtfertigte Unterscheidungen

Im Grundsatz ist das Verbot der Diskriminierung oder das Gebot der Gleichbehandlung zwischen In- und Ausländern keine

458) Der Bundesrat sagt u. a.: « dès que des mesures législatives affectant des droits acquis ... portent ... atteinte au principe de l'égalité juridique (les mesures prises sont dirigées, par exemple, contre des étrangers comme tels) elles devraient être considérées comme illicites et entraîner, par conséquent, la responsabilité de l'Etat » (LoN Doc. C.75.M.69.1929.V.3, 36).

459) Vgl. Conférence international sur le traitement des étrangers, Paris, 1929, LoN Doc. 1929.II.5, 6 (Documents préparatoires); LoN Doc. 1930.II.5, 441, Ziff. 232, Abs. 5 (Comptes rendus).

460) Report of the 34th Conference of the ILA, 1926, 247.

461) Vgl.: Brierly, Recueil des Cours 1936, IV, 171. De Nova, Friedenswarte 1953/55, 123. Fachiri, British Yearbook 1925, 171. Fischer-Williams, British Yearbook 1928, 28. Foighel, 46. Friedman, *Expropriation in International Law,* 190 ff. u. 210. Guggenheim, Lehrbuch, 302 ff. Hackworth, III, 654 (amerikanische Note vom 27. März 1922 an China). Jaenicke, 80 ff. Oppenheim-Lauterpacht, I, 688. Strupp, in *LaRéforme Agraire en Roumanie,* 432. Ross, 160. Schindler, Mitteilungen der Deutschen Gesellschaft für Völkerrecht, 1933, 61 ff. Ebenso noch 1960 eine Gruppe prominenter Völkerrechtler in dem neuen Entwurf einer *Convention on the International Responsibility of States for Injuries to Aliens* (Draft No. 11) in Art. 10 Abs. 2: "The taking ... of any property of an alien ... is wrongful, if it is not accompanied by prompt payment of compensation in accordance with the higher of the following standards: (a) compensation which is no less favorable than that granted to nationals of such State ...". (abgedruckt in Proceedings of the American Society of International Law, April 28 — 30, 1960, 103).

ausnahmslose Regel. Aus den vielen rechtlich faßbaren Unterschieden zwischen Aus- und Inländern folgen eine Reihe von Ausnahmen, unter denen eine verschiedene Behandlung der Ausländer als solcher völkerrechtlich gestattet ist. Die allgemein üblichen Vorschriften des Ausländerpolizeirechts gehören z. B. hierhin, ebenso die politische Ungleichheit. Selbst auf dem Gebiet des Vermögensrechts ist in gewisser Hinsicht eine Benachteiligung gestattet. So erlaubt das Völkerrecht einem Staat z. B., zur Vermeidung der Überfremdung politisch oder strategisch bedeutsamer Vermögensarten den Erwerb von Grundeigentum, Waffen- oder sonstiger kriegswichtiger Industrie oder von Ausbeutungsrechten an bestimmten Bodenschätzen für Ausländer auszuschließen oder bestimmten Sicherungsbestimmungen (wie etwa hinsichtlich genügend großer inländischer Beteiligungen) zu unterwerfen[462]). Wenn aber der Ausländer einmal Eigentum erworben hat, ist der Staat nach Völkerrecht zu gleichmäßigem Schutz verpflichtet, wie die obigen Untersuchungen zeigen. Das bedeutet, daß eine einseitige Entziehung von Eigentum nicht mehr möglich ist. Es ist keine Stelle aus der völkerrechtlichen Judikatur oder Literatur bekannt, wo geltend gemacht worden wäre, ein Staat dürfe Entziehungen ausschließlich gegen Ausländereigentum richten. Das Völkerrecht erlaubt den Ausschluß der Ausländer von bestimmten Eigentumsarten nur durch Verhinderung des Erwerbs; das Verbot diskriminatorischer Entziehungen zwischen In- und Ausländern gilt ausnahmslos[463]).

Dagegen läßt das Verbot der Diskriminierung zwischen Ausländern verschiedener Staatsangehörigkeit auch hinsichtlich der Eigentumsentziehungen Ausnahmen zu. Unter bestimmten Umständen ist die Enteignung gegen Ausländer aus verschiedenen Heimatstaaten unter unterschiedlichen Modalitäten zulässig. Dabei ist aber natürlich eine untere Grenze der Benachteiligung eines Ausländers einmal absolut durch den völkerrechtlichen Mindeststandard und außerdem relativ durch das Gebot der Gleichbehandlung mit Inländern gezogen.

---

[462]) Einen Überblick über solche Maßnahmen gibt Baumann, Außenwirtschaftsdienst 1959, 237 ff. — Derartige gegen den Ausländer gerichtete Regulierungen gibt es praktisch in allen Staaten. Vgl. z. B. zu Erwerbsbeschränkungen von Ausbeutungsrechten an Bodenschätzen die Zusammenstellung des UN Doc. A/AC.97/5, S. 20 ff., zu Anforderungen hinsichtlich inländischer Beteiligungen, op. cit. 77 ff. Beschränkungen des Grunderwerbs von Ausländern finden sich z. B. in Burma, Indonesien, Kuba, Liberia, den Philippinen, Schweden, Thailand, den USA und dem Vereinigten Königreich. Afghanistan schließt Ausländer völlig vom Grunderwerb aus (vgl. näher op. cit. 150 ff.).

[463]) Vgl. auch zur Diskriminierung bei Gewährung freiwilliger, über die rechtliche Entschädigungspflicht hinausgehender Vergünstigungen das Urteil im *Fall der britischen Ansprüche in der spanischen Zone von Marokko*, (UNRIAA Vol. II, 652).

Derartige gerechtfertigte Unterscheidungen können sich aus der Staatsvertragspraxis des entziehenden Staates ergeben. Sie laufen letztlich auf den Satz hinaus, daß hinsichtlich der Eigentumsentziehung gegen ihre Staatsangehörigen zwar nicht die Benachteiligung einzelner Staaten, wohl aber die Bevorzugung vom Völkerrecht gestattet ist[464]). Ein extremer Fall wäre z. B., daß in einem Staatsvertrag zwei Staaten sich versprechen, gegen die Angehörigen des Vertragspartners auf ihren Gebieten Eigentumsentziehungen unter allen Umständen zu unterlassen. Geht nun einer der Staaten zur Nationalisierung eines bestimmten Zweiges seiner Wirtschaft über, so kann er von dem sonst allgemein geltenden Nationalisierungsgesetz die auf seinem Gebiet befindlichen Eigentumsstücke von Angehörigen dieses Vertragspartnerstaates ausnehmen, ohne daß er dabei gegen das Verbot diskriminatorischer Entziehungen verstieße; ja das Völkerrecht verpflichtet ihn durch den Satz *pacta sunt servanda* sogar zu einem solchen Verhalten. In ähnlicher Weise – nur in der Bevorzugung weniger weit gehend – ist eine Reihe von staatsvertraglichen Bevorzugungsklauseln denkbar. Es steht einem Staat frei, sich in bilateralen oder auch multilateralen Staatsverträgen über seine sich aus allgemeinem Völkerrecht ergebenden Pflichten hinaus hinsichtlich Eigentumsentziehungen zu binden. Eine solche Bindung gegenüber einem Staat und dessen Angehörigen verpflichtet noch nicht, nunmehr auch allen anderen Ausländern diese bessere Stellung zu gewähren. Gerade weil das nicht der Fall ist, gibt es in so vielen Verträgen die Meistbegünstigungsklausel, die diese Angleichung kraft Völkervertragsrecht vornimmt.

Auf Grund der Staatsvertragspraxis des entziehenden Staates kann also die Bevorzugung von Ausländern bestimmter Staatsangehörigkeit gestattet sein[465]). Es ist jedoch der Fall möglich, daß ein Staat einer Mehrzahl der Staaten der Völkergemeinschaft derartige bevorzugte Behandlung ihrer Angehörigen in Fällen von Eigentumsentziehungen in Verträgen verspricht, sich jedoch weigert, mit einem oder wenigen Staaten ähnliche Verträge abzuschließen. In einem solchen theoretischen Fall wäre wohl das Diskriminisierungsverbot wiederum verletzt[466]).

---

[464]) Schon Vattel hatte zu den «droits accordés en forme de bienfait» geschrieben: «Quant aux droits de cette nature, accordés à une ou à plusieurs Nations, pour des raisons particulières . . .: Ceux à qui on refuse les mêmes droits, ne peuvents se tenir offensés.» (livre II, chap. 10, § 138). Zum modernen Völkerrecht vgl. Schindler, 82 ff.

[465]) Vgl. Schindler, op. cit., 83 ff.

[466]) Vgl. Jaenicke, 187 ff.

Kapitel V
Pacta sunt servanda

1. Verträge zwischen Staaten

Mit Recht zählt Rousseau[467]) die Regel *pacta sunt servanda* zu den eindeutig anerkannten Grundsätzen des materiellen Völkerrechts. Das gilt jedenfalls für die grundsätzliche Anerkennung des Satzes[468]) und seinen traditionellen Anwendungsbereich, nämlich Verträge zwischen Staat und Staat. Die Problematik der Regel *pacta sunt servanda* liegt im heutigen Völkerrecht bei der Anwendbarkeit auf Verträge mit natürlichen und juristischen Einzelpersonen. Darauf wird unten einzugehen sein. Im Hinblick auf Staatsverträge (treaties) kann jedoch an der Geltung des Grundsatzes kein Zweifel bestehen[469]). Es ist in der Tat keine Entscheidung bekannt, die sie jemals in Frage gestellt hätte[470]). Dabei gilt – wie auch in fast allen anderen Rechtssystemen –, daß die Auslegung der Vertragspflichten im Zweifelsfall nicht schematisch nach dem Wortlaut der Texte, sondern vielmehr nach dem Geist der Verträge und nach Treu und Glauben vorzunehmen ist[471]).

Die Bedeutung des Grundsatzes *pacta sunt servanda* für das Gebiet der Eigentumsentziehungen ist beträchtlich. In einer großen Zahl von

---

[467]) *Principes Généraux du Droit International Public*, 902 ff.

[468]) Zu der Frage, ob der Grundsatz *pacta sunt servanda* auch unter Art. 25 GG fällt, der ähnlich dem Art. 1 ZPMK auf die „allgemeinen Regeln des Völkerrechts" verweist, vgl. Maunz, 253 f, und Wäsche, 26 ff. mit weiteren Hinweisen.

[469]) Das ist so unbestritten, daß C. Schmitt (69 f. u. 363 f.) und Heller (132) den Satz *pacta sunt servanda* sogar als Tautologie bezeichnet haben, also darauf hinweisen, daß es gerade das Wesen eines Vertrages ausmacht, daß er gehalten werden muß. — Zur Anerkennung des Grundsatzes und zu weiteren Einzelheiten vgl.: Accioly, Recueil des Cours 1959, I, 409. Dahm, 20. Kunz, American Journal 1945, 180 ff. Harvard Law School, Research in International Law, II., *Responsibility of States*, 1929, 134 u. 167 ff. Institut de Droit International, Annuaire, 43, I, 127. International Bar Association, Report of the 7th Conference, 1958, Resolution, 485. Vereinte Nationen, International Law Commission, Yearbook 1957, Vol. II, 129. Dies., UN Doc. A/CN.4/119, 35 ff., 64 ff., 76 ff., 87 ff. Dies., UN Doc. A/CN.4/125, 74. Vereinte Nationen, Sekretariat, *The Status of Permanent Sovereignty over Natural Wealth and Resources*, UN Doc. A/AC.97/5, 253, 274 ff., 284 ff. Völkerbund, Economic Comitee, *Draft Convention on the Treatment of Foreigners*, LoN Doc. C.174.M.53.1928.II.14, Art. 16. Ders., *Bases of Discussion*, Preparatory Committee for the Conference for the Codification of International Law, Vol. III, LoN Doc. C. 75 M.69. 1929. V.25, 33, 59.

[470]) So schon der Bericht der Gruppe von prominenten Völkerrechtlern für die Harvard Law School, Research in International Law, III., *Law of Treaties* (Drafts of Conventions), Supplement zu American Journal 1935, 977.

[471]) Dafür, daß auch im Völkerrecht das Prinzip von Treu und Glauben die Vertragsauslegung zu regieren hat, vgl.: Brandon, Transactions 1957, 53 f. Dahm, 519. International Law Commission, UN Doc., A/CN.4/125 von 1960, 50 ff.

Staatsverträgen ist der Schutz ausländischen Vermögens oder speziell die Frage von Enteignungen und Nationalisierungen geregelt[471a]).

Schon in der Staatsvertragspraxis zwischen den Weltkriegen finden sich oft diesbezügliche Vorschriften. Das gilt vor allem für Handels- und Niederlassungsverträge. Teilweise wird das Eigentum der Angehörigen nur indirekt durch Verweisnormen gegen unrechtmäßige Entziehungen von Seiten des Staates geschützt[472]). Teils gehen die Verträge aber auch ausdrücklich auf Enteignungen ein und bestimmen insbesondere die Entschädigungspflicht[473]).

Nach 1945 ist die Vertragspraxis noch umfangreicher und geht auch noch mehr ins Detail. Die indirekte Sicherung gegen unrechtmäßige Eigentumsentziehungen findet sich jetzt mehr in der Aufnahme des Gebots der Respektierung wohlerworbener Rechte in die Vertragstexte[474]). Dabei findet zuweilen der Teil des Eigentums im völkerrechtlichen Sinne, der sich aus vermögenswerten Vertragsrechten der Ausländer ergibt, einen besonderen Schutz vor staatlichen Eingriffen[475]).

Vereinte Nationen, Secretariat, UN Doc. A/AC.97/5, von 1959, 257 ff. mit weiteren Hinweisen. — Zum Verbot der Vertragsumgehung vgl. Harvard Law School, op. cit., 981. — In den Bereich von Treu und Glauben gehört auch die Frage der Anwendbarkeit und des Anwendungsbereichs der *clausula rebus sic stantibus,* die eine der umstrittensten Fragen des Völkerrechts ist, und auf die hier — wo es nur um die allgemeinen Völkerrechtsgrundsätze über Eigentumsentziehung geht — nicht weiter eingegangen werden kann (vgl. dazu Dahm, Bd. III, 143 ff.).

[471a]) Für einen Überblick vgl. Veith/Böckstiegel, 61 ff.

[472]) Vgl. z. B. Art. 1 des Niederlassungsvertrages zwischen Persien und der Schweiz vom 25. 4. 1934, wo es u. a. einfach heißt: «Les ressortissants de chacune des hautes parties contractantes seront accueillis et traités sur le territoire de l'autre partie en ce qui concerne leurs personnes et leurs biens, d'après les principes et la pratique du droit commun international» (zitiert nach Nederlands Tijdschrift 1959, 283).

[473]) So z. B.: Lausanner Niederlassungsvertrag der Großmächte mit der Türkei vom 24. 7. 1923 in Art. 6 II. Deutsch-amerikanischer Handelsvertrag vom 28. 12. 1923 in Art. 6 u. 10. Niederlassungsvertrag zwischen Rußland und dem Deutschen Reich vom 12. 10. 1925 in Art. 8. Niederlassungsvertrag zwischen Albanien und Italien vom 31. 1. 1926 in Art. 1. Freundschafts-, Handels- und Konsularrechtsvertrag zwischen Polen und den USA vom 15. 6. 1931 in Art. I, 4.

[474]) Vgl. z. B. Art. 6 des Vertrages zwischen den Niederlanden und den USA von 1956: "Neither party shall take unreasonable or discriminating measures that would impair legally acquired rights or interests within its territories of nationals and companies of the other party in the enterprises which they have established, in their capital or in the skills, arts or technology which they have supplied." Ähnliche Bestimmungen enthalten z. B. der Vertrag zwischen Korea und den USA von 1956 in Art. 6 und zwischen Nikaragua und den USA von 1956 gleichfalls in Art. 6.

[475]) So z. B. Verträge der USA mit Äthiopien von 1951 (Art. 8) und mit dem Iran von 1955 (Art. 4).

Die Verträge, die ausdrücklich auf Entziehung von Eigentum eingehen, gewähren einen verschiedenen weitgehenden Schutz. In einigen Abkommen findet sich nur die Bestimmung[476]), daß bei Eigentumsentziehungen die von dem Vertrag erfaßten Ausländer auf keinen Fall schlechter als die Inländer behandelt werden, sowohl was die Durchführung von Enteignungsmaßnahmen als auch was Entschädigung und den Sonderfall von Requisitionen im Kriegsfalle anbetrifft. Andere Staatsverträge gehen über diese nur relative Sicherung der von Entziehungsmaßnahmen betroffenen Ausländer hinaus. Sie enthalten die Voraussetzung des öffentlichen Interesses, das Verbot der Rechtsverweigerung bei und nach Entziehungen, außerdem die Verpflichtung des Staates, prompte, adäquate und effektive Entschädigung zu leisten[477]). Das gilt vor allem für die Handels-, Schiffahrts- und Freundschaftsverträge der USA mit einer Anzahl von Staaten[478]).

Schließlich ist der Grundsatz *pacta sunt servanda* für das Recht der Eigentumsentziehungen noch bedeutsam im Zusammenhang mit Staatsverträgen, die sich speziell mit wirtschaftlich arbeitendem Eigentum, d. h. mit Investitionen befassen. Gerade in der Vertragspraxis der Staaten (übrigens aber auch in der von Einzelnen mit Staaten) nach dem Zweiten Weltkrieg haben mit dem Anwachsen des internationalen Kapitalflusses und den Bemühungen um den schnellen Aufbau einer Industrie in den sog. Entwicklungsländern die ausländischen Investitionen eine gewisse Sonderstellung erhalten[479]). Seit etwa zehn Jahren ist ein System

---

[476]) Verträge zwischen: Italien und Frankreich von 1951 (Art. 4 und 5), Belgien und Holland von 1933 (Art. 8), Belgien und Siam von 1937 (Art. 5), Schweden und Frankreich von 1954 (Art. 6 u. 8).

[477]) So z. B. Verträge zwischen der Bundesrepublik und der Dominikanischen Republik von 1957 und zwischen England und dem Iran von 1959. In Art. 15 des letzteren heißt es z. B. u. a.: "The nationals and companies of one High Contracting Party shall receive equitable treatment in any territory of the other in respect of any measure of requisition, civil or military, or of disposal, limitation, restriction or expropriation affecting their property, rights and interests, or affecting the property, rights and interests of any company of the other High Contracting Party in which they own interests, and shall receive prompt, adequate and effective compensation for any such measure" (zitiert nach UN Doc. E/3325 von 1960).

[478]) Vgl. z. B. die Verträge der USA mit der Bundesrepublik vom 29. 10. 1954 in Art. IV, 4 (UNTS v. 273:3; No. 3943), mit China vom 4. 11. 1946 (UNTS v. 25:69; No. 359), mit Japan vom 2. 4. 1953 in Art. VI, 3 und außerdem in § 2 des zugehörigen Protokolls (UNTS v. 206:143; No. 2788) und mit Nikaragua vom 21. 1. 1956 in Art. VI, 4(United States Treaty Series, No. 4024). Besonders ausführlich hinsichtlich der Modalitäten der Entschädigungspflicht bei Eigentumsentziehungen ist der Vertrag mit Japan (ibidem).

[479]) Siehe dazu näher die Studien des Sekretariats der Vereinten Nationen: *The International Flow of Private Capital*, 1953—1955, UN Doc. E/2901. Dass., 1956, UN Doc. E/3021. Dass., 1958—1959, UN Doc. E/3369. Und vor allem:

besonderer bilateraler Staatsverträge über Auslandsinvestitionen im Entstehen begriffen. Es wird z. Zt. noch dominiert von den vielen Staatsverträgen, welche die USA im Zusammenhang mit dem Mutual Security Act in den letzten Jahren abgeschlossen haben[480]), jedoch schließen sich andere Länder – darunter die Bundesrepublik – dieser Vertragspolitik an[481]). Die zu diesem System gehörenden Verträge suchen sämtlich den ausländischen Investor gegen sog. „nichtwirtschaftliche" oder „politische" Risiken zu schützen, worunter vor allem staatliche Eigentumsentziehungen ohne Entschädigung fallen.

2. Verträge der Staaten mit Einzelpersonen

So eindeutig die Geltung des Grundsatzes *pacta sunt servanda* bei Verträgen zwischen Staaten ist, so umstritten ist sie hinsichtlich der Verträge, die Staaten mit privaten Ausländern – natürlichen oder juristischen Personen – geschlossen haben. Dies ist wohl einer der Punkte, wo das moderne allgemeine Völkerrecht am meisten im Fluß begriffen ist. Das bedeutet für die Praxis eine beträchtliche Rechtsunsicherheit; die diesbezüglichen überkommenen Auffassungen sind in Frage gestellt und mehr und mehr wird klar, daß ein starres Festhalten an ihnen nicht möglich ist; die neuen Thesen haben sich noch nicht gefestigt.

a) Möglicher Anwendungsbereich des Grundsatzes

Dabei ist die Frage, ob der völkerrechtliche Grundsatz *pacta sunt servanda* für Verträge des Staates mit Ausländern Anwendung finden

---

The Promotion of the International Flow of Private Capital, 1960, UN Doc. E/3325.

[480]) Der Mutual Securuty Act (Public Law 665, 82nd Congress) sieht eine Art Versicherung für amerikanische Investoren vor, welche in Ländern, mit denen die USA Investitionsschutzabkommen abgeschlossen haben, durch Eigentumsentziehungen Vermögensverluste erleiden. Bis 1959 galt das für alle Staaten; dann wurde das System auf Entwicklungsländer beschränkt, wodurch 17 Garantieabkommen mit höher entwickelten Ländern ausschieden. Heute bestehen solche Investitionsschutzverträge mit folgenden Ländern: Afghanistan, Bolivien, China, Costa Rica, Ekuador, Ghana, Guatemala, Haiti, Honduras, Indien, Iran, Israel, Jordanien, Kolumbien, Kuba, Malaya, Nikaragua, Pakistan, Paraguay, Peru, Philippinen, Sudan, Thailand, Tunesien, Vietnam.

[481]) Mit dem Haushaltsgesetz vom 6. Juli 1959 (BGBl. 1959, II, 793) hat die Bundesrepublik eine dem Mutual Security Act ähnliche Sicherungsmöglichkeit gegen Eigentumsentziehungen vorgesehen (§ 18). Am 25. 11. 1959 wurde der erste entsprechende Investitionsschutzvertrag mit Pakistan abgeschlossen (UN Doc. E/3325); er sieht die Zahlung einer prompten, adäquaten und transferierbaren Entschädigung im Entziehungsfalle vor. Gleichartige Kapitalschutzverträge sind von der Bundesrepublik bis Mai 1961 mit Malaya, Iran, Griechenland und Togo unterzeichnet worden. — Ähnliche Schritte hat Japan seit 1956 im Zusammenhang mit seinem Exportversicherungsgesetz unternommen. (Gesetz No. 67 vom 31. 3. 1950 in der Fassung vom April 1956).

kann, von beträchtlicher Bedeutung für das Recht der Eigentumsentziehung. Geht man die gerichtlich oder diplomatisch praktisch gewordenen Fälle des Enteignungsvölkerrechts durch, so stellt man fest, daß die Entziehung vertraglicher Rechte neben Grundstücksenteignungen an erster Stelle in der Häufigkeit steht. Der Vertragsbruch der Staaten gegenüber Einzelnen berührt das allgemeine Enteignungsvölkerrecht in zweifacher Hinsicht:

Einmal deshalb, weil – wie oben festgestellt – vermögenswerte vertragliche Rechte der Ausländer nach Judikatur und Wissenschaft unter den Begriff des Eigentums und der wohlerworbenen Rechte fallen. Sobald also ein Staat bei einem Ausländer den Verlust eines Vertragsrechtes herbeiführt, handelt es sich um eine Eigentumsentziehung, und die dafür geltenden allgemeinen Völkerrechtsgrundsätze finden Anwendung. Das bedeutet, daß insbesondere bei jeder Entziehung von Vertragsrechten – soweit es sich nicht um die zulässigen Ausnahmen oder Regelungen von Inhalt und Schranken des Eigentums handelt – prompte, angemessene und effektive Entschädigung zu zahlen ist. Dieser Mindestschutz steht den vertraglich begründeten Rechten auf jeden Fall zu; insofern bestehen über den Völkerrechtsstand keine Meinungsverschiedenheiten[482]). Der völkerrechtliche Grundsatz pacta sunt servanda kommt insoweit aber gar nicht in Betracht, es handelt sich einfach um eine normale Anwendung des Gebots der Respektierung wohlerworbener Rechte. Dem in dem neuen Harvard Draft und dem dazugehörigen Kommentar[483]) de lege ferenda gemachten Vorschlag, vertraglich begründete Rechte aus dem Gebot der Respektierung wohlerworbener Rechte – der Entwurf spricht von dem nach völkerrechtlichem Sprachgebrauch inhaltsgleichen Begriff „property"[484]) – herauszunehmen, kann nicht zugestimmt werden. Denn daß Vertragsrechte zumindest als wohlerworbene Rechte gegen entschädigungslose Entziehung ge-

---

482) Vgl. z. B. Urteil des Internationalen Schiedsgerichts im *Falle der norwegischen Ansprüche gegen die USA* (Scott, *The Hague Court Reports,* 2nd Series, 1932, 39 ff.). Hier hatte die amerikanische Regierung norwegischen Reedern Rechte auf die Lieferung von Schiffen entzogen, die sich aus Verträgen mit amerikanischen Werften ergaben, und war selbst in die Verträge eingetreten. Das Urteil sagt ausdrücklich: "The United States intended to 'take' and have 'taken' in fact, the contracts under which the fifteen hulls in question were being constructed by American shipbuilders in 1917. These contracts were the property..." (S. 68). — Ähnlich das Schiedsurteil zwischen Griechenland und Bulgarien im *Fall betreffend einige Wälder in Zentral-Rhodopien* von 1931 (Upsala Universitets Arsskrift 1932, Program 1, und 1933, Program 2). — Das ergibt sich auch eindeutig aus der Staatenpraxis; selbst die Entschädigungsabkommen mit osteuropäischen Ländern umfassen bis auf eine Ausnahme (Vertrag Dänemark/Polen vom 12. Mai 1949) auch die vertraglichen Rechte; siehe dazu näher Foighel, 103 f.

483) 12. Fassung, American Journal 1961, 566 ff.

484) Siehe oben bei der Bestimmung des Eigentumsbegriffs, S. 22 ff.

schützt sind, ist nach dem derzeitigen Stand des allgemeinen Völkerrechts unzweifelhaft. Dagegen ist die Frage, ob sie wesentlich stärker durch den Satz *pacta sunt servanda* gegen jede Entziehung überhaupt geschützt sind – wie unten zu zeigen sein wird – sehr streitig. Der Harvard Draft verzichtet also auf einen unzweifelhaften, wenn auch begrenzten Schutz zugunsten eines zwar weitergehenden, aber keineswegs allseitig anerkannten Schutzes. Es ist demnach an dem derzeitigen Stand des allgemeinen Völkerrechts festzuhalten, daß Vertragsrechte wohlerworbene Rechte sind und deshalb – wenn überhaupt (dazu im folgenden) – jedenfalls nur gegen prompte, angemessene und effektive Entschädigung vom Staat dem Ausländer entzogen werden dürfen.

Demgegenüber steht die Frage – und sie ist Gegenstand des Streits –, ob in bestimmten Fällen der Staat überhaupt zur Entziehung von dem Ausländer zustehenden Vertragsrechten befugt ist. Es handelt sich um das Problem, ob der Staat also selbst dann ein Völkerrechtsdelikt begeht, wenn er sich bei der Verletzung von Verträgen mit Ausländern an die Bedingungen des Satzes der Respektierung wohlerworbener Rechte hält, d. h. insbesondere Entschädigung zahlt. Diese Fragestellung könnte sich ergeben, wenn der allgemeine Grundsatz des Völkerrechts *„pacta sunt servanda"* auf diese Vertragsrechte Anwendung findet. Für eine völkerrechtliche Behandlung nach diesem Grundsatz scheiden zunächst solche vertraglichen Rechte des Ausländers aus, die sich aus Verträgen ergeben, welche nicht mit dem Staat, d. h. einem seiner Organe abgeschlossen worden sind. Eine völkerrechtliche Bindung des Staates an das vertraglich gegebene Wort kommt naturgemäß nur für Verträge in Betracht, bei denen der Staat Partner ist[485]). Daneben scheiden rein privatrechtliche Verträge aus[486]). Das Brot, das der zuständige Beamte bei einem Bäcker ausländischer Staatsangehörigkeit für das Parlamentsrestaurant kauft, ist nicht Objekt eines Vertrages, den der Staat nach Völkerrecht einzuhalten verpflichtet ist. Der Vertrag richtet sich ausschließlich nach nationalemRecht[487]). – Die Frage nach der Anwendbarkeit des Völkerrechtsprinzips *pacta sunt servanda* kann nur auftauchen bei Verträgen, an denen der Staat in seiner Eigenschaft als Inhaber

485) Um solche Verträge handelt es sich nicht in den beiden obenerwähnten Fällen aus der internationalen Judikatur (einmal Verträge Reeder/Werften, einmal rein schuldrechtliche Verträge zwischen Grundeigentümer und Rodungsberechtigten). Deshalb konnte in diesen Fällen die Frage einer Anwendung des völkerrechtlichen Satzes *pacta sunt servanda* für die Schiedsgerichte nicht auftauchen.

486) Deshalb befaßt sich der Bericht für die International Law Commission der Vereinten Nationen bei der Behandlung der Streitfrage über die Anwendbarkeit des Satzes *pacta sunt servanda* auch überhaupt nur mit "public contracts" (UN Doc. A/CN. 4/119, 66 f.).

487) Hier sind allein die Grundsätze des internationalen Privatrechts anzuwenden (Vgl. UN Doc. op. cit., 70).

hoheitlicher Gewalt beteiligt ist. Soweit sich ein Staat in dieser Hinsicht gegenüber einem Ausländer vertraglich bindet, stellt sich die Frage, ob ihm nicht völkerrechtlich – eben nach dem Grundsatz *„pacta sunt servanda"* — die Entziehung dieser Vertragsrechte untersagt ist.

Eine zweite Bedeutung des Prinzips *„pacta sunt servanda"* für das Enteignungsvölkerrecht ergibt sich bei den Verträgen, in denen sich ein Staat einer ausländischen natürlichen oder juristischen Person gegenüber ausdrücklich verpflichtet, deren Eigentum überhaupt oder wenigstens für einen bestimmten Zeitraum keinen Entziehungsmaßnahmen zu unterwerfen, z. B. die Investitionen einer ausländischen Gesellschaft nicht durch Nationalisierung an sich zu ziehen[488]). Wie weiter unten zu zeigen sein wird, sind die Meinungsverschiedenheiten über die Anwendung des Satzes *pacta sunt servanda* bei diesen Verträgen Einzelner mit Staaten weniger groß.

b) Die Anwendbarkeit des Grundsatzes

aa) Die traditionelle Betrachtungsweise

Bis in die Zwanzigerjahre herrschte eindeutig – wenn nicht sogar ausschließlich[489]) – die Auffassung, daß der völkerrechtliche Grundsatz *pacta sunt servanda* nur für Verträge zwischen Staaten, in keinem Fall aber für Verträge galt, an welchen nur auf einer Seite ein Staat, auf der anderen aber ein Ausländer beteiligt war[490]). Völkerrechtlich konnte ein Staat für die Verletzung von Verträgen der letzteren Art nur zur Verantwortung gezogen werden, wenn z. B. gegenüber dem Einzelnen, falls er seine Vertragsrechte gegen den Staat vor innerstaatlichen Gerichten geltend machte, eine Rechtsverweigerung verübt worden war oder wenn gegen das Diskriminierungsverbot verstoßen wurde. Das bedeutet, die

---

[488]) Die indische Regierung hat z. B. 1953 mit drei ausländischen Ölgesellschaften parallele Abkommen geschlossen, in denen sie sich verpflichtet, 25 Jahre lang überhaupt keine Entziehungen gegen die zu bauenden Raffinerien durchzuführen. Nach Ablauf dieser Zeit darf sie solche Maßnahmen nach den Verträgen nur gegen angemessene Entschädigung vornehmen. Vgl. Friedmann-Pugh, 781. — Siehe auch zu dem Vertrag zwischen Indien und der Standard Vacuum Oil Company die Studie "*The Promotion of the International Flow of Private Capital*", UN Doc. E/3325, von 1960.

[489]) Der genaue Stand läßt sich schlecht ersehen, da manchmal nicht klar zum Ausdruck kommt, ob es sich um eine Anwendung des Gebots der Respektierung wohlerworbener Rechte oder um eine des Satzes *pacta sunt servanda* handelt. Oft geht man ohne genaue Analysierung des Rechtsgrundsatzes auf die (für beide Völkerrechtsgrundsätze geltende) Wiedergutmachungspflicht ein.

[490]) Vgl. z. B.: Eagleton, 160 u. 167 ff. Freeman, 11 f. Lipstein, British Yearbook 1945, 134. Hoijer, 118. Witenberg, Recueil des Cours, 1932, III, 57 f. Whiteman, III, 1558. Ebenso Urteil im *International Fisheries Fall,* UNRIAA Vol. IV, 700 (1931). Vgl. aus den allerneuesten Stellungnahmen in dieser Richtung: Mezger, JPL 1960, 137 f.

Vertragsverletzung als solche begründete eben noch kein völkerrechtliches Unrecht, vielmehr erst ihre Verbindung mit anderen Völkerrechtsdelikten[491]). Entschädigte der Staat, konnte er jedes vertragliche Versprechen gegenüber einem Ausländer brechen; darauf lief diese Betrachtungsweise hinaus.

bb) Mittelmeinungen

Daß auf jeden Fall eine solche ausnahmslose Ablehnung der Anwendbarkeit des Völkerrechtsprinzips *pacta sunt servanda* im modernen Völkerrecht nicht mehr haltbar ist, muß heute schon als international überwiegende Auffassung angesehen werden. Während aber meist die früher herrschende Doktrin als überhaupt überholt angesehen wird, wollen einige Autoren nur teilweise von ihr abgehen. Hinsichtlich der Frage, nach welchen Kriterien die Verträge, denen der völkerrechtliche Schutz nunmehr zukommt, bestimmt werden sollen, gehen diese Mittelmeinungen auseinander.

Teils stellt man hauptsächlich auf die Absicht der Parteien ab[492]). Sollte nach dem Willen der Parteien – welcher aber nicht ausdrücklich im Vertrage zum Ausdruck kommen muß – der Vertrag wenigstens auch dem Völkerrecht unterliegen, so sei der Grundsatz *pacta sunt servanda* anwendbar. Insbesondere der Abschluß des Vertrages durch eine der höchsten Staatsstellen sei ein Indiz für eine derartige Absicht. Bei anderen Verträgen könne sich aber dasselbe Resultat daraus ergeben, daß einem Staat ein „venire contra factum proprium" und daher eine Verletzung des völkerrechtlichen Treu- und Glaubenssatzes vorzuwerfen sei[493]). Ähnliche Gedankengänge liegen der Ansicht zugrunde, daß der staatliche Vertragsbruch gegenüber dem Ausländer nur dann völkerrechtswidrig sei, wenn der Staat dabei gegen das zur Zeit des Vertragsabschlusses geltende oder derzeitige innerstaatliche Recht oder die allgemein auf derartige Verträge angewandten Rechtsgrundsätze verstößt[494]).

---

491) Siehe in diesem Sinne etwa Borchard, 284. Ebenso schon Friedrich von Martens, *Par la Justice vers la Paix*, 30 f.

492) So insbesondere Schwarzenberger, Current Legal Problems 1952, 312 ff.

493) Ibidem.

494) So de lege ferenda der neue Harvard Draft in seiner 12. Fassung (American Journal 1961, 566 f.), Art. 12:
"1. The violation through an arbitrary action of the State of a contract or concession to which the central government of that State and an alien are parties is wrongful. In determining whether the action of the State is arbitrary, it is relevant to consider whether the action constitutes:
a) a clear and discriminatory departure from the proper law of the contract or concession as that law existed at the time of the alleged violation;
b) a clear and discriminatory departure from the law of the State which is a party to the contract or concession as that law existed at the time of the making of the contract or concession, if that law is the proper law of the contract or concession;

Andere wollen bei der Aufnahme von Schiedsklauseln in einen Vertrag den Satz *pacta sunt servanda* anwenden[495]). Wieder andere[496]) meinen, es müßten mehrere Momente zusammenkommen, die einen Vertrag Staat-Ausländer den Staatsverträgen annäherten, ihn zu einem „quasi-völkerrechtlichen" Vertrag machten, damit das Prinzip anwendbar werde. Dazu gehörten der Abschluß durch eine Staatsstelle, die auch Staatsverträge abschließen könne, ein anderes als nur innerstaatliches als das den Vertrag regierende Recht, die ausschließliche Geltung der „lex contractus" zur Bestimmung des Rechtsverhältnisses zwischen den Parteien und schließlich Schiedsklauseln[497]). – Eine Sonderstellung unter den Vertretern dieser Mittelmeinungen nimmt Lord McNair ein, denn er knüpft an ein ganz anderes Kriterium an. Er meint, daß immer dann die „allgemeinen von den Kulturstaaten anerkannten Rechtsgrundsätze" – zu denen ohne Zweifel auch der Satz *pacta sunt servanda* gehört[498]) – auf einen Vertrag des Staates mit einem Ausländer angewendet werden müßten, wenn das innerstaatliche Rechtssystem noch nicht genügend „modernisiert" sei und keinen ausreichenden Rechtsschutz bieten könne[499]).

---

c) an unreasonable departure from the principles recognized by the principal legal systems of the world as applicable to governmental contracts or concessions of the same nature or category; or
d) a violation by the State of a treaty . . ."
Nur unter diesen Voraussetzungen soll also ein Vertragsbruch vorliegen, sonst aber der Staat an sein vertraglich gegebenes Wort nicht gebunden sein. — Siehe auch die Diskussion über den Art. 12 (11. Fassung, 1960) des Harvard Draft beim Kongreß der American Society of International Law (28. — 30. 4. 1960; Proceedings, 109 f. u. 117 ff.), insbesondere die Kritik von Stevenson, der Entwurf berücksichtigte nicht genügend das Prinzip *pacta sunt servanda* und er lege außerdem dem Ausländer in unbilliger Weise die Beweislast auf (S. 119).

[495]) Vgl. z. B. Garcia Amador, der aber außerdem auch allgemein eine Berücksichtigung des Parteiwillens für nötig hält (UN Doc. A/CN.4/125, 29 und UN Doc. A/CN.4/119, 83).

[496]) Dieser Auffassung ist Verdross, *Die Sicherung von ausländischen Privatrechten aus Abkommen zur wirtschaftlichen Entwicklung mit Schiedsklauseln,* ZöRVR 1958, 638 ff.

[497]) Ibidem.

[498]) Siehe z. B. Urteil in dem *Fall Constantin Mavromati c. Vascher, Syndic de Faillité* vom 18. Februar 1938: «le premier des principes généraux (im Sinne des Art. 38 des Statuts des Ständigen Internationalen Gerichtshofs) qui s'impose à un Etat (est) de respecter les traités qu'il a signés» (Revue critique dDI 1938, 508 ff.).

[499]) British Yearbook 1957, 19. Ähnlich auch Domke (American Journal 1961, 593 ff.), der zwar nicht der Mittelmeinung angehört, sondern entsprechend der modernen Betrachtungsweise Völkerrecht auf Verträge der Staaten mit ausländischen Investoren allgemein anwenden will, dieses Erfordernis aber als besonders gegeben betrachtet "in countries which have not yet embodied in their systems of municipal law features that are pertinent to legal arrangements for modern economic development" (S. 596).

cc) Die moderne Betrachtungsweise

Die Mehrzahl derjenigen Stimmen, die an der traditionellen Betrachtungsweise nicht mehr festhalten zu können glauben, geht jedoch weiter als diese Mittelmeinungen. Sie meinen, der Standpunkt, das völkerrechtliche Prinzip *pacta sunt servanda* könne man auf Verträge der Staaten mit Ausländern nicht anwenden, sei im Grundsatz nach heutigem Völkerrecht überholt. Die Bindung an das vertraglich gegebene Wort müsse der Staat grundsätzlich bei allen – d. h. in dem oben näher dargestellten Anwendungsbereich[500]) – Verträgen mit einzelnen Ausländern anerkennen.

Dafür werden eine Vielzahl von Argumenten vorgebracht. Teils ergibt sich diese Meinung aus einer neuen, angelsächsischem Völkerrechtsverstehen entspringenden Auffassung vom internationalen Recht als solchem. Wenn man davon ausgeht, daß es ein „transnational law" für alle über die Staatsgrenzen hinausgehenden Beziehungen gibt, entfällt der Ausschluß der Verträge mit Ausländern von völkerrechtlichen Regeln[501]). In der Tat sind die „internationalisierenden Faktoren" solcher Verträge auch von der Basis der überkommenen Auffassung vom Völkerrecht aus nicht zu übersehen[502]). Jedes innerstaatliche oder internationale Gericht müßte sie nach den überkommenen Regeln des Kollisionsrechts berücksichtigen, wie es das bei allen anderen Verträgen hinsichtlich der Feststellung des einen Vertrag regierenden Rechts tut. Betrachtet man z. B. einen Vertrag von solcher internationaler Bedeutung wie den Konzessionsvertrag über den Suezkanal, so erscheint es als gegen diese überkommenen Regeln verstoßend, wollte man ausschließlich das innerstaatliche Recht Ägyptens anwenden[503]). Teilweise wird auch der Vertragsbegriff als solcher dafür angeführt, daß Staaten nach Völkerrecht nicht gestattet ist, Verträge mit Ausländern zu brechen[504]). Man muß in der Tat – was sich auch in der Anerkennung des Prinzips *pacta sunt servanda* als „allgemeiner Rechtsgrundsatz" zeigt — das Vertrauen darauf, daß der Partner das feierlich gegebene Versprechen hält, als eine der Grunderwartungen ansehen, auf die jede rechtlich organisierte Gemeinschaft aufbaut. Das gilt auch für die Völkergemeinschaft, deren Interesse an einem harmonischen Zusammenleben ihrer Glieder schlecht mit der Erlaubnis zum Vertragsbruch eines Staates gegenüber den An-

---

[500]) Siehe Abschnitt a) oben.

[501]) Vgl. Jessup, *Transnational Law*, 2 u. 102.

[502]) Ebenso auch der vierte Bericht für die International Law Commission über "International Responsibility", UN Doc. A/CN.4/119, 83.

[503]) So mit Recht Huang, *Legal Aspects of the Suez Canal Question*, American Journal 1957, 285 f.

[504]) Vgl. Wadmond, *The Sanctity of Contracts between a Sovereign and a Foreign National*, Rede vom 26. Juli 1957 auf der Londoner Konferenz der American Bar Association, S. 6.

gehörigen eines anderen Staates vereinbar ist[505]). Das Prinzip *pacta sunt servanda* leitet sich letztlich aus der völkerrechtlichen Grundverpflichtung ab, daß sich die Staaten untereinander nach Treu und Glauben verhalten müssen[506]). Diese Pflicht gilt auch für das Verhältnis zu den jeweiligen Angehörigen des anderen Staates, die ja noch unter dessen Personalhoheit stehen. Deshalb ergibt sich auch ihnen gegenüber aus Völkerrecht die Pflicht, vertragliche Zusagen einzuhalten[507]); das Prinzip der Souveränität steht dem nicht entgegen[508]).

Zu diesen grundsätzlichen Erwägungen, die für eine Anwendbarkeit des Satzes *pacta sunt servanda* sprechen, kommen aber insbesondere noch einige Gesichtspunkte, die die Völkerrechtsentwicklung der letzten drei Jahrzehnte charakterisieren. Sie müssen als die entscheidenden Argumente dafür angesehen werden, daß jedenfalls im heutigen Völkerrecht Verträge der Staaten mit Ausländern nicht mehr als rein innerstaatliche Verträge ohne völkerrechtlichen Schutz angesehen werden können.

Der Ausgangspunkt der traditionellen Auffassung, daß nämlich Verträge zwischen Staaten und Ausländern ausschließlich vom innerstaatlichen Recht regiert würden und daher auch von den innerstaatlichen Gerichten zu richten seien, entspricht nicht mehr der modernen Praxis. Seit Jahrzehnten folgen Verträge diesem Prinzip nicht mehr, und die Zahl nimmt noch dauernd zu. Viele Verträge, die insbesondere von den ausländischen Investoren mit den betreffenden Staaten abgeschlossen worden sind, treten verfahrensrechtlich aus dem Bereich des nationalen Rechts in den internationalen Raum, indem sie Schiedsklauseln vorsehen[509]). Wenn eine derartige Schiedsklausel – wie es in solchen Ver-

505) Darauf weist mit Recht Carlston, American Journal 1958, 260 ff. hin. Im übrigen kann aber Carlstons Argumentierweise und seiner Quellenverwertung nicht immer gefolgt werden, weil er die Trennung zum Schutz der vertraglichen Rechte durch das Gebot der Respektierung wohlerworbener Rechte nicht immer klar durchführt.

506) Vgl. Brandon, Transactions 1957, 54 f.

507) Ebenso argumuentiert Brandon, ibidem. Im gleichen Sinne auch Schwarzenberger, Current Legal Problems 1952, 312 ff., der aber diese Anwendung des Treu- und Glaubenssatzes als Alternative zum Grundsatz *pacta sunt servanda* anzusehen scheint.

508) Es läßt sich vielmehr — wie es eine internationale Schiedsentscheidung von 1958 tut — geltend machen, daß es gerade als Ausdruck der Souveränität eines Staates angesehen werden kann, sich unwiderruflich vertraglich auch gegenüber Einzelpersonen zu binden (vgl. Urteil zwischen *Saudi Arabien und* der *Arabian American Oil Company (Aramco)*, 61, auszugsweise zitiert auch in UN Doc. A/AC.97/5, 288. Ebenso das Urteil im *Fall Radio Corporation of America v. Republic of China* (American Journal 1936, 535, 540): "The Chinese Government can certainly sign away a part of its liberty of action . . . It will, as any other party, be bound by law and by any obligations, legally accepted."

509) So schon 1916 der Vertrag zwischen dem Iran und der North Iranian

trägen nicht selten vorkommt[510]) – ein bestehendes internationales Gericht wie etwa den Ständigen Internationalen Gerichtshof als entscheidende Instanz im Streitfall vorsieht, so bedeutet das über die verfahrensrechtliche Internationalisierung hinaus auch, daß der Vertrag sogar ausschließlich von Völkerrecht regiert wird, denn es ist allgemein anerkannt, daß die Unterwerfung eines Vertrages unter die Gerichtsbarkeit eines bestimmten Gerichts auch die Unterwerfung unter das Recht dieses Gerichts bedeutet[511]).

Oft ist diese Schlußfolgerung aber gar nicht nötig, denn in der modernen Vertragspraxis zwischen Staaten und Ausländern findet sich nicht selten ausdrücklich die Bestimmung, daß der Vertrag nicht oder jedenfalls nicht ausschließlich vom innerstaatlichen Recht regiert werden soll[512]). Hier ist die Internationalisierung der Verträge am offenkundigsten.

Die Judikatur internationaler Gerichte[513]), die allerdings im Umfang recht beschränkt ist und daher keine sicheren Schlüsse zuläßt, berück-

---

Oils Ltd. vom 1. März in Art. 12; der Vertrag zwischen der Sowjetunion und der Lena Goldfield Ltd. vom 18. 8. 1925 in Art. 90 Ziff. 1; der Vertrag zwischen dem Iran und der Anglo-Iranian Company Ltd. vom 29. April 1933 in Art. 22; der Vertrag zwischen Saudi Arabien und der Aramco in Art. 31. — Aus der Nachkriegszeit z. B.: Verträge zwischen Syrien und der Maritine Refineries Ltd. vom 6. Juli 1949 (Art. 26) und zwischen Quatar und der Shell Overseas Exploration Company Ltd. vom 29. 11. 1952 (Art. 28 Ziff. 1). Zitate aus einigen dieser Verträge siehe bei Verdross, ZöRVR 1958, 641 ff.

510) So z. B. in den Verträgen zwischen der Tschechoslowakei und mehreren französischen Bankiers über Obligationen von 1932 und 1937, in denen es u. a. heißt: „Irgendwelche Streitigkeiten, die sich hinsichtlich der Auslegung oder Erfüllung der vorliegenden Vorschriften ergeben, sollen der Gerichtsbarkeit des Ständigen Internationalen Gerichtshofs in Den Haag ... unterliegen“ (zitiert nach UN Doc. A/CN. 4/119, 71; in Übersetzung). Ähnlich der oben erwähnte Vertrag zwischen der Sowjetunion und der Lena Goldfields Ltd., welcher die Zuständigkeit des Internationalen Schiedsgerichtshofs vorsieht.

511) Vgl. Mann, British Yearbook 1944, 21.

512) Derartige Bestimmungen finden sich z. B. in folgenden Verträgen: Zwischen Sheikh Shakhbut von Abu Dhabi und der Petroleum Development (Trucial Coast) Ltd. vom 11. 1. 1939, zwischen Iran und der Anglo-Persian Oil Company vom 8. 4. 1957, zwischen der Tschechoslowakei und der Radio Corporation of America vom 10. 11. 1928. Vgl. vor allem auch den im Anschluß an den Persischen Ölkonflikt 1954 zwischen dem Iran, einer persischen Ölgesellschaft und mehreren ausländischen Ölgesellschaften geschlossenen Konsortiumsvertrag (siehe Hurewitz, 48 ff.). (Auszugsweise Zitate aus den genannten Verträgen teils bei Verdross, ibidem, teils in UN Doc. A/CN.4/119, 71 f.)

513) So z. B. der Internationale Schiedsgerichtshof im *Lena Goldfields Fall* von 1930 (vgl. Nußbaum, Cornell Law Quarterly 1950, 50 f.). Ebenso die Schiedsurteile zwischen *Quatar und der International Marine Oil Company Ltd.* von 1953 (International Law Reports 1953, 541) und zwischen dem *Sheikh von Abu Dhabi und der Petroleum Development (Trucial Coast) Ltd.* von 1951 (Int. Comp. L. Qu. 1952, 247 ff. = American Journal 1952, 512 ff.).

sichtigt die Internationalisierung dieser Verträge und bricht auch ihrerseits mit dem Grundsatz, daß allein nach innerstaatlichem Recht die Pflichten der Vertragspartner zu beurteilen sind. Dabei scheint eine Tendenz zu bestehen, nicht das gesamte Völkerrecht, sondern nur die „allgemeinen, von den Kulturstaaten anerkannten Rechtsgrundsätze" auf den Vertrag anzuwenden[514]). Da aber – wie oben schon erwähnt – der Grundsatz pacta sunt servanda zu dieser Völkerrechtsquelle gehört, spricht das für die moderne Betrachtungsweise. Für sie fällt insbesondere auch ins Gewicht, daß diese Tendenz sich in der internationalen Judikatur selbst bei solchen Verträgen zeigt, die keinerlei Bestimmung über das auf den Vertrag anzuwendende Recht enthalten[515]).

Die traditionelle Auffassung, die Verträge der Staaten mit Ausländern im Bereich des innerstaatlichen Rechts halten und die Anwendbarkeit des völkerrechtlichen Satzes pacta sunt servanda nur bei Verträgen zwischen Staaten zulassen will, steht nicht nur in Gegensatz zu der tatsächlichen Übung der letzten Jahrzehnte. Sie läßt sich auch schlecht vereinbaren mit der wachsenden Anerkennung des Individiums im Völkerrecht, und zwar nicht nur im Vertragsrecht – wofür die Europäische Menschenrechtskonvention selbst ein Beispiel ist –, sondern auch im allgemeinen Völkerrecht. Ungeachtet der streitigen Frage, welches der derzeitige Rechtsstand ist, läßt sich doch nicht verleugnen, daß die völkerrechtliche Anerkennung der Menschenrechte mehr und mehr an Gefolge gewinnt[516]). Ebeso ist es mit der Anerkennung des Einzelnen als Subjekt des Völkerrechts[517]). Mit diesen Entwicklungen läßt sich wohl kaum die These vereinbaren, daß auch heute noch der Staat an das vertragliche Versprechen nur gegenüber anderen Staaten gebunden, ein Vertragsbruch gegenüber Individuen, welche der Personalhoheit eines fremden Staates unterliegen, ihm aber völkerrechtlich erlaubt sei.

Es kann daher nicht verwundern, wenn in den letzten Jahrzehnten ein deutlicher Meinungsumschwung zur Anwendbarkeit des völkerrechtlichen Prinzips *pacta sunt servanda* auf Verträge Staat–Ausländer festzustellen ist. Schon 1928 scheint sich in einer Umfrage unter den Völkerbundsstaaten die Mehrzahl der Regierungen in diesem Sinne ausgesprochen zu haben. Denn das Vorbereitungskomitee für die Haager Kodi-

---

514) Vgl. Schiedsurteil zwischen dem *Sheikh von Abu Dhabi und der Petro-Development (Trucial Coast) Ltd.*, ibidem.

515) Vgl. Schiedsurteil zwischen *Quatar und der International Marine Oil Company Ltd.*, ibidem. A. M. anscheinend der Kommentar von Sohn und Baxter zum neuen Harvard Draft, 12. Fassung (American Journal 1961, 569 f.).

516) Vgl. näher die Berichte für die International Law Commission der Vereinten Nationen: UN Doc. A/CN.4/96, Kapitel VI und X; und UN Doc. A/CN.4/106, 24 ff., wo die völkerrechtliche Anerkennung der Menschenrechte als heute schon erreicht angesehen wird.

517) Vgl. näher Guradze, 33 ff.

fikationskonferenz, welches nach den Ergebnissen dieser Umfrage im Jahre 1929 eine Reihe von „Diskussionsgrundlagen" ausarbeitete, nahm zwei Bestimmungen auf, die die völkerrechtliche Haftung des Staates bei Handlungen seiner Legislativen[518]) oder Exekutiven[519]) ausdrückten, welche Konzessionen oder andere Verträge des Staates mit einem Ausländer verletzten. – Im Falle Losinger, in dem es wegen eines Vergleiches dann nicht zu einem Urteil kam, brachte die Schweiz 1936 vor dem Ständigen Internationalen Gerichtshof die gleiche Rechtsansicht vor[520]). Diese Auffassung hat in der Völkerrechtswissenschaft nach dem Krieg mehr und mehr an Boden gewonnen und scheint heute schon zu überwiegen. Denn nicht nur war sie im Art. 5 des 1950 unter Konsultation prominenter Völkerrechtler für das *Institut de Droit International* ausgearbeiteten Kodifikationsentwurfs enthalten[521]), sondern 1958 haben die *International Law Association*[522]) und die *International Bar Association*[523]) auf ihren Kongressen in Resolutionen ausdrücklich anerkannt, daß der Völkerrechtsgrundsatz *pacta sunt servanda* auch auf Verträge der Staaten mit Ausländern Anwendung findet. Dies muß in Anbetracht der obigen Erwägungen als der Stand des gegenwärtigen Völkerrechts angesehen werden.

---

[518]) In der „Diskussionsgrundlage No. 3" heißt es: "A State is responsible for damage suffered by a foreigner as the result of the enactment of legislation which directly infringes rights derived by the foreigner from a concession granted or a contract made by the State" (LoN Doc. C. 75.M.69.1929.V. 33 ff.).

[519]) „Diskussionsgrundlage No. 8" bestimmt dasselbe für die Exekutive.

[520]) Die Schweiz machte dabei u. a. geltend: „Der Grundsatz pacta sunt servanda erstreckt sich nicht nur auf Vereinbarungen, die direkt zwischen Staaten abgeschlossen werden, sondern auch auf solche zwischen einem Staat und Ausländern . . ." (PCIJ Series C. No. 73, 32).

[521]) Vgl. Annuaire, 43, I, 127. Dieser Art. 5 bringt besonders deutlich zum Ausdruck, daß es hier im Gegensatz zu der Behandlung der Entziehung von vertraglichen Rechten nach dem Gebot der Respektierung wohlerworbener Rechte zum Schadensersatz wegen Völkerrechtsdelikte, nicht nur um Entschädigung geht: «La nationalisation, acte unilaterale de souveraineté, doit respecter des engagement valablement conclus, soit par traité, soit par contrat. Faute de ce respect, il y aurait déni de justice donnant naissance, non pas à une simle indemnité, valeur pour valeur, mais à des dommages intérêts, à caractère penalisateur.»

[522]) In der Resolution des New Yorker Kongresses der ILA wird u. a. als Teil des geltenden Völkerrechts erklärt, "that the parties to a contract between, a State and an alien are bound to perform their undertakings in good faith" (Report of the 48th Conference, XI).

[523]) In der vom Kölner Kongreß der IBA den Mitgliederorganisationen übermittelten Resolution heißt es u. a.: "International law recognises that the principle *pacta sunt servanda* applies to the specific engagements of States towards other States or the Nationals of other States and that in consequence a taking of private property in violation of a specific State contract is contrary to international law" (7th Conference Report, 485).

Durch den Satz *pacta sunt servanda* wird also einem erheblichen Teil der unter den völkerrechtlichen Eigentumsbegriff fallenden Rechte – nämlich denjenigen, die durch Vertrag mit dem Staat begründet werden – ein besonders großer Schutz gegen Entziehungen gewährt.

Kapitel VI

Verbot des Rechtsmißbrauchs

Im Abschnitt über den Grundsatz der Respektierung wohlerworbener Rechte[524]) zeigte sich, daß in Abweichung von dieser Regel das Völkerrecht in bestimmten Ausnahmefällen den Staaten erlaubt, entschädigungslose Eingriffe vorzunehmen. Gleichermaßen entschädigungslos darf der Staat Inhalt und Benutzung des Eigentums regeln, wie in der Untersuchung des Begriffs der „Entziehung" dargestellt wurde[525]). – Diese Befugnisse darf der Staat jedoch nicht mißbrauchen, sonst handelt es sich um sog. „mittelbare" oder „verschleierte" Enteignungen oder Konfiskationen[526]).

Kleidet ein Staat Maßnahmen, die in Wahrheit Entziehungen darstellen, in die Form allgemeiner Regelungen des Inhalts und der Schranken des Eigentums, oder verschleiert er zwar nicht den Entziehungscharakter, verwendet er aber den Deckmantel solcher Entziehungsarten, die ausnahmsweise entschädigungslos zulässig sind, so richtet sich das Völkerrecht nach dem wahren Charakter dieser Maßnahmen. Dementsprechend sind dann auch die Rechtsfolgen zu bestimmen. Der Staat darf sich dieser Befugnisse nicht in einer Weise oder einem Umfange bedienen, die ihrem Sinne nicht entspricht. Der Rechtsmißbrauch findet im Völkerrecht genausowenig Schutz wie in innerstaatlichen Rechtssystemen[527]). Der Ständige Internationale Gerichtshof hat mehrfach festgestellt, daß es nicht auf die formelle Einkleidung des staatlichen Handelns, sondern auf dessen wahren Gehalt ankommt, und daß der Staat trotz formeller Rechtmäßigkeit die Rechtsfolgen des verschleierten

---

[524]) Siehe S. 60 ff.

[525]) Siehe S. 37 ff.

[526]) Vgl. z. B.: Verdross, Lehrbuch, 290. Kommentar zum deutschen Entwurf einer *„Konvention über Vermögen im Ausland"*, Inv. Ges., Heft 3, 29. Becker, *Gerechte Entschädigung bei Enteignungsfällen = Niedergang und teilweiser Aufstieg*, Inv. Ges. Heft 3, S. 89.

[527]) Oppenheim-Lauterpacht, I, § 155, aa. Rousseau, *Principes Généraux du Droit International Public*, 904. Verdross, Lehrbuch, 78 ff. Guggenheim, I, 145. Bindschedler, 26. — Die Theorie vom Rechtsmißbrauch (und die eng damit zusammenhängende Bindung an Treu und Glauben) gewinnt sowohl im nationalen als auch im internationalen Recht mehr und mehr an Bedeutung. Siehe: *Nottebohm Fall*, ICJ, Reports 1955, 4. Cheng, 121 ff. Fitzmaurice, British Yearbook 1953, 53. Wortley, 110.

Mißbrauchs zu tragen hat[528]). Daß ein Staat sich solche Maßnahmen ihrem wirklichen Charakter gemäß und mit den entsprechenden Rechtsfolgen zurechnen lassen muß, ergibt sich auch aus dem im Völkerrecht ähnlich wie in nationalen Rechtsordnungen geltenden Satz, daß Regeln und Begriffe nach Treu und Glauben auszulegen sind[529]).

1. Mißbrauch des Rechts zur Regelung von Inhalt und Schranken des Eigentums

Der völkerrechtswidrige Mißbrauch eines Staates kann zunächst darin bestehen, daß er von seiner Befugnis, die auf seinem Staatsgebiet herrschende Vermögensordnung zu bestimmen, einen unzulässigen Gebrauch macht. Hier gibt der Staat vor, Inhalt, Schranken und Benutzung des Eigentums zu regeln – wie Art. 1 Abs. 2 ZPMK und das allgemeine Völkerrecht es ihm ohne die Folge einer Entschädigungspflicht gestatten –, in Wahrheit überschreitet er jedoch diesen Rahmen und nimmt Entziehungen vor, d. h. mittelbare Konfiskationen.

a) Allgemeine Eigentumsgesetzgebung

Änderungen der allgemeinen Eigentumsgesetzgebung kommen zunächst hierfür in Frage. Ein Staat kann das bürgerliche Recht betreffend das Vermögen oder bestimmte Vermögensarten und die an ihnen bestehenden Rechte nach Art und Umfang ändern, selbst wenn der Wert der betroffenen Vermögensstücke dadurch gesenkt wird. Entzieht jedoch die Gesetzgebung den Eigentümern Teile des Rechts, die dessen wesentlichen Inhalt ausmachen, so daß das Recht der Sache nach ein anderes und minderwertiges wird, so ist die Grenze zur generellen Entziehung überschritten, um so mehr, wenn außer einem leeren Rechtstitel keine der Befugnisse des Eigentümers mehr zurückbleibt. In solchen Fällen ändert die Tatsache, daß es sich um eine allgemeine, alle Inhaber entsprechender Vermögensstücke treffende Maßnahme handelt, nichts daran, daß aus völkerrechtlicher Sicht eine entschädigungspflichtige Entziehung vorliegt[530]). Dasselbe gilt wohl auch schon bei einer generellen Abschaffung des Testier- oder gar des Erbrechts[531]).

Eine mittelbare Entziehung kann auch darin liegen, daß dem Eigentümer zur Erhaltung seines Eigentums eine zu große Belastung aufgebürdet wird. So vor allem, wenn der Eigentumserwerb von Seiten Dritter oder des Staates durch Ersitzung oder ähnliche nichtrechts-

---

[528]) PCIJ, *Case of the Free Zones of Upper Savoy and the District of Gex,* 1930, Series A, No. 24, 12. PCIJ, den selben Streitfall betreffend, Series A/B, No. 46, 167. PCIJ, *Case Concerning Certain German Interests in Polish Upper Silesia,* Series A, No. 7, 30 (1926).

[529]) Ebenso Dahm, 519.

[530]) Wortley, 50.

[531]) So: Habicht, American Journal 1927, 255. Wortley, 110.

geschäftliche Rechtübergangsarten derart erleichtert wird, daß es dem Eigentümer praktisch gar nicht möglich ist, den Rechtsverlust auf immer zu verhindern[532]).

b) Gesetze zum Schutz der Volksgesundheit

Gesundheits-, Hygiene- und Nahrungmittelgesetzgebung sind an sich entschädigungslos zulässig, selbst wenn sie bei betroffenen Personen zu erheblichen Vermögens- oder Gewinnverlusten führen. Sie ergeben sich aus der Vorsorge des Gesetzgebers für das gesundheitliche Wohl der Bevölkerung und stehen daher grundsätzlich über den Vermögensinteressen des Einzelnen. Jedoch auch hier ist Mißbrauch möglich. Das entscheidende Kriterium dafür, ob es sich im völkerrechtlichen Sinne schon um eine Entziehung handelt, ist dabei das öffentliche Wohl. Erfordert es wirklich zur Vermeidung von Seuchen, anderen Krankheiten und zur Verhinderung der Entstehung von Krankheitsherden die vorgesehenen Maßnahmen, so handelt es sich um eine zulässige Beschränkung des Eigentums, ist es nur vorgeschoben – etwa um den Vertrieb importierter Ware oder bestimmten Bevölkerungskreisen die Erhaltung ihres Grundeigentums unmöglich zu machen – so betrachtet das Völkerrecht diese Maßnahmen als generell gefaßte mittelbare Entziehungen[533]). Danach bestimmen sich dann die Rechtsfolgen.

c) Besteuerung

Eine der praktisch am häufigsten vorkommenden Arten der mittelbaren Konfiskation ist die in der Form der Besteuerung. Steht einerseits die Befugnis des Staates, Steuern und andere öffentliche Abgaben wie Gebühren und Beiträge zu erheben, außerhalb jeden Zweifels, so wird

---

[532]) Vgl. das Schiedsurteil vom 29. Juni 1933 zwischen den USA und Panama im *Fall der Amerikanerin Marguerita de Joly de Sabla* (American Journal 1934, 602 ff. Auch in UNRIAA Vol. VI, 358 ff.). Dabei wurde folgendes Verfahren als völkerrechtswidrig erklärt: Privatpersonen konnten bei den Behörden Anträge auf Zusprechung bestimmter Grundstücke oder Erteilung von Kultivierungslizenzen stellen. Diese Anträge wurden bekannt gemacht, und wenn der wahre Eigentümer nicht jedem Antrag einzeln bei der Behörde widersprach, wurde das betreffende Grundstück als staatliches angesehen und dem Antrag stattgegeben. Nach dieser Entscheidung hatte der frühere Eigentümer keine Möglichkeit mehr, das Land zurückzuerhalten. — Das Urteil sah dieses Verfahren im Falle der Amerikanerin, welche den Widerspruch gegen Anträge versäumt hatte, als Konfiskation an.

[533]) Wortley, 51 und 110. Ebenso auch Art. 10 Abs. 5 des Entwurfs der Harvard Law School von 1960 für eine *Convention on the International Responsibility of States for Injuries to Aliens* (Draft No. 11): "5. an uncompensated taking of property of an alien which results ... from the action of the competent authorities of the State in the maintenance of public ... health ... shall not be considered wrongful, provided: ... d) it is not an abuse of the powers specified

dieses Recht doch nicht selten in einer Weise oder in einem Umfang ausgeübt, die seinem Charakter nicht entsprechen und sich als verschleierte Entziehung von Eigentum darstellen[534]). Da jedoch die Steuerhoheit eines Staates einen sehr weiten Ermessensspielraum hat, ist die Frage der Abgrenzung schwierig zu lösen. Die wichtigsten Kriterien für die Entscheidung darüber, ob ein Staat sein Besteuerungsrecht in völkerrechtlicher Sicht mißbraucht, sind die Höhe der Besteuerung, der erfaßte Zeitraum und die hinter dem Steuergesetz stehende Intention der Legislative[535]).

Schon eine extreme Höhe der Besteuerung kann sie als konfiskatorisch charakterisieren. Diese Höhe kann, muß aber nicht in der Höhe der festgelegten Prozentsätze erscheinen[536]). Derselbe Erfolg kann dadurch erreicht werden, daß Regeln für die Bewertung der Steuerobjekte festgesetzt werden, die deren wirklichen Wert weit übersteigen[537]). Ohne eine auffallende Höhe der Steuersätze kann eine Besteuerung deshalb über den zulässigen Rahmen hinausgehen, weil sie rückwirkend auf mehrere Jahre in Kraft tritt und die Summe der Steuerschulden der einzelnen Jahre das Eigentum in seiner Substanz aufzehrt. Andere Modalitäten der Besteuerung können sie ebenfalls zur verschleierten Entziehung machen, etwa die Tatsache, daß das Steuereintreibungsverfahren sich durch besondere Rigorosität auszeichnet. Das ist z. B. der Fall, wenn die Steuerforderung unerwartet mit einer unbillig kurzen Zahlungsfrist geltend gemacht wird und bei Verzug sofort zur Zwangsvollstreckung oder speziell zur Verwertung oder gar Entziehung des Steuerobjektes geschritten werden kann. In einer solchen Weise kann eine verhältnismäßig niedrige Besteuerung im Ergebnis zum Verlust des Eigentums führen[538]). Die Intention des Gesetzgebers läßt besonders oft die Besteuerung zum Rechtsmißbrauch werden, weil ihr die Absicht der unzulässigen Diskriminierung zugrunde liegt. Gilt eine Steuer z. B. zwar dem Wortlaut nach allgemein, trifft sie aber (entsprechend der Absicht des

---

in this paragraph for the purpose of depriving an alien of his property" (zitiert nach dem unveröffentlichten Privatdruck der Harvard Law School; auch in: Proceedings, American Society of International Law, April 28 — 30, 1960, S. 104).

[534]) Vgl. vor allem: Albrecht, *The Taxation of Aliens under International Law*, British Yearbook 1952, 145 ff., insbes. 171 ff. — Außerdem ebenso: Domke, American Journal 1961, 589, und das dort erwähnte kubanische Minengesetz No. 617 vom 27. 10. 1959 (43 Dept. o. State Bull. 1960, 604). Niederer, in Festschrift für Lewald, 551. Bindschedler, 26. Brandon, Transactions 1957, 48. Dahm, 519. Harvard Law School, Konventionsentwurf von 1960, ibidem. Seidl-Hohenveldern, *Internationales Konfiskations- und Enteignungsrecht*, 156.

[535]) Brandon, ibidem.

[536]) Niederer, in Festschrift für Lewald, 551.

[537]) Kommentar zum deutschen Entwurf einer *„Konvention über Vermögen im Ausland"*, Inv. Ges. Heft 3, 29.

[538]) Albrecht, a. a. O., 173 f.

Gesetzgebers) in der Praxis nur die Angehörigen einer bestimmten Nation, auf die der Staat einen politischen Druck ausüben will, so mißbraucht der Gesetzgeber seine Besteuerungsbefugnis.

d) Währungspolitik

Mißbrauch der Währungshoheit zu Maßnahmen, die in Wahrheit Eigentumsentziehungen in völkerrechtlichem Sinne darstellen, sind ebenfalls möglich. An sich ist eine generelle Abwertung der Währung keine Entziehung und entschädigungslos vom Völkerrecht gestattet. Wer sein Vermögen in einer bestimmten Währung anlegt oder Gläubiger einer Forderung in dieser Währung ist, geht ein entsprechendes Risiko ein. Es ist Teil der Souveränität eines Staates, seine Währung und ihren Wert zu bestimmen, und diese Befugnis schränkt das Völkerrecht nur sehr wenig ein[539]). Handelt es sich jedoch um einen wirklichen Mißbrauch der Währungshoheit – etwa weil die Abwertung von der Lage der Wirtschaft des Landes in keiner Weiser erfordert wird und lediglich zum finanziellen Profit des Staates und zur Ruinierung bestimmter Eigentümer benutzt wird – so sieht das Völkerrecht die Maßnahme als Konfiskation an und deren Rechtsfolgen sind maßgebend. Daß es sich der Form nach um eine rein währungspolitische Maßnahme handelt, ändert daran nichts[540]).

e) Devisengesetzgebung

Ähnlich wie mit der Währungs- steht es mit der Devisengesetzgebung. Daß der Staat grundsätzlich frei darin ist, Devisenbewirtschaftung, feste Wechselkurse (selbst Zwangskurse), etc. einzuführen, steht außer Zweifel[541]). Es handelt sich um Regulierungen der Benutzung des Eigentums. Jedoch zieht auch hier wieder das Mißbrauchsverbot die Grenze zur Entziehung. Wenn ein Staat versucht, in dieser Form das völkerrechtliche Verbot der ungerechtfertigten Bereicherung zu umgehen, so kann das keine Anerkennung finden. Hierunter fällt z. B. die in neuester Zeit gar nicht seltene Übung von Staaten, den ausländischen Investoren zwar die Einfuhr jedes Kapitals zur Investierung zu ge-

---

[539]) «En effet, c'est un principe généralement recunnu que tout Etat a le droit de déterminer luimême ses monaies», erklärt der Ständige Internationale Gerichtshof im *Urteil über die serbischen und brasilianischen Staatsanleihen* (PCIJ, Series A, No. 20/21, 44 u. 122).

[540]) *Mount Albert Borough Council v. Australian Temperance and General Mutual Life Ass. Society Ltd.* (1937), 4 All. E. L. R., 206. Bindschedler, 37 f. Harvard Law School, Konventionsentwurf von 1960, 11. Fassung, Art. 10 Abs. 5, Text wie in Anm. 533 zu S. 162 zitiert, bis auf: "...which results ... from a general change in the value of currency, ...". Seil-Hohenveldern, *Internationales Konfiskations- und Enteignungsrecht,* 171 ff. Kommentar zum deutschen Entwurf einer Konvention über Vermögen im Ausland, Inv. Ges. Heft 3, 28.

[541]) Mann, British Yearbook 1949, 260.

statten, andererseits aber in ihrer Devisengesetzgebung jede Ausfuhr von eventuellen Gewinnen oder des Stammkapitals selbst unmöglich zu machen[542]). Dagegen muß man Beschränkungen in Zeit und Höhe der Kapitalausfuhr im Interesse der innerstaatlichen Wirtschaft für zulässig ansehen, da sie kein dauerndes Festhalten der Vermögenswerte darstellen. Zwangskurse verstoßen dann als mittelbare Konfiskationen gegen das Völkerrecht, wenn sie von dem wirtschaftlichen Wertverhältnis in einer solchen Weise abweichen, daß sie für den betroffenen Einzelnen den Verlust des größten Teils der Vermögenswerte bedeuten. Dabei läßt sich meist der Entziehungscharakter leicht an der eklatanten Verschiedenheit von dem durch den Internationalen Währungsfond anerkannten Kurs feststellen[543]). In ähnlicher Weise können die Blockierung von Zahlungen auf Sperrkonten und der Erlaß von Zahlungsverboten dann einen Mißbrauch der Devisenregelung darstellen, wenn sie wegen ihrer zeitlichen Unbegrenztheit oder aus anderen Gründen einen dauernden Verlust der Verfügungsgewalt des Eigentümers herbeiführen[544]).

f) Unternehmensregulierungen

Auch Unternehmensregulierungen können zu Entziehungen von Eigentumsrechten im völkerrechtlichen Sinne mißbraucht werden. Grundsätzlich steht den Staaten als Teil der Souveränität die vom Völkerrecht nicht eingeschränkte Befugnis zu Wirtschafts- und Arbeitsgesetzgebung zu, außerdem auch das Recht, in konkreten Fällen durch Einzelakte der Verwaltung im Interesse der nationalen Wirtschaft bestimmten Unternehmen Beschränkungen aufzuerlegen. Dabei ist in gewissem Rahmen auch eine besondere Behandlung der ausländischen oder von Ausländern getragenen oder beherrschten Unternehmen gerechtfertigt. Besonders in den sog. Entwicklungsländern ist ein derartiges Verhalten des Staates durchaus üblich und im Interesse des Aufbaus einer einheimischen Industrie und in Anbetracht der besonderen wirtschaftlichen Gegebenheiten auch gerechtfertigt[545]). Die Grenze bildet jedoch auch hier wieder

---

[542]) Brandon, op. cit., 49.

[543]) Brandon, ibidem.

[544]) Deshalb verweigert die Praxis der schweizerischen Gerichte diesen Maßnahmen die Anerkennung; vgl. Vannod, 87.

[545]) Solche Regulierungen, welche bestimmte Interessen des Staates gegen schädliche Beeinflussung durch ausländische Investitionen zu schützen versuchen, und deshalb gewisse Beschränkungen verhängen, kommen in den verschiedensten Formen vor. So wird z. B. oft verlangt, daß in ausländischen Unternehmen innerhalb des Landes eine bestimmte Zahl von inländischen Arbeitern und — soweit möglich nach dem betreffenden Arbeitsmarkt — von Fachkräften und leitenden Angestellten beschäftigt wird (z. B. in Chile: 85 % der gesamten Belegschaft Inländer). Manchmal wird ein Teil der Gesamtsumme der ausgezahlten Arbeitsentgelte für Inländer festgelegt (z. B. in der Vereinigten Arabischen

das völkerrechtliche Mißbrauchsverbot. Derartige Regulierungen können ihrer Motivation oder ihrer Tragweite wegen gegen das Völkerrecht verstoßen und in Wahrheit dann indirekte Entziehungen wohlerworbener Rechte darstellen.

Dabei kann es sich einmal um Maßnahmen in der Form gesellschaftsrechtlicher Änderungen handeln, welche in Wirklichkeit aber die früheren Gesellschafter entrechten, so daß das Mitgliedschaftsrecht als ein mehr oder weniger leerer Rahmen zurückbleibt. Dann kommt die Einschaltung der Staatsgewalt in Kontrolle oder finanzielle Beteiligung am Unternehmen in Betracht. Das muß nicht in der offenen Übertragung wichtiger Gesellschafterrechte auf den Staat (oder gar der Konfiskation der Aktien oder sonstigen Mitgliedschaftsrechte) geschehen; im Ergebnis genau so wirksam sind komplizierte Fusionsoperationen, die nur de facto, jedoch nicht nach außen hin die alte Gesellschaft auf den Staat oder von ihm gegründete Strohgesellschaften überführen[546]). Selbst die Einführung des Mitbestimmungsrechts der Arbeitnehmer oder Gewerkschaften kann unter Umständen die Verfügungsmacht über das Unternehmen derart aus den Händen der Eigentümer nehmen, daß es sich in völkerrechtlicher Sicht um eine Entziehung handelt[547]). Dasselbe gilt, wenn die Ausschüttung von Dividenden verboten wird, oder auch nur die Entlassung von Personal, obgleich es in Folge verringerter Produktion oder Umsätze überzählig geworden ist[548]). Auch der Zwang zur unrentablen Betriebsführung kann eine verschleierte Entziehung von Eigentum sein. So ist es z. B. unzulässig, daß ein Staat einem Unternehmen Auflagen macht (etwa hinsichtlich der Höhe von Vergütungen an Arbeitnehmer), die unmöglich erfüllt werden können, und dann als Strafe für die Nichterfüllung der Auflagen Eigentumsentziehungen vornimmt[549]). Auf derselben Linie liegen die ungerechtfertigte Verweigerung der Beschaffung von notwendigen Rohstoffen oder von wesentlichen Einfuhr- oder Ausfuhrlizenzen[550]). Die Fülle aller möglichen Maßnahmen gegenüber Unternehmen, die als Regulierungen verschleierte Entziehungen sind, kann hier nicht aufgezählt werden. Es handelt sich

Republik 80 % der Arbeitslöhne und 65 % der Gehälter). — Dann finden sich Beschränkungen oder Ausschlüsse ausländischer Unternehmen im Interesse der staatlichen Eigenständigkeit, z. B. auf den Gebieten des Beförderungswesens, der Kommunikationsmittel, der Waffenproduktion, der Gewinnung von Bodenschätzen, etc. — Vgl. näher die eingehenden Untersuchungen in UN Doc. A/AC.97/5 und in Friedmann-Pugh, *Legal Aspects of Foreign Investment.* Einen guten Überblick gewährt Baumann, Außenwirtschaftsdienst 1959, 237 ff.

[546]) Siehe näher Vannod, 77 ff.

[547]) Dahm, 519.

[548]) Vgl. Kommentar zum deutschen Entwurf einer *„Konvention über Vermögen im Ausland"*, Inv. Ges. Heft 3, 29.

[549]) So mit Recht Sohn und Baxter im Kommentar zu dem neuen Harvard Draft, 12. Fassung (American Journal 1961, 562).

[550]) Kommentar zum deutschen Konventionsentwurf, ibidem.

um ein in der Praxis der Auslandsinvestitionen sehr bedeutendes Phänomen, dem mit den beschränkten Mitteln des allgemeinen Völkerrechts nur schwer beizukommen ist. Da Art. 1 ZPMK diesbezüglich nur das allgemeine Völkerecht durch den Begriff der Entziehung und den Verweis auf die allgemeinen Grundsätze kodifiziert, läßt er die selben Fragen offen. So bleibt es auch weiterhin dabei, daß nur im konkreten Einzelfall entschieden werden kann, ob eine Unternehmensregulierung schon eine indirekte Entziehung darstellt; allgemein läßt sich nur die grundsätzliche völkerrechtliche Beurteilung dieser Frage nach dem Verbot des Rechtsmißbrauchs und die Art möglicher Fälle aufzeigen.

2. Mißbrauch des Rechts zu gewissen entschädigungslosen Entziehungen

Wie weiter oben dargestellt wurde, lassen die allgemeinen Grundsätze des Völkerrechts und auch insbesondere Art. 1 ZPMK gewisse Entziehungen von Eigentum ohne Entschädigung zu. Der Grundsatz der Entschädigungspflicht kennt einige allgemein akzeptierte Ausnahmen; Abs. 2 des Art. 1 ZPMK erwähnt davon die Geldstrafen. Jedoch gilt auch für diese grundsätzlich entschädigungslos zulässigen Eingriffe der Grundsatz, daß der Rechtsmißbrauch verboten ist. Ein Staat, der sich dieser Rechtsinstitute nur bedient, um damit ihrer Intention oder Modalitäten nach andersartige Entziehungen zu tarnen, muß sie sich ihrem wahren Rechtscharakter gemäß zurechnen lassen.

a) Vermögensstrafen

Wenn Art. 1 ZPMK in Abs. 2 die Zulässigkeit von Geldstrafen ausdrücklich nennt, so muß das insofern unter dem Vorbehalt des letzten Satzes von Abs. 1 gelesen werden. Der Hinweis auf die allgemeinen Grundsätze des Völkerrechts schränkt die Befugnis der Staaten und der kompetenten Organe zur Verhängung von Geld- und anderen Vermögensstrafen ein; denn das Verbot des Rechtsmißbrauchs wollte man auch für die ausdrücklich in Abs. 2 aufgezählten Fälle nicht ausschließen. Vermögensstrafen sind daher nur zulässig, soweit sie sich im Rahmen einer geordneten Rechtspflege halten[551]). Werden die Grenzen des in der Kulturwelt Üblichen hinsichtlich der Verfahrensgarantien nicht eingehalten, werden übermäßige oder ungewöhnliche Strafen festgesetzt, oder wird die Vermögensstrafe verhängt für ein Verhalten, das nach der Auffassung der Kulturvölker nicht strafbar sein kann, so verstößt die Entziehung gegen das Völkerrecht; die Befugnis zur Verhängung von Geldstrafen deckt den Staat hier nicht. – Das gilt umsomehr, wenn es sich um typische Fälle verschleierter Konfiskationen handelt, so etwa, „wenn ein Staat politisch motivierte Enteignungen als Vermögensstrafen frisiert, um sich so der völkerrechtlichen Entschädigungspflicht zu ent-

---

[551]) Dahm, 506

ziehen"[552]). All dies ist Rechtsmißbrauch, und trotz der äußeren Form als Strafe sieht das Völkerrecht solche Maßnahmen als unzulässige Konfiskationen an.

Das bedeutet jedoch nicht, daß nur Geldstrafen im eigentlichen Strafprozeß zulässig wären. Zwar spricht Art. 1 Abs. 2 ZPMK nur von G e l d strafen[553]), jedoch läßt das Völkerrecht und damit auch der darauf verweisende Art. 1[554]) auch die verschiedensten Formen anderer Vermögensstrafen zu, wie sie vor allem im Wirtschaftsstrafrecht bekannt sind. So sind die Konfiskationen illegal hergestellter oder importierter Waren oder die Einziehung der Objekte und Hilfsmittel der Zollhinterziehung (selbst der benutzten Kraftwagen) durchaus gestattet. Der Strafcharakter der Entziehungen ist weit auszulegen und umfaßt nach seiner völkerrechtlichen Verwendung mehr als Geldstrafen im engen und üblichen Sinne. Solange der Strafcharakter der Entziehung nicht nur vorgetäuscht ist und soweit es sich nicht um Diskriminierungen handelt, stehen nach internationaler Rechtssprechung[555]) und dem Schrifttum[556]) weder das Mißbrauchsverbot noch sonst das Völkerrecht einer entschädigungslosen Durchführung entgegen.

b) Entziehung aus Gründen der öffentlichen Sicherheit und Ordnung

Bei den ebenfalls im Grundsatz entschädigungslos zulässigen Entziehungen, die die Polizei oder eine Ordnungsbehörde aus Gründen der öffentlichen Sicherheit und Ordnung vornimmt, ist auch die Gefahr des Mißbrauchs gegeben. Hier ist ein strenger Maßstab anzulegen, obwohl die völkerrechtliche Überprüfung derartiger Eingriffe besonders große Schwierigkeiten bereitet, da es sich um Ermessensentscheidungen handelt. Nur in Fällen einer absoluten Notwendigkeit, d. h. wenn keinerlei andere Mittel zur Beseitigung der Gefahr für die Öffentlichkeit in Betracht kommen, ist eine Entziehung von Eigentum aus polizeilichen

---

[552]) Dahm, 507.

[553]) Die deutsche Übersetzung schließt sich an den französischen Originaltext an, der von *„amendes"* spricht, also auch den Geldcharakter betont. Dagegen spricht der in gleicher Weise verbindliche englische Originaltext von *„penalties"*, worunter auch andere Strafen als G e l d strafen fallen.

[554]) Vgl. Urteil der Europäischen Menschenrechtskommission im *Fall des belgischen Journalisten de Becker* (No. 323/57) vom 19. Dezember 1957, Yearbook HR, I, 241 (betreffend Teilkonfiskationen als Strafe).

[555]) Vgl. z. B. schon *Robert Wilson Fall* von 1941 (Moore, *History and Digest of Arbitration,* Vol. IV, 3373) und *Louis Chazen Fall* von 1930 (UNRIAA Vol. IV, 564).

[556]) Vgl. z. B.: Dahm, 507. Kommentar zum deutschen Entwurf einer *Konvention über Vermögen im Ausland"*, Inv. Ges. Heft 3, 31 f. Vierter Bericht über International Responsibility für die International Law Commission der Vereinten Nationen, UN Doc. A/CN. 4/119, 28 f.

Gründen zulässig[557]). Wird eine Gefährdung der öffentlichen Sicherheit nur vorgetäuscht, wird sie viel größer dargestellt als sie in Wirklichkeit ist, ist die Gefahr insgeheim selbst von den betreffenden Stellen herbeigeführt worden, kommen andere Mittel zu ihrer Beseitigung in Betracht oder ist die Entziehung nicht die einzige Abwehrmöglichkeit, so darf der Staat nicht entziehen. Tut er es dennoch, mißbraucht er sein Recht zur entschädigungslosen Gefahrenabwehr und führt vom Standpunkt des Völkerrechts eine unzulässige Konfiskation durch[558]).

c) Vollstreckungsmaßnahmen

Auch Maßnahmen der Zwangsvollstreckung und insbesondere der Konkurs sind ein Weg, auf dem ein Staat Eigentumsentziehungen tarnen kann, um die Entschädigungspflicht zu umgehen, und dieser Weg ist schon mehrfach beschritten worden[559]), inbesondere auch in der DDR[560]). Sind die gesetzlichen Voraussetzungen für einen Konkurs nicht alle gegeben, wird das Verfahren aber trotzdem durchgeführt, bringt ein Staat seine Forderungen oder die einer von ihm getragenen juristischen Person in einem willkürlichen Verfahren oder sonst unberechtigt zur Zwangsvollstreckung gegen einen Einzelnen, so handelt es sich meist

---

[557]) Vierter Bericht für die International Law Commission der Vereinten Nationen, op. cit., 29.

[558]) Vgl. Art. 10 Abs. 5 des Entwurfs einer *Convention on the International Responsibility of States for Injuries to Aliens,* Harvard Law School, 1960, Draft No. 11, Text wie in Anm. 533 zu S. 138 zitiert, bis auf: "in the maintenance of public order . . ."

[559]) Ein bekannter Fall dieser Art ist der 1902 durch Schiedsgerichtsurteil zwischen den USA und San Salvador entschiedene *El Triunfo Fall* (US Foreign Relations, 1902, 862 ff., insbes. 870). Das Urteil sah das unrechtmäßig gegen die El Triunfo Gesellschaft eingeleitete und zu Ende geführte Konkursverfahren als vorgeschoben und daher als völkerrechtswidrig an. — Der schwedische Oberste Gerichtshof verweigerte z. B. einem nach Einsetzung der Kommissarischen Verwaltung in Deutschland eröffneten Konkurs die Anerkennung, da es sich in Wirklichkeit um eine politische Entziehungsmaßnahme handele (RabelsZ 1949/50, 497). — Ähnlich wie in diesem Fall das Deutsche Reich versuchte auch Finnland den Mißbrauch des Konkursverfahrens zur Konfiskation. Es verhängte während des Zweiten Weltkrieges in einem zweifelhaften Verfahren über einen finnischen Reeder den Bankrott, um dessen Schiffe in Schweden einziehen zu können. Der mit diesem Fall ebenfalls befaßte schwedische Oberste Gerichtshof brauchte das Verfahren jedoch wegen des Kriegsendes nicht abzuschließen (Jagerskjöld, in American Journal 1948, 605) (Urteil von 1942).

[560]) Siehe dazu: Entscheidungen OLG Frankfurt v. 9. 12. 1949 und OLG Bamberg v. 2. 7. 1949, Beuck, 90 (hier wird der Konkurs anerkannt). Dagegen trägt dem Mißbrauchscharakter vorgeschobener Konkursverfahren Rechnung das Westberliner „Gesetz über die Vollstreckung von Entscheidungen auswärtiger Gerichte" vom 31. 5. 1950. Ebenso auch AG Wuppertal v. 9. 4. 1951 (Rundschreiben des Ausschusses zonenmäßig getrennter Betriebe, Hamburg, No. 151, 674). Siehe auch: Beuck, Betriebsberater 1950, 632 f.

um verschleierte Konfiskationen. Derartige Vollstreckungsmaßnahmen dürfen nicht nur unter internationalprivatrechtlichen Gesichtspunkten von ausländischen Gerichten keine Anerkennung finden[561]), sondern verletzen auch das Völkerrecht, weil sie gegen das Verbot des Rechtsmißbrauchs verstoßen. Der betreffende Staat muß Entschädigung, wenn nicht Schadensersatz leisten.

d) *Zwangsverwaltung*

Auch die Form der Zwangsverwaltung für den Eigentümer wird hin und wieder als eine getarnte Form der völkerrechtswidrigen Konfiskation benutzt. Die Rechtssysteme aller Länder sehen vor, daß in bestimmten Fällen eine fürsorgende Verwaltung zum wohlverstandenen Besten des Einzelnen oder zur Sicherung der Interessen Dritter (z. B. gewisser Gläubiger oder Nacherben) auch gegen dessen Willen festgesetzt werden kann. Obwohl damit dem betreffenden Einzelnen ein Teil seiner aus dem Eigentum fließenden Rechte entzogen wird, läßt das Völkerrecht diese Maßnahme zu. Das jedoch nicht, wenn die Staatsgewalt sich dieser Rechtsformen nur bedient, um sich die Verfügungsmacht über die in Frage stehenden Vermögensstücke zu sichern. So wird z. B. eine Entmündigung und die mit ihr verbundene Verwaltungsübertragung nicht gedeckt, wenn sie in Wahrheit konfiskatorischen Inhalts ist[562]). Die im Dritten Reich zunächst als „kommissarische Verwaltung" bezeichnete Konfiskation jüdischen Vermögens[563]) war auch ein typischer Fall derartiger Tarnung. Auf der gleichen Linie liegen die Einsetzung von „Abwesenheitskuratoren"[564]), „Treuhändern"[565]), „Enemy

---

561) Seidl-Hohenveldern, *Internationales Konfiskations- und Enteignungsrecht*, 156.

562) So ist z. B. ein Ukas des Zaren, mit welchem dem Grafen Potocki in einer Art Entmündigung ein Großteil der Verfügungsmacht über sein Vermögen entzogen wurde, wegen Rechtsmißbrauchs, der eine Konfiskation tarnen sollte, nicht anerkannt worden (*Rosa Catana c. Potocki*, Trib. Civil da la Seine, 7. 5. 1873, in Journal Clunet 1875, 20).

563) Siehe dazu folgende Entscheidungen nationaler Gerichte, die jeweils die kommissarische Verwaltung nicht anerkennen: *Manes v. Komm. Verwalter*, Kantonalgericht Hilversum, 13. 12. 1938, Annual Digest 1919—1942, No. 8. *Komotemer Firma v. Komm. Verwalter*, Gericht Den Haag, 14. 6. 1939, Annual Digest 1919—1942, No. 9. *Jellinek v. Lévy*, Trib. Comm. Seine, 18. 1. 1940, Annual Digest 1919—1942, No. 12. *Frankfurter v. Exner Ltd.*, 1947, Ch. 629, American Journal 1949, 384. *Bankhaus Thorsch v. A. Thorsch*, Bezirksgericht Zürich, 7. 2. 1938, Annual Digest 1919—1942, No. 13. *Loeb v. Manhattan Comp.*, 1939, Annual Digest 1938—1940, No. 7.

564) Wie z. B. für deutsche Juden zum Vollzug der nach den damals geltenden Devisengesetzen festgesetzten Strafen. Siehe Urteil eines dänischen Landgerichts vom 11. 5. 1939, RabelsZ 1940/41, 823.

565) Vgl. etwa die teilweise in der DDR eingesetzten „Treuhänder" über Betriebe, Urteile des AG Wuppertal vom 15. 9. 1949 und 23. 2. 1949, Rund-

Property Custodians“[566]) etc., wenn sie in Wahrheit eine Überführung des betreffenden Eigentums in Staatshände bedeuten.

e) Entziehungen bei höherer Gewalt oder Notstand

Schließlich kommt noch in Betracht, daß ein Staat entschädigungslose Entziehungen von Eigentum vornimmt und sich dabei mißbräuchlich auf höhere Gewalt oder Notstand beruft. Wie weiter oben schon ausgeführt, befreit in wirklichen Fällen von Notstand oder höherer Gewalt das Völkerrecht einen Staat von der Entschädigungspflicht[567]). Wann jedoch ein solcher Fall vorliegt, kann nicht einfach ein Staat selbst bestimmen; bevor nach Völkerrecht eine Situation als Notstand anerkannt wird, muß feststehen, daß „der tatsächliche Bestand des Staates gefährdet ist“, daß „die Einhaltung der internationalen Verpflichtung... Selbstzerstörung ist“[568]), wie der Ständige Schiedsgerichtshof es formulierte. Das gilt hier für die Einhaltung der Entschädigungspflicht einerseits und die Notwendigkeit der Eigentumsentziehung andererseits. Verlangt der Bestand des Staates nicht erstens, daß der Eingriff in das Privateigentum vorgenommen wird, und zweitens, daß keine oder nur unzureichende Entschädigung gezahlt wird, so ist jedes Berufen auf Notstand ein gegen das Völkerrecht verstoßender Rechtsmißbrauch.

Das umsomehr, wenn es sich nicht um eine akute Notlage handelt, sondern vielmehr nur die wirtschaftliche Lage des Staates unbefriedigend ist und die Regierung der Auffassung ist, sie könne diese Schwierigkeiten durch Überführung der ganzen oder eines Teils der Privatwirtschaft in Staatshände beseitigen. Aus der Souveränität fließt unbestritten das Recht zu einer derartigen politischen Entscheidung und ihrer Durchführung. Jedoch kann in einem solchen Fall keine Rede davon sein, daß es sich um durch Notstand erzwungene Maßnahmen handele, die der betreffende Staat auch unter Verletzung seiner völkerrechtlichen Entschädigungspflicht vornehmen dürfe. Derartige wirtschaftliche Schwierigkeiten stellen nicht einen Notstand im Sinne des Völkerrechts dar. Im Russischen Entschädigungsfall stellte der Ständige

---

schreiben des Ausschusses zonenmäßig getrennter Betriebe, Hamburg, No. 135/589, und des LG Düsseldorf vom 11. 8. 1950, op. cit., No. 137—138, 138/605.

566) Solche wurden z. B. für englische Aktiengesellschaften bestellt, welche im „Eigentum“ deutscher Staatsangehöriger standen. Vgl. Urteil des schwedischen Obersten Gerichtshofs vom 25. 9. 1944, Annual Digest 1943—1945, No. 16. Vgl. auch die Entscheidung des gleichen Gerichts in RabelsZ 1949/50, 497.

567) Siehe oben Abschnitt „Ausnahmen von der Entschädigungspflicht“ (S. 79 ff.).

568) *Russischer Entschädigungsfall* von 1912 (zitiert n. Inv. Ges. Heft 3, 30). Unter diesem Gesichtspunkt erscheinen auch die Konfiskationen deutschen Vermögens unter Berufung auf Notwehr nicht haltbar. Vgl. Seidl-Hohenveldern / Ipsen, 37.

Schiedsgerichtshof ausdrücklich fest[569]): „Der Begriff der zwingenden Not oder der höheren Gewalt unterscheidet sich wesentlich von dem des nationalen Interesses und bezeichnet nicht lediglich das Vorhandensein großer Schwierigkeiten bei der Durchführung einer Verpflichtung".

Noch aus einem weiteren Grunde erscheint die Durchführung von entschädigungslosen Nationalisierungen unter Berufung auf einen Staatsnotstand als Rechtsmißbrauch. Wie z. B. Anzilotti als Richter des Ständigen Internationalen Gerichtshofs ausdrücklich zum Oscar Chinn Fall erklärte[570]), kann die Einrede des Notstandes nur dann geltend gemacht werden, wenn feststeht, daß jeder andere Weg zur Beseitigung der Notlage als der des Völkerrechtsbruchs versperrt ist. Die Richtigkeit der einen oder anderen Auffassung in dem weltanschaulichen und politischen Streit um die Nützlichkeit von Nationalisierungen sei hier offen gelassen. Es steht jedenfalls fest, daß ihre Nützlichkeit keineswegs auch nur von einer Mehrheit in der Völkergemeinschaft akzeptiert ist. Daher erscheint es nicht richtig, daß das Völkerrecht – weltanschaulich neutral und nicht durch die Auffassung der Mehrheit der Kulturstaaten zu einer der beiden Seiten gezwungen – die Überführung in Staatseigentum als das e i n z i g e mögliche Mittel der Beseitigung wirtschaftlicher Notlagen anerkennt. Das träfe nur zu, wenn das Völkerrecht einseitig den Thesen des sozialistischen Lagers der Staaten folgte. Auch aus diesem Grunde ist daher eine entschädigungslose Nationalisierung unter Berufung auf die völkerrechtlich anerkannte Notstandseinrede nicht zulässig.

---

569) Zitiert nach Inv. Ges. Heft 3, 30.

570) PCIJ Series A/B, No. 63, 114.

Schluß

BEDEUTUNG DES ART. 1 ZPMK

I. Zusammenfassung des Untersuchungsergebnisses

Art. 1 des Zusatzprotokolls zur Europäischen Menschenrechtskonvention verweist auf die allgemeinen Grundsätze des Völkerrechts über die Entziehung von Eigentum. Der rechtliche Inhalt dieser Verweisung läßt sich – in summarischer Form – nach den obigen Untersuchungen folgendermaßen zusammenfassen:

Der Begriff des „Eigentums" ist inhaltsgleich mit dem völkerrechtlichen der wohlerworbenen Rechte und umfaßt jedes private oder öffentliche vermögenswerte subjektive Recht.

„Entziehung" ist jede staatliche Maßnahme – sei sie individueller oder genereller Natur –, die im Ergebnis zum Verlust von Eigentum führt und keine zulässige Regulierung von Inhalt und Schranken des Eigentums darstellt.

„Allgemeine Grundsätze des Völkerrechts" sind die grundlegenden Regeln des hier anwendbaren Völkerrechts – gleich, ob sie dem Gewohnheitsrecht, den „allgemeinen, von den Kulturstaaten anerkannten Rechtsgrundsätzen" oder anderen Völkerrechtsquellen entstammen –, soweit sie keine Detailbestimmungen sind.

Zu den „allgemeinen Grundsätzen des Völkerrechts über Eigentumsentziehung" gehören:

Das Gebot der Respektierung wohlerworbener Rechte, welches grundsätzlich bei jeder Eigentumsentziehung das Vorliegen eines öffentlichen Interesses und die Zahlung einer unverzüglichen, angemessenen und effektiven Entschädigung verlangt.

Das Verbot der Rechtsverweigerung bei Entziehungen, d. h. ein Entziehungsverfahren nach Maßgabe der innerstaatlichen Gesetze und unter Berücksichtigung der absoluten völkerrechtlichen Mindesterfordernisse, außerdem eine faire Prozeßhandhabung und die Vermeidung schwerster sachlicher Fehlurteile durch die innerstaatlichen Gerichte bei eventuellen Prozessen über die Entziehung selbst oder die Entschädigung.

Das Verbot diskriminatorischer Entziehungen, d. h. der Benachteiligung bei Entziehungsmaßnahmen von Ausländern bestimmter Staatsangehörigkeit oder der Ausländer überhaupt im Vergleich zu den Inländern.

Der Satz „*pacta sunt servanda*", nach welchem es dem Staat verboten ist, einschlägige Staatsverträge oder öffentlich-rechtliche Verträge mit Ausländern zu brechen.

Das Verbot des Rechtsmißbrauchs, wonach der Staat sein Recht zur Regelung von Inhalt und Schranken des Eigentums nicht zu Entziehungen und sein Recht zu bestimmten entschädigungslosen Enteignungen nicht über den sich aus dem Wesen dieser Ausnahmen ergebenden Rahmen hinaus benutzen darf.

II. Schritt zu einem multilateralen Eigentumsschutz

Seit Jahrzehnten sind Bemühungen im Gange, zu einem multilateralen Eigentumsschutz zwischen den Staaten zu gelangen. Das System der diesbezüglichen bilateralen Staatsverträge kann allein nicht allen Anforderungen genügen, denn es ist seinem Wesen nach immer auf eine verhältnismäßig kleine Zahl von Staaten beschränkt und wird wohl kaum in einem derartigen Maße ausgebaut werden können, daß es den dem modernen Stand des Welthandels und des internationalen Kapitalflusses entsprechenden Umfang erreicht. So haben denn auch in der Praxis bisher nur die Vereinigten Staaten auf Grund ihres politischen und wirtschaftlichen Gewichts ein einigermaßen weites System bilateraler Verträge abschließen können, die dem Eigentum der Ausländer Schutz gewähren[571]). Daher ist von den verschiedensten Seiten immer wieder versucht worden, das Eigentum multilateral durch eine Kodifikation oder wenigstens durch die Festlegung wichtiger Einzelfragen wie etwa der der Eigentumsentziehung zu schützen[572]). Der Art. 1 ZPMK ist trotz seiner Unklarheit im Wortlaut und der bescheidenen Schutzwirkung, die ihm sachlich vor allem für das Inländereigentum zukommt, ein wesentlicher Schritt vorwärts in dieser Richtung.

Schon 1902 in Mexico-City arbeitete die Zweite Internationale Konferenz amerikanischer Staaten eine „Konvention betreffend die Rechte

---

[571]) Selbst das Vertragssystem der USA enthält aber — insbesondere hinsichtlich asiatischer Staaten — beträchtliche Lücken.

[572]) Zu den Bemühungen um einen multilateralen Eigentums- und vor allem Investitionsschutz vgl.: Abs, *Proposals for Improving the Protection of Private Foreign Investments,* 1958. Daniel, *Private Investment, The Key to International Industrial Development,* 1958. Friedmann-Pugh, *Legal Aspects of Foreign Investment,* 1959, vor allem 699 ff. u. 734 ff. Außerdem: Abs, Inv. Ges. Heft 3,7 ff. Von Amerongen, Inv. Ges. Heft 3, 44 ff. Brandon, Business Law 1959, 7 ff. Ders., JPL 1960, 125 ff. Gardner, JPL 1960, 176 ff. Guggenheim, Schweizerisches Jahrbuch 1956, 57 ff. Langen, Recht der Internationalen Wirtschaft, 1957, 66 ff. Metzger, JPL 1960, 133 ff. Miller, American Journal 1959, 371 ff. Proehl, JPL 1960, 362 ff. Rhyne, Inv. Ges., Heft 3, 67 ff. Röpke, Recueil des Cours 1954, II, 203 ff. Schwarzenberger, JPL 1960, 147 ff. Shawcross, Inv. Ges. Heft 3, 49 ff. Ders., Nouvelles de l'OTAN 1960, 18 ff. Ders., Vorlesung vor der Haager Akademie für Internationales Recht 1961, erscheint in Recueil des Cours (bei Abschluß des Manuskripts noch nicht veröffentlicht). — Für einen Überblick vgl. Veith/Böckstiegel, 76 ff.

der Fremden“ aus, in welcher dem Eigentum der Ausländer grundsätzlich der gleiche Schutz wie dem der Inländer gerantiert wurde[573]). Ein Expertenausschuß des Völkerbundes erarbeitete 1925 eine Reihe von „Conclusions“ über die Verantwortlichkeit der Staaten bei Personen- oder Vermögensschäden von Ausländern, in denen insbesondere auch auf die Frage der Eigentumsentziehungen eingegangen wurde[574]). Zu dem gleichen Rechtsgebiet beschloß das Institut de Droit International auf seiner Sitzung in Lausanne von 1927 einen Kodifikationsentwurf[575]). Im Jahre 1928 einigte sich die Sechste Internationale Konferenz Amerikanischer Staaten in Havanna auf eine „Konvention über die Stellung der Fremden“[576]) und arbeitete das Wirtschaftskomitee des Völkerbundes einen „Konventionsentwurf über die Behandlung von Ausländern“ aus[577]). 1929 legte eine Gruppe prominenter Völkerrechtler im Rahmen der Harvard Law School eine Studie über die „Verantwortlichkeit der Staaten für Schaden, der auf ihrem Gebiet der Person oder dem Eigentum von Ausländern zugefügt wird“, vor[578]), welcher der Entwurf eines multilateralen Abkommens beigefügt war. Das Vorbereitungskomitee für die Haager Kodifikationskonferenz veröffentlichte sog. „Diskussionsgrundlagen“ zum selben Thema, die auf die Ergebnisse einer Umfrage unter den Völkerbundsstaaten gestützt waren[579]). Ende des gleichen Jahres trat die Pariser Fremdenrechtskonferenz zusammen, die bei ihren Verhandlungen vom Entwurf des Wirtschaftskomitees des Völkerbundes ausging, aber scheiterte in dem Versuch, sich auf einen multilateralen Vertrag zu einigen[580]). Das Ende dieser Bemühungen bildete dann vorläufig die Haager Konferenz für die Kodifizierung des Völkerrechts von 1930, deren drittes Komitee u. a. für den Eigentumsschutz zuständig war[581]). Sie scheiterte trotz der intensiven jahrelangen Vorbereitung.

---

573) *The International Conferences of American States*, 1898—1928, S. 91.

574) Vgl.: Questionnaire No. 4 on *"Responsibility of States for Damage Done in Their Territory to the Person or Property of Foreigners"*, adopted by the League of Nations Committee of Experts for the Progressive Codification of International Law, LoN Publ. V. Legal 1926, V, 3. Siehe Conclusion No. 9.

575) American Journal 1928, Special Supplement, 330 f.

576) Harvard Law School, Research in International Law, II. *Responsibility of States*, Appendix No. 7, 234 f.

577) LoN Doc. C. 174. M. 53. 1928. II. 14.

578) Harvard Law School, op. cit., Konventionsentwurf auf S. 133 ff. Siehe auch American Journal 1929, Supplement 2.

579) Conference for the Codification of International Law, *Bases of Discussion* drawn up by the Preparatory Committee, Vol. III, LoN Doc. C. 75. M. 69. 1929. V.

580) Conference Internationale sur le Traitement des Etrangers, Documents Preparatoires (LoN Doc. C. 36. M. 21. 1929. II.) und Comptes Rendus (LoN Doc. C. 97. M. 23. 1930. II.).

581) LoN Publication V. Legal. 1930. V.

Nach dem Zweiten Weltkrieg wurden jedoch die Versuche, zu einem multilateralen Eigentumsschutz zu kommen, wieder aufgenommen. Als erstes ist hier die 1947 auf der „United Nations Conference on Trade and Employment" beschlossene sog. Havanna Charter[582]) zu nennen, die allerdings nie in Rechtskraft trat. Dasselbe Schicksal war mangels einer genügenden Anzahl von Ratifikationen dem „Economic Agreement of Bogota"[583]) bestimmt, das 1948 auf der Neunten Internationalen Konferenz Amerikanischer Staaten unterzeichnet worden war. Ende desselben Jahres beschloß die UN-Vollversammlung die Allgemeine Erklärung der Menschenrechte, die in Art. 17 dem Eigentum – allerdings nur bescheidenen – Schutz gewährt[584]). Ein Jahr später legte die Internationale Handelskammer einen „Internationalen Kodex der fairen Behandlung für ausländische Investitionen" vor[585]). Das Institut de Droit International befaßte sich auf seinen Sitzungen von 1950 und 1952 mit dem einschlägigen Völkerrecht. Es faßte im letzteren Jahre eine Resolution über „Les effets des changements territoriaux sur les droits patrimoniaux"[586]), konnte sich dagegen über die Behandlung der Nationalisierungen nicht einigen[587]). Die Bemühungen, in die von der Menschenrechtskommission der Vereinten Nationen 1953 in einer endgültigen Fassung ausgearbeiteten „Covenants on Human Rights" auch den Schutz des Eigentums aufzunehmen, schlugen fehl[588]). Seit 1953 gehört die Verantwortlichkeit der Staaten für den Eigentumsschutz der Ausländer auch zu den Gebieten, mit denen sich die International Law Commission der Vereinten Nationen zu befassen hat[589]). Deren diesbezügliche Arbeiten sind jedoch bisher noch nicht zum Abschluß gekommen, immerhin liegen schon fünf Berichte des Special Rapporteur für diese Fragen vor, denen ein Kodifikationsentwurf beigefügt ist[590]). Im November 1957 unterbreitete die Gesellschaft zur Förderung des Schutzes von Auslandsinvestitionen der Öffentlichkeit den Entwurf einer „Konvention zum gegenseitigen Schutz privater Vermögensrechte im Ausland"[591]). 1958

---

[582]) UN Conference on Trade and Employment, Final Act and Related Documents, UN Publ. Sales No. 1948. II. D. 4., 3 ff.

[583]) UN Doc. A/810.

[584]) Text des Art. 17 in Anm. 205 zu S. 58.

[585]) Veröffentlicht unter UN Sales No. 1949. II. B. 4., 155 ff.

[586]) Annuaire, 44, II, 471 ff.

[587]) Vgl. Annuaire, 43, I, 42 ff. und Annuaire, 44, II, 251 ff.

[588]) UN, Commission on Human Rights, Report of the 10th Session, Supplement No. 7 to ECOSOC, Records, 18th Session, UN Doc. E/2573 — 1954 — Annex I.

[589]) Resolution 799 (VIII), General Assembly.

[590]) 1)Yearbook of the International Law Commission, 1956, Vol. II, 173 ff. 2) Yearbook, 1957, Vol. II, 104 ff. 3) Yearbook, 1958, Vol. II, 47 ff. 4) 1959, UN Doc. A/CN. 4/119. 5) 1960, UN Doc. A/CN. 4/125.

[591]) Inv. Ges. Heft 2, 44 ff.

befaßten sich die International Bar Association[592]) und die International Law Association[593]) auf ihren Kongressen speziell mit dem völkerrechtlichen Vermögensschutz und drückten in Resolutionen die multilateral anzuerkennenden Mindestgrundsätze aus. Im Frühjahr 1959 unterbreitete die Bundesregierung der damaligen OEEC den Entwurf einer „Konvention über Vermögen im Ausland", welcher inzwischen bei der neugegründeten OECD in Bearbeitung ist[594]). Im Rahmen des Europarates sind insbesondere seit September 1959 Bemühungen im Gange, für europäische und afrikanische Staaten zu einem „Investitionsstatut und Garantiefond gegen politische Risiken" zu gelangen[595]). Im Herbst 1960 schließlich legte die Harvard Law School eine neue „Convention on the International Responsibility of States for Injuries to Aliens" als Beitrag zu den Kodifikationsbemühungen in der International Law Commission der Vereinten Nationen vor[596]), die 1961 in einer zwölften Fassung veröffentlicht worden ist[597]). Schließlich arbeitete der Ausschuß für unsichtbare Transaktionen der OECD eine auf dem erwähnten deutschen und einem parallelen schweizerischen Entwurf fußende „Draft Convention on the Protection of Foreign Property" aus und leitete diese Ende 1962 dem Ministerrat zur Beschlußfassung zu [597a]).

Unter all diesen Versuchen, einen multilateralen Eigentumsschutz zu erreichen, stellt Art. 1 ZPMK den ersten Fall dar, in dem es gelungen ist, zwischen einer Mehrzahl von Staaten zu einer Einigung, Unterzeichnung und Ratifizierung, d. h. zu einer Eingliederung in das positive Völkerrecht zu kommen. Bis April 1961 hatten alle Mitgliedstaaten des Europarates außer Frankreich die Konvention und das Zusatzprotokoll ratifiziert, und auch in Frankreich ist das Ratifizierungsverfahren im Gange[598]). Dies gewinnt dadurch an Bedeutung, daß sich hier nicht nur eine Normierung des wichtigen Enteignungsvölkerrechts findet, sondern daß die Europäische Menschenrechtskonvention auch ein System der gerichtlichen Durchsetzung des völkerrechtlichen Eigentumsschutzes errichtet. Zwar ist dem Einzelnen selbst nur in der unzureichenden Form einer Petition an die Menschenrechtskommission die Möglichkeit einer Geltendmachung seines Eigentumsschutzes eingeräumt (Art. 5 ZPMK/

[592]) Report of the 7th Conference of the IBA, 1958, 483 f.

[593]) Report of the 48th Conference of the ILA, xi. (Deutsche Übersetzung in Inv. Ges. Heft 3, 36).

[594]) Inv. Ges. Heft 3, 9 ff.

[595]) Vgl. Eur. Doc. 1960, 1027.

[596]) Harvard Law School, Draft No. 11, Cambridge, Mass., 1960. (unveröffentlicht; Teile abgedruckt in: Proceedings, American Society of International Law, April 28—30, 102 ff.).

[597]) Abgedruckt in American Journal 1961, 548 ff.

[597a]) OECD - Doc. C (62) 133 Annex III Scale 1.

[598]) Auskunft des Generalsekretariats des Europarates und die Äußerung eines französischen Abgeordneten in der Sitzung der Beratenden Versammlung vom 28. IV. 1961 (Debatte über das geplante Institut für Menschenrechte).

25 MK), insbesondere verwehrt man ihm die Prozeßfähigkeit[599]) in dem Durchsetzungsverfahren; immerhin kann er aber die Überprüfung staatlicher Entziehungsmaßnahmen in Gang bringen. Selbst diese Möglichkeit besteht jedoch nur gegen Staaten, welche sich in einer Erklärung gemäß Art. 25 MK mit dem Petitionsverfahren einverstanden erklärt haben[600]). Dem Verfahren vor der Kommission, zu dem jeder der Unterzeichnerstaaten das Antragsrecht besitzt (Art. 24 MK), kann entweder nach Ablauf einer Karenzfrist von drei Monaten eine Verhandlung vor dem Ministerausschuß (Art. 32 MK) oder aber ein Verfahren vor dem Europäischen Gerichtshof für Menschnerechte (Art. 38 ff MK) folgen. In diesen Instanzverfahren fehlt allerdings dem einzelnen Eigentümer jeder Einfluß. Die Zuständigkeit des Gerichtshof beschränkt sich auf Fälle, in denen sich der beklagte Staat gemäß Art. 46 MK der obligatorischen Gerichtsbarkeit unterworfen hat[601]). Da aber schon acht Staaten diese Unterwerfungserklärung abgegeben haben, ist darin selbst unter Berücksichtigung der Tatsache, daß nur die Konventionsstaaten und die Menschenrechtskommission Parteifähigkeit vor dem Gerichtshof haben, ein gewisser Fortschritt gegenüber dem vorhergehenden Stand zu sehen. Bevor nicht dem einzelnen Eigentümer die volle Prozeßfähigkeit zugestanden wird, kann jedoch von einer ausreichenden Durchsetzbarkeit des völkerrechtlichen Eigentumsschutzes keine Rede sein[602]). Immerhin ist mit dem Art. 1 ZPMK und seiner – wenn auch beschränkten – Durchsetzbarkeit die Stufe des positiven multilateralen Eigentumsschutzes erreicht.

Aus der Sicht der Menschenrechte verliert dieser Schritt allerdings deshalb an Bedeutung, weil das materielle Kernstück des Artikels, nämlich der Verweis auf die allgemeinen Völkerrechtsgrundsätze zur

---

[599]) Vgl. Guradze, 169.

[600]) Bis Ende April 1961 hatten folgende Staaten diese Erklärung dem Generalsekretär des Europarates übermittelt: Österreich, Belgien, Dänemark, Island, die Bundesrepublik, Irland, Luxemburg, Norwegen, Schweden, Holland (Auskunft des Generalsekretariats des Europarates).

[601]) Das hatten bis Ende April 1961 folgende Länder getan: Österreich, Belgien, Dänemark, die Bundesrepublik, Island, Irland, Luxemburg, Holland (Auskunft des Generalsekretariates des Europarates).

[602]) Vgl. z. B.: aus einer Resolution des 1960er Kongresses der International Bar Association: "1. The establishment of a new international procedure for the settlement of disputes of any nature relating to property, rights and interests of aliens is both desirable and necessary. To this end, consideration should be given by States to the conclusion of an international convention establishing new international institutions for the settlement of such disputes. 2. The following principles should underlie the structure and functioning of any such international tribunal: ... (III) States may be parties to such disputes before the tribunal; individuals, whether natural or juridicial persons, may also be parties to such disputes before the tribunal ..." (Bei Abschluß des Manuskriptes noch nicht veröffentlicht).

Eigentumsentziehung, nur eine Schutzwirkung für Ausländer hat. Wie weiter oben bereits[603]) erwähnt, befaßt sich bis heute noch — mit der immer größeren internationalen Anerkennung der Menschenrechte mag sich ein Wandel in dieser Beziehung anbahnen — das allgemeine Völkerrecht nur mit der Stellung der Ausländer, nicht jedoch mit der Behandlung, die ein Staat seinen eigenen Angehörigen zuteil werden läßt. Daher sind auch die Regeln zur Eigentumsentziehung, welche durch den Verweis auf das allgemeine Völkerrecht in den Art. 1 ZPMK eingegliedert werden, nur auf Ausländer anwendbar[604]). Der Artikel läßt also z. B. die Konfiskation von Inländereigentum zu. Insofern wird das Zusatzprotokoll dem in der Präambel und im Art. 1 der Konvention zum Ausdruck kommenden Prinzip der Gleichbehandlung aller Menschen – seien sie In- oder Ausländer – untreu.

III. Die Bedeutung des Art. 1 für das innerdeutsche Recht

Das Verhältnis der Europäischen Menschenrechtskonvention und ihres Zusatzprotokolls zum innerdeutschen Recht wirft eine Reihe von Fragen auf. Wie und wann sind diese völkerrechtlichen Verträge Bestandteil des deutschen Rechts geworden? Besteht ein Zusammenhang zwischen ihnen und Art. 25 GG? Welchen Rang haben sie im deutschen Recht allgemein und insbesondere im Vergleich zu späteren, für den Einzelnen ungünstigeren Gesetzen? Im Fall des Art. 1 ZPMK stellt sich als zusätzliche Komplizierung vor allem das Verhältnis der Begriffe „allgemeine Regeln des Völkerrechts" in Art. 25 GG und „allgemeine Grundsätze des Völkerrechts" in Art. 1 ZPMK dar. Diese Fragen betreffen den effektiven Eigentumsschutz im innerdeutschen Recht. Sie gehen über den Rahmen dieser Studie, die sich auf die völkerrechtliche Seite beschränken muß, weit hinaus und können daher hier nicht erörtert werden[605]). Aus der Sicht der Konvention und des Zusatzprotokolls steht gemäß Art. 60 MK jedenfalls fest, daß der Art. 1 ZPMK nicht als Beschränkung oder Minderung des Eigentumsschutzes im nationalen deutschen Recht ausgelegt werden darf[606]). Insofern erscheint ein kurzer Vergleich mit den Vorschriften des Grundgesetzes angebracht.

---

[603]) Siehe S. 20.

[604]) Darüber, daß der sich aus dem Verweis ergebende Schutz nur Ausländern zugute kommt, herrschte schon während der Ausarbeitung des jetzigen Textes von Art. 1 ZPMK und insbesondere im Ministerrat Einigkeit. Vgl. Eur. Doc. CM/WP VI (51) 21, 1 ff. und Eur. Doc. AS/JA (3) 13, 2 ff. — Das hat auch eine am 20. Dezember 1960 ergangene Entscheidung der Europäischen Menschenrechtskommission im *Falle Gudmundsson, Vidir und Co. gegen Island* anerkannt (Application No. 511/59; das Urteil war bei Abschluß des Manuskripts noch nicht veröffentlicht).

[605]) Vgl. näher dazu: Guradze, 171 ff. Ders., DÖV 1960, 286 ff. u. 1961 12 f.

[606]) Art. 60 MK bestimmt: „Keine Bestimmung dieser Konvention darf als Beschränkung oder Minderung eines der Menschenrechte und grundsätzlichen

Hinsichtlich des geschützten Personenkreises überschneiden sich der Eigentumsschutz des Grundgesetzes und der des Zuatzprotokolls. Wie oben gesehen gilt zwar der Art. 1 ZPMK grundsätzlich für alle Personen, jedoch ist gerade sein Kernstück, der insbesondere die Entschädigungspflicht enthaltene Verweis auf die allgemeinen Grundsätze des Völkerrechts, auf Ausländer beschränkt[607]). Art. 14 und 15 GG schützen dagegen In- und Ausländer, allerdings nur – und insofern geht Art. 1 ZPMK wieder weiter – soweit sie natürliche Personen sind. Gemäß Art. 19, III GG werden ausländische juristische Personen – die aber dafür nach der ausdrücklichen Bestimmung in Abs. 1, S. 1 unter Art. 1 ZPMK fallen – vom Grundgesetz nicht geschützt. Grundgesetz und Zusatzprotokoll ergänzen sich also zu dem Ergebnis, daß in der Bundesrepublik in- und ausländische natürliche und juristische Personen vor entschädigungsloser Eigentumsentziehung geschützt sind[608]).

Der mit dem völkerrechtlichen Begriff der wohlerworbenen Rechte inhaltlich gleiche Eigentumsbegriff des Art. 1 ZPMK geht eventuell weiter als der des Art. 14 GG. Er umfaßt auf jeden Fall auch vermögenswerte öffentliche subjektive Rechte, insbesondere auch solche aus Konzessionen. Ob das auch für Art. 14 GG gilt, ist dagegen streitig[609]). Sowohl das Grundgesetz wie der Art. 1 lassen die staatliche Bestimmung von Inhalt und Schranken des Eigentums zu (Art. 14, I, 2 GG; Art. 1 ZPMK nur teilweise ausdrücklich in Abs. II). Betrachtet man die unter Art. 14 GG und die unter Art. 15 GG fallenden Maßnahmen zusammen und folgt man außerdem der Rechtsprechung des Bundesgerichtshofs zum sog. enteignungsgleichen Eingriff[610]), so dürfte der Entziehungsbegriff des Art. 1 ZPMK kaum weiter gehen[611]).

Freiheiten ausgelegt werden, die in den Gesetzen eines Hohen Vertragsschließenden Teils oder einer anderen Vereinbarung, an der er beteiligt ist, festgelegt sind." Gemäß Art. 5 ZPMK gilt er auch für den Eigentumsschutz des Art. 1 ZPMK.

607) Siehe oben S. 20 mit Anm. 67.

608) Ebenso Guradze, S. 224, Anm. 364a.

609) Vgl. dazu näher BGHZ 6, 278. BVerfGE 1, 277; 2, 402. Forsthoff, NJW 1955, 1250. Scheuner, DÖV 1956, 575 f.

610) Danach fallen sowohl schuldlos als auch schuldhaft rechtswidrige Eingriffe des Staates in das Eigentum unter den Schutz des Art. 14 GG (vgl. näher: BGHZ 6, 289; 7, 297 ff. 13, 88 ff; 15, 293. Außerdem z. B.: Katzenstein, MDR 1952, 193 ff. Forsthoff, *Verwaltungsrecht*, 310).

611) Allerdings dürften die „enteignungsgleichen Eingriffe" — soweit sie Ausländer betreffen — zumindest teilweise völkerrechtlich mehr als nur die von Art. 14 GG vorgesehene Entschädigungspflicht nach sich ziehen. Denn rechtswidrige, d. h. also gegen das innerstaatliche Recht verstoßende Eigentumsentziehungen stellen unter Umständen Maßnahmen dar, die sich ein Staat als Völkerrechtsdelikt zurechnen lassen muß. Dann besteht nach Völkerrecht nicht nur eine Pflicht zur Entschädigung, sondern vielmehr zum Schadensersatz. Siehe

Hinsichtlich der Voraussetzungen einer Eigentumsentziehung sind Art. 14 und Art. 15 GG strenger als das Zusatzprotokoll. Beide verbieten jeden anderen Eingriff als den durch Gesetz oder auf Grund eines Gesetzes. Art. 1 ZPMK gestattet die Entziehung zwar auch nur „unter den durch Gesetz . . . vorgesehenen Bedingungen". Das bedeutet jedoch nicht, daß jeder Eingriff auf ein Gesetz im formellen Sinne zurückzuführen sein muß, vielmehr lediglich, daß, soweit diesbezügliche Bestimmungen im innerstaatlichen Recht bestehen, diese auch beachtet werden müssen. In ähnlicher Weise geht auch die sog. Junktimsklausel des Art. 14, III weiter, denn nach Art. 1 ZPMK besteht lediglich die Verpflichtung des Staates, effektiv im Falle der Eigentumsentziehung unverzüglich eine Entschädigung zu zahlen; ein vorheriges Gesetz, das Art und Ausmaß der Entschädigung regelt, ist nicht erforderlich.

Der Art. 1 ZPMK verlangt durch seinen Verweis auf die allgemeinen Grundsätze des Völkerrechts eine angemessene und effektive Entschädigung. Die Frage, welche Höhe der Entschädigung nach Art. 14, III geboten ist, wird in Literatur und Rechtsprechung nicht einheitlich beantwortet. Der Wortlaut des Art. 14, III, 3 scheint elastischer zu sein, denn in Abweichung von Art. 153 WRV verlangt er keine „angemessene Entschädigung". Nach der Rechtsprechung des Bundesgerichtshofs ist jedoch die Formulierung des Art. 14, III, 3 als nahezu inhaltsgleich mit dem Art. 153 WRV anzusehen[612]). Immerhin soll danach die Entschädigungshöhe des Art. 14 GG dem „gemeinen Wert", der nicht immer der volle Wert sein muß, entsprechen[613]), so daß in Einzelfällen die nach Art. 1 ZPMK für Ausländer gebotene Entschädigung höher sein kann. Andererseits verlangt das Völkerrecht und somit der Art. 1 ZPMK bei rechtmäßigen Eigentumsentziehungen (anders bei Völkerrechtsdelikten) keinen Ersatz des entgangenen Gewinns; dieser scheint aber nach dem Grundgesetz wiederum unter gewissen Umständen zu erstatten sein[614]).

Man sieht, in mancher Hinsicht ergänzen sich die Schutzregeln gegen Eigentumsentziehung in Art. 1 ZPMK und im Bonner Grundgesetz. Insgesamt ist jedoch der zusätzliche materielle Schutz, den der Art. 1 ZPMK im innerdeutschen Recht bewirkt, ziemlich gering. Allein für

---

auch oben die Abschnitte über Rechtsverweigerung (S. 100 ff.) und über die Abgrenzung zur Schadensersatzpflicht (S. 93 f.).

612) Vgl.: BGHZ 6, 294; 11, 163 ff.; NJW 1956, 179. — Außerdem: Hamann, 1961, 172 f.

613) BGHZ 6, 293 f.; 19, 141.

614) Ob der Staat auch den entgangenen Gewinn zu ersetzen hat, ist streitig. Unter gewissen Umständen bejahend: Scheuner, in Reinhardt-Scheuner, Verfassungsschutz des Eigentums, 126 ff. insbes. 134—136. Hamann, 1961, 173 f. Verneinend (allerdings für § 26 des früheren Reichsleistungsgesetzes): BGHZ 15, 23 ff.

ausländische juristische Personen in der Bundesrepublik bedeutet die Ratifizierung und das Inkrafttreten des Zusatzprotokolls einen beträchtlichen Fortschritt. Im übrigen liegt die Bedeutung des Art. 1 einmal bei seiner Durchsetzbarkeit vor der Menschenrechtskommission und dem Europäischen Gerichtshof, und dann auf dem Gebiete der Völkerrechtspolitik. Denn wenn auch in mancher Hinsicht die materielle Schutzwirkung der Vorschrift unbefriedigend ist, als erster Schritt zu einem positiven multilateralen Eigentumsschutz kann sie ein Markstein in der weiteren Entwicklung werden.

Kolibri 360 GmbH
Ferdinand-Jühlke-Straße 7
99095 Erfurt, Deutschland
produktsicherheit@kolibri360.de